发现儿童的秘密

玛丽亚·蒙台梭利传（第三版）

[意]格拉齐亚·奥涅格·弗雷斯科（Grazia Honegger Fresco） 著

孙超群 译

华东师范大学出版社

·上海·

图书在版编目（CIP）数据

发现儿童的秘密：玛丽亚·蒙台梭利传：第三版 /
（意）格拉齐亚·奥涅格·弗雷斯科著；孙超群译. —
上海：华东师范大学出版社，2022
　　ISBN 978-7-5760-2429-6

　　Ⅰ.①发…　Ⅱ.①格…②孙…　Ⅲ.①蒙台梭利
（Montessori, Maria 1870–1952）—传记　Ⅳ.
①K835.465.46

　　中国版本图书馆CIP数据核字（2022）第018780号

© 2018, Il leone verde edizioni, Torino
Originally published in Italy in the series "Appunti Montessori" under the title *Maria Montessori,
una storia attuale. La vita, il pensiero, le testimonianze*
© Il leone verde edizioni, Torino, 2018
https://www.leoneverde.it/appunti-montessori-collana/
This translation published by arrangement with Il leone verde edizioni working in conjunction
with Anna Spadolini Agency, Milano, and Rightol Media Limited, Chengdu.
（本书中文简体版权经由锐拓传媒取得 Email:copyright@rightol.com）
All rights reserved.
Simplified Chinese Translation Copyright © 2022 by East China Normal University Press

上海市版权局著作权合同登记 图字：09-2020-1065 号

发现儿童的秘密：玛丽亚·蒙台梭利传（第三版）

著　　者　[意] 格拉齐亚·奥涅格·弗雷斯科（Grazia Honegger Fresco）
译　　者　孙超群
责任编辑　朱小钗
责任校对　刘伟敏　时东明
装帧设计　刘怡霖

出版发行　华东师范大学出版社
社　　址　上海市中山北路3663号　邮编 200062
网　　址　www.ecnupress.com.cn
电　　话　021-60821666　行政传真 021-62572105
客服电话　021-62865537　门市（邮购）电话 021-62869887
地　　址　上海市中山北路3663号华东师范大学校内先锋路口
网　　店　http://hdsdcbs.tmall.com/

印 刷 者　上海商务联西印刷有限公司
开　　本　787×1092　16开
印　　张　17.75
字　　数　234千字
版　　次　2022年6月第1版
印　　次　2022年6月第1次
书　　号　ISBN 978-7-5760-2429-6
定　　价　56.00元

出 版 人　王　焰

（如发现本版图书有印订质量问题,请寄回本社客服中心调换或电话021-62865537联系）

历史的分量压在孩子们身上。

——弗兰纳里·奥康纳
（Flannery O'Connor）

献给小拉伊拉

以及和她一样象征着 21 世纪人类希望的

更加团结、温和的孩子们

目　录

编者的话

在第一版出版逾十年后重新编辑格拉齐亚·奥涅格·弗雷斯科（Grazia Honegger Fresco）的这本蒙台梭利传记，本身就代表着我们对这一学说理念的信仰。同时我们也在思考，既然已经有学者们对蒙台梭利的生平进行了严肃认真的考究，那我们再次出版此书的意义究竟体现在哪里？每一项研究，无论多么有价值或保存得多么完好，总归会随着时间流逝而销声匿迹，该书最终也难以避免同样的命运。

近年来涌现出的大量高质量的新研究成果，在某种程度上重塑着这位来自马尔凯的女科学家、教育家的人生和思想，提供了许多细致入微的解读，但其中也不乏互相矛盾之处。但有这样一股研究热潮，我们也不必再担心人们对蒙台梭利的理解会随着时间消退，或在后人眼中仅剩一个世俗圣人的形象了。在研究的过程中，构成蒙台梭利思想的各种文化元素逐渐被条分缕析地识别出来，我们看到在其中有一些冲突和争议的选择，不得不承认有些选择在今天看来也并不会有益于她的整体形象。

虽然围绕蒙台梭利开展了这么多研究工作，但似乎越研究就越发现显露的问题比答案更多，这位女科学家的意识形态立场也愈加难以确定：真正的蒙台梭利究竟是什么样？她是一个秉持不可知论的世俗知识分子，不预设任何形而上学的视角，坚信人类历史要从基本的生化反应和调节人类社会的经济变量中去研究吗？还是利用她的人格影响力，与黑暗势力相联系，试图构建超国家的秩序？还是醉心于在小圈子里用自己的作品发挥影响力？又或者，她是一个虔诚的天主教徒，在信仰之光的指引下准备将自己和追随她的那些年轻女性献身教育使命？是一个写出了优美的宗教教育文本，引导孩子们参与教会生活并得到天主教人士［包括路易吉·斯图尔佐（Luigi Sturzo），安东尼·巴特莱（Antoni Batlle），伊基尼·昂格莱（Igini Anglés），维琴佐·切莱西（Vincenzo Ceresi），玛丽亚·德·拉·雷当普蒂奥（Marie de la Rédemption），路易佳·廷卡尼（Isabel Eugéniee Luigia Tincani）］赞扬的写作者？

在这种情况下，期望将蒙台梭利的个性和思想统一成一种形象是不现实的，本书亦没有如此打算。另外，本书的作者自己也认为，严格的分析性的调查虽然必要，但针对的主要是历史学家和纪录片制作人；对于首次对杰出的教育家蒙台梭利和她领导的教育革命产生兴趣的读者来说，其实并没有那么重要。蒙氏所做的工作，像她自己曾在几个场合回顾的那样，目的在于将儿童和他们的真实需求放在教育行为的中心，如果她还有在世的学生反对这个前提，那是十分荒谬的。因此，阅读此书时发挥最重要作用的是读者的洞察力，除了注意到蒙台梭利是一位全球知名的女性、母亲、科学家之外，更重要的是她的"教育方法"，该方法显然比它的创造者名气小得多。

摆明这个前提之后，我还想特别提及这本蒙台梭利传记的一个鲜明特征——如果读者是想通过本书获取一系列生平年表或者其他类似传记中的档案记录信息，可能要感到失望了。本书之所以故意如此，一方面是想避免文字本身过于平淡像流水账，另一方面是想要传承"历史"，尤其是已经去世的那些追随蒙台梭利的第一代学生的记忆。这些记忆中有蒙氏思想建立过程中的反思和共鸣，类似犹太教育传统中师生之间紧密的关系，双向的思想碰撞交流。

9　　这批"教育方法"诞生的见证者，像古老的门徒那样在与蒙台梭利共同的生活和研究的过程中成为真正的学生，这其中有：格拉齐亚（Grazia），索菲亚·卡瓦莱蒂（Sofia Cavalletti）和詹娜·戈比（Gianna Gobbi），以及阿黛莱·科斯塔·诺奇（Adele Costa Gnocchi）；安娜·玛丽亚·马凯罗尼（Vittoria Fresco Anna Maria Maccheroni）；考斯坦扎·布达法瓦（Costanza Buttafava）；朱莉娅娜·索尔杰（Giuliana Sorge），等等。对于她们来说，学习蒙台梭利的思想是通过老师活泼的讲述和实训完成的，而非通过一系列概念名词或者机械地操作。就这一点有一个例子，琼·帕劳·维拉（Joan Palau i Vera）在阅读了《科学教育学方法》一书并参观了罗马的儿童之家后，决定于自己开办在巴塞罗那的幼儿园中也实施蒙台梭利教育方法，众所周知，最后结果令人十分沮丧。

对于学习蒙台梭利方法的这批"先锋"学员来说，首先并且最重要的是实践，在每日的工作中练习，对儿童进行持续的观察和谨慎的评估，并且学会应对孩子们提出的各种意料之外的请求。

因此，如果读者在这本传记中没有看到关于蒙台梭利著作的写作日期、地点等详尽的信息，或者发现伴随着蒙氏理论发展过程中的争论只占很少的篇幅，请不必感到惊讶。相反地，我们会在书中呈现那些第一批跟随蒙台梭利的信徒们关于这个思想建立过程中的细节以及以往被忽视的声音。该书作者几乎认识所有书中出现的人物：帕奥利尼（Paolini）、马凯罗尼（Maccheroni）、苏莱亚·菲鲁（Sulea Firu）、科斯塔·诺奇（Costa Gnocchi）、圭蒂（Guidi）、乔斯滕（Joosten），她与这些人的亲切交流促成了这本书的撰写，这些关于蒙台梭利的珍贵无价的回忆也得以保留。

在讲述他人眼中的蒙台梭利的同时，格拉齐亚·奥涅格·弗雷斯科也向读者们传达了她心中的蒙台梭利，将一生奉献于实践自己的直觉，奉献于被称为"成人之父"的儿童，就像她想要对翻开这本书的读者说的："我所接收到的，将全部传达给你们。"（哥多林前书 15,3）

马尔切洛·格里佛

（Marcello Grifò）

巴勒莫，2018 年 5 月 1 日

致谢

10   在第一版中，我向自己信任的朋友兼读者们致以深切的感谢：他们是萨拉·奥涅格（Sara Honegger）和佛鲁维奥·奥涅格（Fulvio Honegger），马利乌奇亚·博罗利（Mariuccia Poroli）和弗朗卡·露西（Franca Russi），利亚·德·普拉（Lia De Pra）和考斯坦扎·布达法瓦（Costanza Buttafava）。没有他们提出的宝贵建议，我不会感到踏实。还要感谢我兄弟般的朋友戈弗雷多·佛菲（Goffredo Fofi），他了解许多有关儿童和成人的知识；以及蕾尼尔德·蒙台梭利（Renilde Montessori），她是蒙氏伟大思想的直接继承者，跟我有着同样的愿景。

在目前的第三版中，我要对卡罗琳娜·蒙台梭利（Carolina Montessori）表示由衷的感谢，她在自身非凡能力和个人回忆的基础上对文稿进行了非常准确的订正，多次向我指明关于她的曾祖母和家人情况的错误和不准确之处，恰也因为她同时正在 AMI 负责整理和编辑蒙台梭利的档案资料。

谢谢你，卡罗琳娜，你一直是我珍贵的朋友。

还要衷心感谢工程师马里奥·瓦莱（Mario Valle）和他的妻子安东奈拉·加尔加诺（Antonella Galgano），以及工程师加尔马诺·费拉拉（Germano Ferrara）为本文所做的技术处理。我也非常感谢马尔切洛·格里佛（Marcello Grifò），我们一直为这个新版本友好协作，共同努力。最后还要感谢布雷西亚蒙台梭利协会主席罗莎·朱迪蒂（Rosa Giudetti）多年来在传播我们的教育宗旨方面所作的贡献。

第三版序

在第二版出版 10 年后的今天，蒙台梭利和她"救世"般的教育思想再次
掀起了热潮。许多蒙台梭利小学班级未经儿童之家的前期培训就建立起来，
仅凭网络上看到的关于蒙氏思想的只言片语就说自己在做"蒙台梭利教育"。
通过这版新书，通过书中真诚讲述的蒙台梭利的生平故事和对每个年龄阶段
孩子的教育建议，我希望能纠正和解释人们的一些错误理解，这种误会将给
儿童教育带来极大风险。

很多人认为是 Mediaset 电视台于 2007 年春季拍摄的关于蒙台梭利的故事
片重新激起了大众的兴趣，但平心而论，这故事片拍摄得十分让人失望。电
视节目不可能做成严肃的教育专题，但即便如此，故事片中仍充斥着想象出
来的情节，毫不符合蒙台梭利真实性格的腻烦的儿女情长，全无可能地跟蒙
特萨诺家庭的纠缠和与法西斯的联系；在为何蒙氏思想能够蜚声世界的方面
却几乎毫无着墨。事实上，这样的肥皂剧把女主角换成 20 世纪任何一位女性
都能演下去。

为什么蒙氏思想能享誉世界，在故事片中根本无法得到清晰的答案，很
多事情都表达得混乱，似乎奇迹般地就完成了。其他的国家媒体竟然没人对
节目内容的真实性提出质疑，甚至有人还借机把蒙台梭利塑造成非天主教的
意识形态代表，介于神智主义和共济会员之间的实证主义支持者、墨索里尼
的倾慕者，好像在告诉大家："不能相信她，她的言辞背后有危险的阴谋。"

但在最近，她又被认为是严格的天主教教育家，或许是因为注意到了她
关于宗教的一些表达。当然了，所有的事实和想法都可以从不同的侧面进行
解读，但是强加的意识形态痕迹对儿童教育事业并无裨益。

目前仍有许多学校遵循 19 世纪的教育模式（基于对学生的奖惩，评价，

以及孩子们在很小的时候就要面对竞争），抗拒进行实质的改变。关于这一点，就像在以前的版本中一样，我坚持记录事实，不进行臆想或诠释。

相比之前的版本，读者将在新版中发现一些内容的增加和修正，新的章节都来自于后来的研究。虽然无法完全避免个别疏漏，但我相信书中表现出的蒙台梭利的多面人生和她的开阔思想，将不断给我们提供新的思考。

本书中出现的缩写

符号·表示该组织现已不存在

·AIM　Scuola Assistenti all'Infanzia Montessori – Roma = 蒙台梭利幼儿辅助学校-罗马

AMI　*Association Montessori Internationale* – Amsterdam = 国际蒙台梭利协会-阿姆斯特丹

AMS　*American Montessori Society* – New York = 美国蒙台梭利协会-纽约

ANIMI　Associazione Nazionale per gli Interessi del Mezzogiorno d'Italia – Roma = 意大利南部地区利益国家协会-罗马

·BES　*Bureau International de l'éducation* = 国际教育局

CEIS　Centro Educativo Italo-svizzero "Remo Bordoni"– Rimini = "莱莫·波尔多尼"意大利瑞士教育中心-里米尼

CEMEA　Centri di Esercitazione ai Metodi dell'Educazione Attiva = 积极教育方法训练中心

CESMON　Centro Studi Montessoriani – Roma = 蒙台梭利学说研究中心-罗马

CISM　Centro Internazionale Studi Montessori – Bergamo = 蒙台梭利国际研究中心-贝尔加莫

CNM　Centro Nascita Montessori – Roma = 蒙台梭利新生儿中心-罗马

GAM　*Gonzaga Arredi Montessori* – Gonzaga (MN) = 蒙台梭利冈萨加家具公司-冈萨加

LUMSA　Libera Università Maria Santissima Assunta – Roma ＝圣母升天自由大学-罗马

MCE　Movimento Cooperazione Educativa – Italia ＝教育合作运动-意大利

NAMTA　*North American Teachers Association* ＝北美教师协会

·NEF　*New Education Fellowship* ＝新教育协会

OMEP　*Organization Mondiale pour l'éducation Préscolaire* ＝世界学前教育协会

ONM　Opera Nazionale Montessori – Italia. Nel testo: l'Opera ＝蒙台梭利国家工程-意大利

QI　Quoziente d'Intelligenza ＝智商

UDI　Unione Donne Italiane – Roma ＝意大利妇女联合会-罗马

1. 引言

写一本玛丽亚·蒙台梭利（Maria Montessori）传记的念头，已经在我脑海里闪现过多次了。蒙台梭利的生活理念和工作实践深刻地影响了我的职业生涯以及观察世界的方式。无奈时间相隔久远，我只能不知疲倦地收集相关的史料数据，在此要感谢卡罗琳娜·蒙台梭利女士提供的帮助，使我可以在最新的资料文本基础上加以订正汇总。

玛丽亚·蒙台梭利的一生风云激荡，有许多不为人知的侧面，原因之一是她总在不停地奔走。她曾到访过无数的城市和国家，交游广泛，桃李遍天下；所到之处皆留下了她的印迹，有时并不容易把这些往事遗存联系在一起。此外，蒙台梭利求学期间成绩骄人，但早期的一些研究发现却被掩盖（某种程度上可说是被否定）；她曾经奋不顾身地参与女权运动；她作为一个单身母亲经历过痛苦的心路历程。所有这些事件都伴随着甚嚣尘上的社会舆论和蒙台梭利对女性地位的觉醒与思考。在那个道德观念森严令人窒息的年代，蒙台梭利种种"离经叛道"的表现也串起了她人生的传奇故事。

第一次有写传记的念头正值首个"儿童之家"开办百年之际。我欣然接受了邀约，决定把那些确凿的史料记录，那些编纂起来的文章、信件、旧照片以及其他可信的证据，或者我自己亲身经历过的事情整理出来，以还原一个清晰客观的玛丽亚·蒙台梭利的形象。这个形象应当褪去传记里常见的歌功颂德的光环，况且蒙台梭利本人对这些也并不在意。在蒙氏与一些我恰好熟识的学生的信件中——包括安娜·玛丽亚·马凯罗尼（Anna Maria Maccheroni）、阿黛莱·科斯塔·诺奇（Adele Costa Gnocchi）、朱莉亚娜·索尔杰（Giuliana Sorge）以及玛丽亚·安托尼塔·帕奥利尼（Maria Antonietta

Paolini）——她会使用一种与在大众面前不同的语调，亲密而略带嘲讽，对世事显露出一丝疏离。信中的主题通常是面向未来，围绕着儿童和青少年的问题讨论如何有益于全人类的福祉，因为他们认为人类皆享有"漫长的童年"的权利。

14　　　我们会在邮票上看见蒙台梭利的形象，在里拉时代的两百元硬币和千元纸钞上也有，似乎她作为一个旧时代的民族伟人只能属于过去的荣光。与此同时，越来越多的现代学校习惯做教学计划，布置作业，把各个年龄段孩子的时间都毫无节制地分割和填满，不断催促着他们奋进和竞争，却无视孩子们个体之间差异性的逐渐泯灭。学校和老师们不需自问自省，却可以判断学生们的好坏。在这样一个教育体系中，幼儿、儿童和青少年都未被充分考虑到各自具体的成长需求和个体差异，只是被动接受填鸭式的教育，或者在生活中被过度保护和宠溺以至于变成总是烦闷不满的"暴君"。我们作为成年人何时才能找到正确的教育方式？

　　　自二战以来，其实并不缺乏教育新理念的探索实践：比如 1936 年诞生于法国的 CEMEA，在意大利也为人所熟悉；里米尼的 CEIS，佛罗伦萨的佩斯泰洛齐（Pestalozzi）城市学校，还有马里奥·罗迪（Mario Lodi）和唐·米拉尼（don Milani）等人开办的教育课程。虽然这些学校都很有名望，但仍然是一些个案，未能撼动日常教育体系的理念。杰出的教育家兰贝托·博尔基（Lamberto Borghi）在二战后将杜威的教育理念引入意大利，还有法国教育家弗雷内（Freinet）发起的教育合作运动（MCE）——这名号就已然让安静的校园感到威胁——现如今都在大学的教育学科体系和研究院的课程[1]中得到一定体现。

　　　我记得 20 世纪 70 年代初，有一位督学在谈到课堂上的自我改正记录卡和孩子们自己编制印刷的报纸时，全然否认了儿童自我检查的能力，认为他们不能发现令人望而生畏的拼写的奥秘，否定他们书写出像样的印刷

---

[1]　现在这一领域已经有很多令人兴奋的新书，比如 Franco Lorenzoni *I bambini pensano grande*, Sellerio, Palermo 2016；还有另一本更新出版的，虽然风格不同但主题充满新意的 *La scuola come ce la insegnano i bambini*, D. Tamagnini, la meridiana, Molfetta (BA) 2017。

体的能力。这位督学的言谈对另一种富有乐趣的学习形式充满了不信任，以及对自由和个性的恐惧。[1]

那时有多少人带着偏见认为蒙台梭利就是这样一个"莽撞无礼"的人！[2]同时，她又是一名女性，一位相信自己可以在教育领域做出一番事业的女医生。她通过对低能儿童的研究认为同样的教育方法也会有益于正常的儿童，她参考了阿加齐姐妹［译注：Agazzi Sorelle（阿加齐·索雷拉），阿加齐姐妹，意大利另外一对开创积极主义教育实践的先驱］的教学法并通过多样的感官训练材料加以丰富，在富家子弟学校中也进行教育实践，很难说清她的政治立场是左派还是右派。她是实证主义者、女权主义者、共济会成员、神学家或者天主教徒，时而也会得到政治当权者的支持。她是一个抛弃了自己的儿子却献身于他人孩子教育事业的单身母亲，一个自学成才的科学家。不管是同时代的理想主义者还是晚些时候的积极教育学派，都对蒙台梭利的理念持怀疑态度；虽然天主教教会给予了些许赞赏，但蒙氏的教育理念主要是在新教传统的国家中传播，甚至在印度教徒，锡克教和神道教徒中广为流传，在许多世俗学校中也有涉及。

蒙台梭利在从事教育事业早期一直饱受质疑，这种"令人不适"的新理念需要成年人对教育的态度发生彻底的转变。因此人们对她的研究案例会评论说"给予了儿童过度的自由"，另一个极端的批评又说她"对儿童过于严格"或者说她的方法"不能发展儿童的想象力"，又或者是不能适应时代的发展。的确，蒙台梭利一直坚定地捍卫着自身研究的完整性，不希望受到任何因素的影响，更不希望变成赚钱的生意。即便有其他人借助蒙氏的名字而致富，或者出于不同的目的而利用过她。

---

［1］　由耶稣会士巴贝拉（M. Barbera）撰写的文章《现代人文主义》发表在 1939 年 12 月 3 日的《天主教文化》上，在颂扬"法西斯体制"的更新时也这样总结道："那些建立在罗素的自然主义基础上所谓的积极教育和新教育，称为博爱主义，实际上与传统的古典教育和天主教学校背道而驰。"

［2］　皮耶尔乔治·奥迪弗雷迪（Piergiorgio Odifreddi）曾具讽刺意味地说蒙台梭利是"不受教的"。18 世纪甚至曾经出现过"厚颜无耻"这样的形容。

蒙台梭利遭受的诋毁还包括她的个人生活方面，虽然她一直非常低调，但仍有人不加考证随意地撰写甚至臆造。[1]

16　　那些认为蒙氏理念是教育届"古化石"的人，其立场同样毫无根据。他们忽略了理念中针对可操作策略的革命性内容，这些策略在世界上无数学校中得到了实施和验证，但在意大利却并未得到充分发展——因为广泛存在的怀疑主义，对自我批评和自由思想的文化抵抗。造成这种现象的除了历史、政治和意识形态方面的原因外，官僚主义和责任感的缺失也难辞其咎，他们只是利用"蒙台梭利"这个响亮的名头充充门面，实际上加速了蒙台梭利公立和私立学校的消失，甚至不鼓励对教育工作者和老师进行这方面的培训。

如今在意大利，认真按照蒙氏教育理念办学并招收 3 至 12 岁的儿童的学校屈指可数。美国和加拿大的情况就明显不同，那里开办了数十家蒙氏教育学校，更不用说还有许多出版物、宣传材料、针对父母的杂志、针对不同年龄段的成年人培训课程，以及针对蒙氏教育学校管理人员的内容。同样，在多个欧洲国家（法国、德国、比利时、英国、西班牙、荷兰、瑞典、挪威）或欧洲以外的国家和地区（澳大利亚、中国香港、墨西哥、厄瓜多尔、巴西、智利、摩洛哥、南非、坦桑尼亚、印度）均有各种类型和级别的蒙氏教育学校，其中许多都涵盖了从两三岁到 15 岁的年龄范围，这种连贯的教育空间能最大程度地发挥各个年龄段儿童之间的相互作用，个体差异之间的作用（包括残障儿童的差异）和兴趣多元化的作用。这些机构大多数是私人的，但也不乏公立学校甚至专门的中学，教育对象也并不仅是富人。在学校教育竞争激烈的日本，最近也出现了面向 6 到 12 岁孩子的蒙氏学校，而一些儿童之家

---

[1]　比如 D. Palumbo, *Dalla parte dei bambini. La rivoluzione di Maria Montessori*, Edizioni EL, San Dorligo della Valle 2005，就是一本哗众取宠的书。这本书标题看上去是献给孩子们，内容却令人失望。作者只是写了一些虚假的故事和博眼球的旧事，例如蒙台梭利在伊达（Itard）的陪伴下去往巴塔哥尼亚，但众所周知伊达早在 1838 年就去世了，又过了大约 30 年蒙台梭利才出生。

在诸如马里安·施韦格曼（Marjan Schwegman）和宝拉·乔维蒂（Paola Giovetti）之类的作者作品中也发现了不少令人质疑的诠释。

也开始在中国和韩国普及。[1]对
于我们来说，让外国人大为惊讶
的是意大利反而在蒙氏教育的发展
方面还处于荒芜的阶段，尽管第一
座儿童之家（也是圣洛伦佐区的
第一个）开办于罗马马尔西路58
号，蒙氏教育学者拉涅罗·莱尼
（Raniero Regni）称其为"教育学
的庞贝遗址"。

蒙台梭利

在美国，现在已有许多关于
蒙氏教育取得成果的研究。[2]而
且蒙台梭利的作品广为流传，不
仅是那些最著名的、现在已被奉
为经典的作品［在意大利几乎所
有蒙氏作品都是由加尔赞蒂出版社（Garzanti）出版，问题是有时并不容易找
到］；也包括一些次要的作品，以及蒙台梭利在各种场合发表的演讲或在印
度及其他英语国家和地区授课的重新阐述等，但这些成果从未被翻译成意大
利语。

在北美和欧洲其他国家的大学教育中，蒙台梭利的学说体系被给予了充
分深入和创新性的研究；而在这个学说发端的意大利，却只能在教育史课本
中找到区区几页相关的内容。唯一例外的是罗马第三大学的克拉拉·托纳
（Clara Tornar）创建的蒙台梭利学说研究中心（CESMON）。

---

［1］ 这要感谢朱塞佩·马拉贡（Giuseppe Marangon）开展的大量工作，现在他已任贡加察
家具公司（Gonzagarredi）的主席。

［2］ 就时间而言最新的成果（在意大利媒体中也引起了强烈反响）是美国弗吉尼亚大学
的心理学家安吉琳·里拉德（Angeline Lillard）和威斯康星大学的妮可·埃尔斯·奎斯特
（Nicole Else-Quest）的研究，该研究发表在2006年9月的《科学》杂志上。通过可控的实
验因素验证表明，接受过美国蒙台梭利学校教育的儿童和青少年具有更大的创造力，更强
的社交融合能力和更快的学习速度。

　　玛丽亚·蒙台梭利的教育事业自 20 世纪初在罗马圣洛伦佐社区的一间民宅内起步，后来这个场所更名为"儿童之家"。她的事业逐渐发扬光大，跨越了不同的文化和地域，给儿童和青少年教育带来了新的面貌：孩子们不再被视为旧知识的被动接受者或者又一代大同小异的成年人，而是对自身和他人充满热情与责任感的新个体。

　　2007 年 1 月 6 日，恰逢蒙台梭利这一光辉创举历经百年。因此我明白自己去回溯这一个世纪的历史时所肩负的重量，努力探寻蒙台梭利事业发展中那些举足轻重的学说所蕴含的责任感，用约翰·杜威的话来说是"一次新的哥白尼式的革命"：让教育的动力不再只来源于成人世界，同时也依靠孩子自我探索的能力来驱动成长——在一个生活方式已经天翻地覆的世界里去改变曾经一以贯之的亲子关系和师生关系，以寻找到一个合适的新起点来塑造更加温和完整的"人"。

2. 童年回忆

1870 年是风云激荡的一年。在欧洲，普法战争导致拿破仑三世下台，法
兰西重建共和国；奥地利和英国批准了国家的世俗化法律，引入了公证婚姻，
诞生了禁止进行宗教教育的市政学校。在美国，国会批准了著名的《第十五
修正案》，即不得以种族或肤色为由禁止公民的投票权。就意大利而言，在那
一年，军队（译注：指政府军和加里波第部队，意大利统一力量）攻入了罗
马城门皮亚门，占领了城市，从而终结了教皇庇护九世（Pio IX）的短暂统
治。这位最后的教皇国王无力进行军事抵抗，离开了基里纳莱宫（Quirinale）
躲入梵蒂冈避难。当年 10 月 2 日，罗马由全民投票选为首都。

而 1870 年的马尔凯大区——我们的故事开始的地方——成为意大利王国
的一部分已有大约 10 年了，但是重大的政治事件几乎没有打扰到城镇生活的
安宁，例如离安科纳（Ancona）几公里远的小城基亚拉瓦莱（Chiaravalle）。
那年 8 月 31 日，蕾尼尔德·斯托帕尼（Renilde Stoppani）和亚历山德罗·蒙
台梭利（Alessandro Montessori）的第一个也是唯一的女儿出生了。3 天后，
这名女婴将在卡斯塔尼奥拉（Castagnola）的圣玛丽亚教堂受洗（这是一个可
以追溯到 12 世纪的简单祥和的修道院）。她被取名玛丽亚·特克拉·阿尔特
米西娅（Maria Tecla Artemisia），后两个名字继承自祖母们。

蒙台梭利的父亲在多年后曾简单写下"关于女儿出生后身体和智力发展
情况"。单薄的纸页上笔迹清晰倾斜，一如当时人们习惯的式样。[1] 从记录中
我们得知，尽管妻子的生产过程颇为痛苦，但在"助产士和其他女性亲友"

---

[1] 这份手稿的时间可以追溯到 1896 年。AMI（国际蒙台梭利协会）内的蒙台梭利档案
馆中可以看到手稿的复印件。

的帮助下，新生的女儿仍然"健康结实"。

20　　　　亚历山德罗来自费拉拉（Ferrara），早年在非常落后贫困的条件下坚持进行学习和研究，先是在科马基奥（Comacchio）盐场工作，后又在新统一的意大利共和国内作为财政部派出的代表任烟草行业督察。青年时期他参加过意大利的民族复兴运动，这一经历一直影响着他后来的思想和生活方式。在 19世纪 60 年代中期，亚历山德罗赶赴小城基亚拉瓦莱担任督察职务。此地周围的农业除种植橄榄树、藤本植物和小麦之外，还种植了烟草，并且有一个或更多的工厂从事烟叶的收集、干燥和烟制品的制备生产。正是在这个小镇上，亚历山德罗（蓄着黑色胡须，表情果决，就像一副老式浮雕中展示出的样子）遇到了蕾尼尔德·斯托帕尼。这位女士来自蒙桑维托（Monsanvito）[1]，一个距离基亚拉瓦莱 5 公里的村庄，她的父亲拉斐尔（Raffaele）可能在那里拥有一些土地。

　　蕾尼尔德活泼优雅，颇具学识，这在当地的农民妇女中是难得一见的。她与丈夫一样遵从天主教信仰，同时也能接受民族复兴的思想，充分表明了她精神上的独立和自主。这两人共同组成一个谦和体面的家庭，兼具足够的文化教养。

不太可能的亲属关系

　　蕾尼尔德的姓氏与当时最杰出的学者之一安东尼奥·斯托帕尼（Antonio Stoppani）相同，后者在今天被认为是意大利地质学之父、古生物学家和阿尔卑斯山地鉴赏家（他是 CAI 的创始人之一），尤其对布里安扎和莱科湖地区非常有研究。安东尼奥于 1824 年 8 月 15 日出生于莱科，后进入安东尼奥·罗

---

[1] 蕾尼尔德于 1840 年 4 月 25 日出生于安科纳省的蒙桑维托（今天的蒙特桑维托）。亚历山德罗于 1832 年 8 月 2 日在费拉拉出生。1866 年 4 月 7 日两人分别在蒙桑维托市政厅和基亚拉瓦莱教堂举行了两次结婚仪式。他们的肖像曾被转载于 *Maria Montessori. A Centenary Anthology 1870—1970*, AMI, Amsterdam 1970, p.4。两人先后于罗马去世，其中蕾尼尔德逝世于 1912 年 12 月 20 日，亚历山德罗逝世于 1915 年 11 月 25 日，二人合葬在维拉诺（Verano）。

斯米尼（Antonio Rosmini）创立的宗教慈善机构并于 1848 年成为神父。

　　这样的职业选择并没有妨碍斯托帕尼与其他神职人员一起加入民族复兴 21
运动的行列，在接受神职任命后几个月，他参与了米兰人反抗奥地利驻军的
起义运动"米兰五日"。那时他设计了一种用加热的空气充气的气球，从城
市内发射升空，穿过敌人防线将起义的消息传播到了伦巴第大区的乡村，动
员那里的人民参与进来。1861 年斯托帕尼成为帕维亚大学和米兰理工大学
的讲师。从 1883 年直到 1891 年元旦去世的 9 年时间里，他担任伦巴第大区
首府自然历史博物馆的馆长。该博物馆坐落在历史悠久的杜亚尼宫（Palazzo
Dugnani），一栋坐落于威尼斯路公共花园内的古老建筑。斯托帕尼著作颇
丰，不仅有专业书籍（他在大学里开设地质学课程，还有 4 本用法语写成
的古生物学书籍等研究成果传播到国外），还有许多科普作品。其中最著名
的无疑是《美丽国度：意大利自然景观、地质和地理学探讨》（*Il Bel Paese.
Conversazioni sulle bellezze naturali, la geologia e la geografia fisica d'Italia*，
1876 年），该书的标题呼应着大诗人但丁和彼特拉克曾使用过的表达。这本
书的内容专门面向年轻人，一经出版便大受欢迎，使斯托帕尼的名字跨出专
业学界变得家喻户晓。虽是一个虔诚的天主教徒，但他支持理性自由的研
究，并不受宗教理论的影响，陆续出版了著作《教义与科学》（*Il dogma e le
scienze positive*，1882 年），《不妥协者》（*Gli intransigenti*，1886 年）和《犹
太教宇宙起源学说》（*Sulla Cosmogonia mosaica*，1887 年）。这些书中没有引
用与他的理念相去甚远的达尔文理论，但因为提到了伽利略、牛顿、居维叶
等人，那些苛刻的正统天主教维护者们仍对此嗤之以鼻。

　　斯托帕尼在解决科学与信仰之间的棘手问题时所展现出的公允态度赢得
了教皇利奥十三世的尊敬，因此 1879 年 3 月教皇私下接见了他，感谢他在书
中向教会致敬。教皇还给他颁发了一块纪念金牌以象征这份殊荣[1]，并亲口说

---

[1]　斯托帕尼在 1879 年 3 月 15 日写给母亲的信中充满感情地叙述了这次会面，该信由
安东尼奥·马拉德拉（Antonio Malladra）加入到书的第三版序言中，该书现名为 *Acqua e
Aria. La purezza del mare e dell'atmosfera fin dai primordi del mondo animato*, Milano, Cogliati
1898, pp.xvii-xviii。

自己饶有兴致地阅读了《生命诞生以来海洋和大气的纯净度》[1]，该作品被称为"安东尼奥·斯托帕尼写就的最美丽的作品之一……"[2]

22　　　这些写就于 1875 年的文字现在读来仍妙趣横生，文中巧妙地调和了科学的严肃性，以一种科普的口吻提出假设，当然这些假设现在已被充分证明了。正如我们在蒙台梭利的作品《教育人类学》中所读到的那样，斯托帕尼的这本书使她着迷。在《从童年到青春期》和《如何教育人类潜能》（两者均于 1970 年在意大利出版）中，蒙台梭利再次提到类似的概念，提出了创新性的教育思路即在第二童年期（seconda infanzia）（译注：约 6—12 岁）引入"宇宙教育"视野。斯托帕尼的书中描述了贯穿地球发展的破坏性和建设性力量以及生物圈的作用，例如从每种动植物的构造开始讲到它们所担负的任务，它们适应多样化环境的能力，对后代的养育和如何维护了食物链的总体平衡。

　　常有论断说斯托帕尼神父是蕾尼尔德的叔叔或者是近亲，但考虑到他出生在莱科湖地区，这一事实令人怀疑。无论地理距离如何，但在没有任何（关于这层亲属关系的）客观证据的情况下这个说法难以服众。大约 30 年前，时任基亚拉瓦莱的玛丽亚·蒙台梭利研究中心主任、社会学家奈多·法内利（Nedo Fanelli）对蒙台梭利一家在马尔凯大区[3]的渊源进行了深入调查，但未

---

[1]　*La purezza del mare e dell'atmosfera fin dai primordi del mondo animato*, Hoepli,Milano 1875。这本书是玛丽亚·蒙台梭利所提及过的唯一一部安东尼奥·斯托帕尼的作品，鲜为人知。

[2]　序言的作者是自然主义者，罗斯米尼学院教授亚历山德罗·马拉德拉，作为该书第三版序言，标题为 *Acqua ed aria, ossia la Purezza del Mare e dell'Atmosfera fin dai primordi del Mondo Animato. Conferenze*, SEI, Torino, 1898, p.X.。

[3]　今天已经少有人记得这位著名的地质学家。直到几年前，加尔巴尼（Garbani）公司生产并出口到世界各地的著名"贝尔帕斯（Bel Paese）"奶酪的包装上印制了他的肖像。杂志《蒙台梭利笔记》（*il Quaderno Montessori*）曾于 1991 年要求该公司解释包装使用肖像的原因并收到了迅速而有礼貌的答复，我们在此引用：在公司始创的 1907 年 3 月，大卫·加尔巴尼（Davide Galbani）位于科莫省巴拉比奥的乳制品厂推出一种新型软奶酪，想要与当时风靡的作品《美丽国度》合作。加尔巴尼征询斯托帕尼神父的两个侄子的意见，结果他们不仅愿意免费合作，还寄来了"斯托帕尼神父叔叔的画像，以便您的设计师画出正确的样貌"。参见 Honegger Fresco (a cura di), *L'abate Antonio Stoppani*, in《il Quaderno Montessori》, XXXII, (2015), n. 127, pp.55-63, Doc. LXXXIII。

取得任何实质性的成果。

　　然而有些人仍然相信这个假设，认为斯托帕尼肯定是蒙台梭利家族内的 **23**
叔父辈亲属[1]，其根据就是蒙台梭利本人曾经提到过的一些话。1908 年于米兰
举行的意大利妇女会议上，蒙台梭利在与众多听众交流时提到：“当我试图向
他解释人类自身成长的惊人效果，他答道，不要告诉我这些事情，这太疯狂
了。”然而，像斯托帕尼这样的科学家需要侄女在自己已经非常熟悉的领域给
予启发并表现出如此热情，是很难令人信服的。并且也没有证据能表明斯托
帕尼神父与年轻的蒙台梭利之间曾有过会面。

父系家族

　　得益于亚历山德罗的手稿和他“青年时期的回忆”，我们可以重建出一
份可追溯到 18 世纪初的家谱。蒙台梭利家族 4 个兄弟可能是来自雷焦艾米
利亚省的科雷焦（Correggio），分别是“一名神职人员，一名士兵和两个资
产阶级”，他们在费拉拉承包了一些烟草制造活动。关于他们的名字，亚历
山德罗只记得自己的曾祖父多梅尼科（Domenico）。多梅尼科出生于摩德
纳（Modena），是“费拉拉分公司的创始人”。工厂的合同是在克莱门十三世
教皇（Clement XIII）在任期签订的，因此是在 1758 年至 1769 年之间。后
来作为家族资产管理者的多梅尼科突然去世，使子女陷入严重的经济困难，
幸得叔叔们的帮助。第二代的乔瓦尼（Giovanni），也就是亚历山德罗的祖
父，在 1810 年左右来到费拉拉的烟草厂工作，并与阿尔多米西娅·韦多利尼
（Artemisia Verdolini）结婚。他们的两个孩子都出生于摩德纳：朱利奥·切
萨莱（Giulio Cesare）和埃科·尼科洛（Ercole Nicolò）或尼古拉（Nicola）
（1796—1874）。后者在第一任妻子去世后与特蕾莎·多纳提（Teresa Donati）
结婚，一起住在博洛尼亚。作为祖父母的尼古拉（Nicola）和特蕾莎（Teresa）

---

[1]　V. P. Babini-L.Lama, *Una《Donna Nuova》. Il femminismo scientifico di Maria Montessori*,
FrancoAngeli, Milano 2000, pp.35; 78–79.

就是日后为玛丽亚·蒙台梭利洗礼的人。尼古拉的两个孩子都出生于费拉拉，分别是乔瓦尼（他后来有两女一男三个孩子，其中儿子蒂托娶了一个生病不育的女性）和亚历山德罗，后者只有独生女玛丽亚·蒙台梭利。

24　　蒙台梭利家族在费拉拉的历史便在这里结束。因此，有人认为蒙氏的"贵族血统"应为杜撰。[1] 亚历山德罗的回忆是这样结尾的："玛丽亚·蒙台梭利 1870 年出生于基亚拉瓦莱，单身。医学和外科医生以及自然科学教授"。

即便自女儿出生以来这位父亲就有记录的习惯，但现在能收集到的关于蒙台梭利童年的信息仍然很少。每年生日父亲都会记录女儿的身高：3 岁时 88 厘米；5 岁时 109 厘米；16 岁时 158 厘米。大约 7 个月时蒙台梭利便可以叫"妈妈"和"爸爸"，11 个月时可以自己走路，在 16 到 19 个月时能够说清自己想要的东西，并且知道"许多人、动物和物品的名字"。蒙台梭利 2 岁时已经有 20 颗牙齿。这些记录表明玛丽亚拥有一个完全正常的童年：健康的成长过程，开明"现代"的父母，正如其他资料所表明的：

> 1871 年 4 月 30 日，在基亚拉瓦莱国民警卫队的警卫室里由外科医生阿尔坎杰里·安德里亚诺（Arcangeli Adriano）从几天前注射了病菌的小牛身上抽出脓液，为她接种天花疫苗。8 天后，种痘反应在两只手臂上都显现出来。[2]

1873 年 2 月亚历山德罗搬到佛罗伦萨，在那里他与家人度过大约两年时间。这位父亲对在托斯卡纳度过的时光未曾着墨，只是提及蒙台梭利于 10 月 1 日"开始上学"（没有透露具体哪个学校），父母担心"由于她活泼而独立的性格"会不适应，但事实证明他们的担心是多余的。1875 年 11 月 2 日，因父亲获得了更高的声望和职务，一家人从佛罗伦萨又移居到罗马。在罗马，蒙台梭利就读于离鲜花广场（Campo de'Fiori）不远的里奥内桥（Rione Ponte）市政预备学校。从 1876 年 3 月 1 日起，蒙台梭利进入另一所市立学校，在巴

---

[1]　参见 M. Schwegman, *Maria Montessori*, Il Mulino, Bologna 1999, p.15.

[2]　天花疫苗接种最初是由英国医生爱德华·詹纳于 1796 年进行的。

贝里尼广场（Piazza Barberini）附近的圣尼古洛·达·托伦蒂诺（San Nicolò da Tolentino），也是一个完全不同的街区。从这一点可以很容易明白蒙台梭利一家人为什么要搬家，这是她父亲做出的决定，他们打算离开熙熙攘攘的闹市区过安静一点的生活，也因此给孩子选择了新学校。

平和安定的童年   25

　　玛丽亚·蒙台梭利在童年会是个怎样的女孩？根据她父亲的记录，我们可以想象出她大概是那种在罗马被称为"小辣椒（peperine）"的女孩：活泼、好奇、充满求知欲。然而由于一些暂时性的健康问题和经常长风疹，蒙台梭利的小学阶段似乎并未十分突出。但她喜欢上学，与同学们有着深厚感情。蒙台梭利还尝试学习法语和钢琴，不过很快就放弃了。根据亚历山德罗的描述，大约 10 到 11 岁的时候她开始着迷于学业，努力到有时会有严重的夜间头痛。1884 年 5 月，蒙台梭利成为了一个"学业上并无大问题的女孩子"。

　　朱莉亚娜·索尔杰基金会的档案中，保存着蒙台梭利在 1904 年至 1907 年之间写的 14 页文字，文中对自我热情、愿望和失望的剖析生动再现了一个少女的心思。她从小就表现出对戏剧艺术的热爱：

　　　　我喜爱的事情就是去剧院。如果碰巧看到有人在表演，我会非常积极地模仿：我投入角色里，为了脑海中想象的场景直到脸色苍白或哭泣。我自创了一些短喜剧，一些即兴演讲，根据想象制作简单的布景和衣服。在学校我根本没在学习，并且在老师组织的游戏和喜剧课时间也不怎么听讲。我对升到高年级毫无兴趣。

　　她具备出色的想象力和写作能力，往往能够掩饰自己的缺点，例如语法或数学方面的缺点。

　　　　我不知道数学运算怎么做，很长一段时间以来我都用猜的数字写结果，就是浮现在我脑海中的第一个数字。我写作很好，并知道如何朗读：我读的时候以充沛的感情感染别人，使别人哭泣，老师也会把同学们集中起来听我读。如果有什么需要表演的内容，那么来测试我吧，准能让人惊艳。

蒙台梭利请求父亲带她去上为年轻女性开设的演讲课程，父亲同意并"做出了牺牲"，这一举动使得小女孩甚为感激，因为父亲"每天晚上，甚至是假期"也送她去那里上课。[1] 授课的老师们都对她交口称赞。

26 　　剧院的人开始向我描绘未来，说我将在这个行业拥有光明的前途。我自己也有这种感觉：生而为此，这一行就是我的热爱所在。到 12 岁时我取得长足的进步，甚至开始准备首演。我的天分带来了老师们的嫉妒和同学们的美慕，使我处在某种暗涌的情绪中心……这种前途和成功的复杂诱惑却对我的灵魂产生了奇怪的影响：只有某个短短一瞬，当我不去想剧院的诱惑，我好像看到自己真的在走向荣耀。

因此，从某一天开始，年轻的蒙台梭利真地放弃了一切，包括友谊和原有的梦想，并从数学入手开始进行"严肃的学习"。她承认是自己的性格使然。

　　能够突然地放弃自己曾经最在意的事物，为此我甚至做出了英雄般的牺牲，突然的告别、决绝的逃脱、迅速地改变心意、彻底的关系破裂，这种致命的破坏没有人可以补救……好像我与其他人的所有交流都中断了，甚至包括最亲密的家人……但为什么我会如此行事？当每个人都奔向我，给予我爱，我也感受到那种深刻的可以去拥抱全人类的爱时，却使自己成为众矢之的？

1884 年 2 月一所公立学校在罗马成立，即"米开朗基罗·布奥纳罗蒂"技术学校。蒙台梭利是头 10 位进入该学校的学生之一，她似乎对文学尤其充满热情，她在该校读书直至 1886 年，以 137/160 [2] 的分数毕业，获得了"升级许可和一年级奖学金"。

---

[1] 有趣的是，亚历山德罗在自己的记录中从未提到女儿的这一热情。

[2] 蒙台梭利被录取到二年级的成绩单照片参见 *A Centenary Anthology*, cit., p.7.

在她的另一本罕见的自传中，在名为"过去的事"[1]的章节中写道：

作为一个 14 岁的年轻女孩（我）去了一所男子中学，正是因为除了教育之外，没有其他吸引我的，同时又向妇女开放的途径。因此我走上了一条不确定的道路，以数学研究作为开端，最初我想成为一名工程师，后来想过成为一名博物学家，最终我专注于医学研究。

根据父亲的记录，蒙台梭利在 16 岁时"本来希望进入女子高中继续进修文学"，但依照当时的规定，只有来自所谓的师范学校或通过特定考试的女生才能入学。因此她不得不来到在 1886 年至 1890 年就读的彼得·达芬男子技术学院。[2]

良好的学业成绩鼓励着蒙台梭利继续她的研究，并于秋季学期注册了物理、数学和自然科学学院的学位课程。她做出这个选择很可能已经有了自己的未来规划，已经了解到目前进行的学习与之后学医的对应关系，并受到其他完成学科跨界的女性的激励。因此在获得自然科学的文凭之后，蒙台梭利于 1892 年申请并成功转到了医学和外科手术专业。

除了有关感情生活的一些细节外，我们对蒙台梭利的早年学习生活所知较少。父亲的笔记中曾提到一个比蒙台梭利年长的男生，他们在同一所学院就读，因为常常"从远处跟着她"而使她产生了兴趣。后来，这个男生到蒙台梭利家进行了正式的自我介绍，表达了认真的结婚意向，这可能在"学业即将结束时和服兵役一年之后"得以实现。后来这个男生被允许每周日登门拜访。在学年结束时蒙台梭利可以继续升级，而这个年轻人推迟了一门科目以便回到他在意大利南部的家，征求家人在结婚一事上的同意。然而男生的

27

---

[1]　莉娜·奥利维罗（Lina Olivero）收集的玛丽亚·蒙台梭利未出版的打字稿《过去的事》（*La Storia*）能辗转到我手中，要归功于我的朋友康斯坦扎·玛吉（Costanza Buttafava Maggi），她是朱莉亚娜·索尔杰的学生；以及索菲亚·卡瓦莱蒂（Sofia Cavalletti），曾任科莫地区蒙台梭利学校的负责人，现任米兰拉左路蒙台梭利学校的副校长。

[2]　该学院成立于 1871 年，位于埃斯圭里诺（Esquilino）的切萨里尼别墅（Villa Cesarini）。1884 年开始招收女生，蒙台梭利似乎就是第一个。我谨此向蕾尼尔德·蒙台梭利致意。

母亲认为做出结婚的承诺为时过早。这样的结果让原本认可这个年轻人的蕾尼尔德感到不快，但亚历山德罗感到一丝放松，他虽然也承认年轻人的良好品质，却担心他"过于沉闷忧郁的性格……与女儿的活泼开朗太不同了。"这种明显的"性格差异不能成就一段幸福的婚姻"，亚历山德罗总结说。这段感情就这样戛然而止，但是身处其中的蒙台梭利是什么样的感受？在那个年代，即使在蒙氏这样开明的家庭中，女儿的意见也是完全次要的。另一方面，虽然爱的降临仍然遥不可及，但蒙台梭利的学业前景似乎一片光明，充满着奇妙的未知。

3. 大学阶段的研究生活

如前所述，蒙台梭利虽然表现出对文学和写作的倾向，但她最终选择了
修读科学研究课程。因为并非出身人文高中，大学专业的选择必然限于她能
接触到的一些领域。根据一个未得到证实的说法，她学习医学的决定以及圭
多·巴切利部长[1]（Guido Baccelli）因为她是女生而提出的质疑，在家中引起
了不小的风波。

父母可能认为学医是非常莽撞的决定。也许像那个时代的每一个父亲一
样，亚历山德罗希望自己的女儿接受良好的教育，但对未来的设想并不同，
他更希望女儿能更多地在家中并照顾家庭成员；他认为男性主导的严苛的社
会环境并不适合自己优雅漂亮的女儿抛头露面。然而，当蒙台梭利16岁时
去男校读书，亚力山德罗似乎也并没有提出异议，可能是因为那时高中被认
为更难或更昂贵，他希望女儿选择技术院校学习而不是高中，能够尽快开始
工作。[2]

从亚历山德罗的记录中我们得知，由于蒙台梭利的技术学校文凭，她无
法入读女子师范学院。因此从一定意义上讲，蒙台梭利选择两年制自然科学
课程是无可避免的了。当时，只有进行过古典文化学习的学生才能注册医学
和外科学专业，因为希腊语和拉丁语的知识是必不可少的。

具体到蒙台梭利当时的情况，教育部长巴切利在最初的犹豫之后决定纠
正之前不合理的规定，承认两年制科学课程的有效性，通过教育参议院1893

---

[1] 作为杰出的临床医生和大学讲师，巴切利在1881年至1900年间曾四度担任教育部长。

[2] V. P. Babini-L. Lama, *Una《Donna Nuova》. Il femminismo scientifico di M. Montessori*,
cit., p. 33.

年 I.21 号提案以便让该课程毕业的学生可进入医学专业三年级。教育部于同年 2 月 9 日批准了该提案。[1] 在医学学习开始时，蒙台梭利参加的考试实际上是与原专业学生相同的[2]：植物学、动物学、实验物理学、组织学、生理学、比较解剖学和有机化学。蒙台梭利以平均分 27 分（译注：意大利大学考试科目通常满分为 30 分，27 分即为优秀）的成绩通过了这些考试，并在 1895—1896 学年通过了最后一批考试从而完成了学业。

　　虽然有些轶事记载倾向于描绘蒙台梭利学生时代顽固和叛逆的一面（她曾参与的女权主义斗争其实在几年后才开始），然而这些方面也证明了她对科学和医学研究的兴趣日益浓厚，即便在当时相对简单的社会条件下要求也并不低，尤其是在实验室经验或症状学的训练。[3] 我们也不应低估在那个传统保守的时代，在一众男性教授和同学中作为唯一的女性所面临的巨大压力。尽管孤立无援，年轻的蒙台梭利凭着一腔孤勇毫不犹豫地面对着一生中最重要的挑战。

　　蒙台梭利本人的一些信件及 1891 年 5 月在一个小笔记本上留下的日记是这段情绪的见证。该笔记现在保存在 AMI 的蒙台梭利档案馆中，并已于几年前出版。[4] 在解剖课上感到不适之后，她躲到门口，但在那里又什么都听不见。她记录下了自己后来去找解剖学教授朱利安尼（Giuliani）请教的经过：

　　　　我请教的是一本插图书。教授开始向我讲解那本书，并以尽量亲切的方式说，"您这样看书什么都不会搞懂的，这些数字在进行过实际的尸体解剖后才会有用"。然后他又对我说，如果我不能鼓起勇气，不能忘记自己的女性身份，那就无法有实际的收获，我必

30

----

[1] 有本书完整地重现了蒙台梭利在罗马一大度过的二十年，首先是作为学生，后来是作为教师：A. Matellicani, La "Sapienza" di Maria Montessori. Dagli studi universitari alla docenza (1890—1919), Aracne, Roma 2007.

[2] V. P. Babini-L. Lama, Una《Donna Nuova》, cit. pp. 32, 35.

[3] 医生观察的能力能够帮助解释症状并因此进行诊断，但如今随着辅助诊断设备越来越先进，对医学生观察能力的要求反而有所降低。

[4] 参见 G. Fresco Honegger (a cura di), Montessori: perché no? Una pedagogia per la crescita, Torino 2017, pp. 62 e ss. 书中有一段概括。

须"像其他人一样去上课，倾听老师对尸体的讲解"。我感到极大的失落：难道从此我就不再是学业上的宠儿了吗？心里想：因为恐惧"靠"在别的学生身上，坐在地上在膝盖上记笔记……这种行为几乎是荒谬的。从听到教授的话的那一刻起，我决定之后要去上所有的解剖课；一旦踏入教室，我就必须留下来认真听讲。是的，我将遭受很多痛苦的精神折磨，多到我没法承受。我也想避免痛苦，但这没关系……也许，或者一定，我将赢下这个挑战！否则，我也会给解剖课堂带来一些困扰。

这位教授的答案明确而令人鼓舞：

> 他提到了社会的偏见。教授说他知道如何用自己拥有的意志从偏见中解脱出来。在解剖课上，学生听到和看到的关于人体的事物其目的是崇高的，因此应将这种目的贯穿学习的始终，并不会有失尊重。毕竟，人原本生来平等的，牢记这一点在面对尸体时就可以像其他人一样平静。那具尸体不再是某一个人，而是一个对象，需要我们去了解并能借以帮助生者的对象。

后来朱利安尼教授带她去解剖室，他抽着雪茄以减弱室内的气味，何况这是一个热天。经历了首次痛苦的学习之后，他们去喷泉中洗手，先用普通肥皂洗，然后再用香皂洗。

> 我们洗了两次手。去喷泉的路上，教授将手臂轻轻放在我的腰上，好像是要支撑我，或者让我明白自己并不孤单。但我心里觉得别扭，在不冒犯他的情况下客气地远离他的胳膊，当时有一个仆人在场。洗手的时候我与教授交谈，这时我终于认识了他慈父般的品格，我问他多长时间才能习惯研究完尸体的当天还能吃饭。"一下就习惯了。"他回答。我笑了，他应该是在说笑话吧。

> 教授一面又派管理员去买一些面包来，并对我说："您最好马上就吃，否则今天就再也吃不下了，然后肠胃的虚弱会让您明天也吃不下。"在解剖室等待时，教授问我是否打算献身于产科。我说是的，不过自己也有些迷惑。教授回答说："那么您可以放心地留在医

院产科工作，因为有助产士可以帮您。"我看着他，当和教授谈论医学时感觉似乎在梦中，即便整个过程都像一个梦。

对教授的感激之余，她觉得他简直是一位"灵魂的医生"。关于解剖课的种种不良感觉尽数消除，她一身轻松地回到家里，在日记中总结到："我再也不为此事感到困扰了。一种力量奇迹般地降临到我身上。"

31   这是一段极为少见的描写自己内心感情的文字。通过这段宝贵的记录我们可以看到，在解剖课上面对冰冷的死亡让她作为少女的脆弱无所遁形，不仅因为这种接触迥异于日常生活的人际交往，更是要改变对人类身体的观念，将其当作纯粹的研究对象。在这样一个令人感到陌生的领域中，再加上周围同学有时表现出敌意或者粗鲁的态度，蒙台梭利仍然克服了自己的保守观念，坚定了自己的意志——这些是伴随她终生的特点。

首批女医学生

声称蒙台梭利是意大利第一位女医生的说法是不准确的，虽然她的确是那几年内罗马唯一的女医学生。1893 年 5 月，当蒙台梭利和同学一起参加曾在都灵和罗马任教[1]的荷兰生理学家雅各布·莫莱斯霍特（Jacob Moleschott）的葬礼时，一些罗马报纸注意到了她。显然报纸对这个特别的细节颇为好奇，于是进行了相关的报道。

但实际上，意大利统一后第一位医学和外科专业的女学生埃尔奈斯蒂娜（Ernestina Paper），于 1877 年毕业于佛罗伦萨[2]；第二位次年毕业于都灵，叫作玛丽亚·法尔内·维莱达（Maria Farné Velleda）[3]；毕业于罗马的有 1890 年的埃德维杰·贝尼尼（Edvige Benigni），1894 年的马尔切丽娜·考利奥·维

---

[1] V. Babini-L. Lama, *Una《donna nuova》. Il femminismo scientifico di M. Montessori*, cit., p. 40.

[2] 有关更多详细信息，请参见 G. Ravelli, *Maria Montessori: lo sviluppo di una vita*，维罗纳大学 1990—1991 学年答辩。该文章的概括可参见 G. Fresco Honegger (a cura di), Montessori: perché no?, cit., pp. 44–49。

[3] V. Babini-L. Lama, *Una《donna nuova》. Il femminismo scientifico di M. Montessori*, cit., p. 38.

奥拉（Marcellina Corio Viola）。到玛丽亚·蒙台梭利毕业的1896年，当年意大利各个学科领域的女性毕业生共有16名，而同龄的男性毕业生有上千名。[1]

另外，1886年毕业于那不勒斯的俄国人安娜·库里西奥夫（Anna Kuliscioff）被称为"穷人的医生"。安娜可能出生于克里米亚的辛菲罗波尔（Simferopoli），是伟大的科学家卡米洛·高尔基（Camillo Golgi）在帕维亚的学生和研究合作者，卡米洛于1906年获得诺贝尔医学奖。秉持解放思想和社会主义信念，安娜在米兰开设了多年免费的妇女诊所。

到了19世纪末，意大利国内外女性在职业和学术领域取得成就的新闻越来越多。1892年，波兰女性玛丽亚·斯克沃多夫斯卡（Maria Skłodowska）顺利进入巴黎索邦大学学习物理学。她于1867年出生在华沙，1894年与未来的丈夫皮埃尔·居里（Pierre Curie）相识，两人一起发现了放射性物质镭。这对夫妻于1903年与物理学家亨利·贝克勒尔（Antoine Henri Becquerel）共同获得了刚设立几年的诺贝尔物理学奖。1911年玛丽·居里又获得了诺贝尔化学奖。居里夫妇卓有成效的合作在1906年因皮埃尔车祸去世戛然而止。同年，玛丽接任丈夫在索邦大学物理系的工作，成为该大学第一位担任教职的女性。

同样令人感动的还有德国女性安娜·弗拉恩采尔（Anna Fraentzel）的故事。弗拉恩采尔出身于德国的著名医生家庭，却由于父亲去世带来的经济困难无法入读自己心仪的柏林大学医学系。她的姨妈是女科学家和女性主义者玛格丽特·特劳伯（Margarethe Traube），移居意大利后于1883年以优异的成绩毕业于罗马大学的自然科学专业，并进入弗朗切斯科·托达罗（Francesco Todaro）的人体解剖学实验室进一步为自己的论文研究工作。作为生理学家雅各布·莫莱斯霍特最赏识的学生之一，特劳伯安排侄女弗拉恩采尔与卫生和热带病专家安吉洛·切利（Angelo Celli）联系，后者向弗拉恩采尔保证其

[1] 同样值得一提的还有来自西西里的犹太女性维勒蒂姆拉（Virdimura），1376年11月7日保存在巴勒莫国家档案馆中的一份授予她的行医许可，以证明其能够在西西里王国从事这一职业。该文凭证明这名妇女已根据弗雷德里克二世在1224年发布的规定，通过了物理学委员会的考试。参见 B. Lagumina-G. Lagumina, *Codice diplomatico dei Giudei di Sicilia*, Tip. di M. Amenta, Palermo 1884, vol. I, p. 99.

有机会成为一名护士，弗拉恩采尔因此搬到了罗马。尽管年龄有差距，后来弗拉恩采尔还是嫁给了切利。在丈夫的介绍下弗拉恩采尔进入圣心医院病理解剖学研究所，在预防疟疾领域与丈夫一起工作。[1] 业余还与乔瓦尼·切纳（Giovanni Cena）和西比利亚·阿莱拉莫（Sibilla Aleramo）一起为罗马市郊的农民和穷人扫盲。在 1914 年切利逝世后，弗拉恩采尔秉承他的精神继续工作着。

33

可以看出，在蒙台梭利之前已有不少女性为进入医疗行业进行了不懈的争取，为自己，也为后来者。尽管如此，女性从事解剖学这一需要进行直接人体接触并一直专属于男性的领域，仍然引起了很多争议。

蒙台梭利在第一次访问美国期间接受了采访并登上了 1913 年 12 月 3 日的纽约《环球时报》。她提到自己甚至曾求助于教皇利奥十三世，据称教皇回应说从事医学对女性来说是高贵的职业，从此斩断了天主教界所有反对的声音。[2] 事实是否真的如此，在充分尊重蒙台梭利女士的前提下，我们可以提出一些合理怀疑。但也不完全排除这一事件有一定的历史基础，我们假定这位年轻有抱负的医生因遇到的挫折而灰心，遂写信给罗马教廷，获得了支持和鼓励性的回复。

无论如何，蒙台梭利始终本着严肃和讲究方法的态度研究医学，特别是对实验室研究感兴趣，并在这一过程中得到了训练，注重精确度，善于仔细观察。她曾与神经病理学家乔瓦尼·明加兹尼（Giovanni Mingazzini）、解剖病理学家弗朗切斯科·托达罗（Francesco Todaro）、解剖学教授米凯莱·朱利安尼（Michele Giuliani），以及前文提到的生理学家莫莱斯霍特等会面，他们引起了蒙台梭利对贫困阶层学生的生活质量和健康状况的关注。还有埃托莱·马尔凯法瓦（Ettore Marchiafava），朱利奥·比佐泽洛（Giulio Bizzozero），儿科医生路易吉·孔切蒂（Luigi Concetti），外科医生埃托莱·帕

---

[1] 为挽救疟疾在罗马阿格罗旁蒂诺地区造成的灾难，1895 年 7 月 4 日费德里克·加兰达的议会批准了所谓的"国家奎宁法"，规定以官方价格在全国所有盐业烟草销售点发售硫酸奎宁。

[2] 参见 R. Kramer, *Maria Montessori. A Biography*, G.P. Putnam's Sons, 1976, p. 35.

斯夸利（Ettore Pasquali），心理医生邦弗利（Bonfigli），以及后来成为卫生部长的巴切利。这些对社会医学抱有浓厚兴趣的老师们在蒙台梭利的成长中都留下了难以磨灭的印记。[1]

除了细菌学和显微镜学、化学、动物饲养学、公共卫生课程外，蒙台梭利还参加了安杰洛·切利开设的实验卫生课程。她在儿童医院研究儿科，在"圣乔瓦尼"妇科门诊和萨西亚区的"圣心"妇科门诊研究妇女疾病，两者是至今仍在运营的两家大型医院。

当时的"圣心"是一个三角形地块内的大型建筑群，在萨西亚区的特韦雷河边，紧邻圣天使城堡。1950 年前后人们仍然可以在街上瞥见一楼巨大的病房，病患们穿着病号服在其中走动。在他们中间还有来去匆匆的"大帽子"修女，即圣维琴佐·德·保罗慈善机构的修女们，她们头戴着过浆的白色帽子像头顶上张开的翅膀一般，长长的蓝色修女服腰间紧束。在医院后部位于左侧圣心路的起始处，有一个所谓的木制"轮子"，人们可以在那里匿名留下私生子。这一物件目前仍在原处。

充满热情的女学生

虽然遇到的困难众多，蒙台梭利还是凭着自己坚定不移的信念和卓越出众的才智一直前进着。在大学第四年，她因从事一项病理学研究工作而获得了罗利（Rolli）基金会 1 000 里拉的奖金。[2] 1895 年父亲在笔记中写道："她与六年级的学生和毕业生一起竞争，获得了医院'辅助医生'的职位，并有

34

---

[1]　在关于蒙台梭利大学时代的各种研究资料中，我们注意到了健康科学教育学学者伊阿茨奥·莱伊（Ignazio Lai）的文章，名为《玛丽亚·蒙台梭利：医学学习经历（1893年至 1896 年）及对教育学科概念发展的影响》。该文章可在线访问 http://people.unica.it/ignaziolai/2011/05/09/maria-montessori/（于 2018 年 4 月 25 日访问）。除了指出蒙台梭利去世的地方是在海牙而不是诺德韦克，该文本还非常具体地叙述了她在学校里进行的扎实的基础训练和在罗马大学所结识的大师们。

[2]　当时一个硕士的工资约为 90 里拉，而一名企业经理的工资为 300 里拉。因此，罗利奖学金的确是一笔不菲的数目，约合今天的 1 万欧元。

资格进入兰西斯学会（Società Lancisiana），这个学会仅限罗马的教授和医生们参加。"

在与男性偏见进行斗争的过程中，蒙台梭利表现出清晰的自主和坚定、毅力、直觉等宝贵品质。她的成绩一直十分出色，尤其是在后续选择的科目上，如卫生学、精神病学和儿科学。

临近毕业之前，蒙台梭利的精力越来越侧重于实验室研究和在蒙特马里奥的圣玛丽亚慈心精神病医院进行观察。该医院由克洛多梅罗·邦弗利（Clodomiro Bonfgli）领导，他在1894—1895年期间曾在大学的精神病诊所担任教授，蒙台梭利刚开始参加他的课程第二年，邦弗利因为当选为卡梅里诺学院的副校长而放弃了在罗马大学医学系的工作。像其他许多同样杰出的临床医生一样，邦弗利的选择并非全为个人的发展，而是希望能挽救意大利统一后公共卫生领域的落后局面。年轻的蒙台梭利从邦弗利那里接触到了有关社会责任和旨在改善底层人民较差的生存条件的政策，当时还有相当一部分人口挣扎在艰苦的生活中；而且还了解到了社会因素、精神疾病和儿童教育之间的关系。邦弗利非常关心这个问题，他所持的观点与当时公认的权威切萨莱·隆布罗索（Cesare Lombroso）的观点形成鲜明对比，即他并不将精神疾病视为精神性的死亡，而可能是压抑环境中多种因素共同作用的产物。这一立场除了其科学合理性之外，这种思想的变化也揭示了社会公正等新思潮的迅速传播。

后来邦弗利进入议会工作，埃齐奥·沙马纳（Ezio Sciamanna）接替担任精神病诊所的教职；蒙台梭利将与他讨论论文。在准备论文的过程中，她对朱塞佩·塞尔吉（Giuseppe Sergi）开设的人类学课程充满浓厚兴趣，与此同时，她还与一些课程的同学桑特·德·桑克提斯（Sante de Sanctis）[1]和朱塞佩·费卢奇奥·蒙特萨诺（Giuseppe Ferruccio Montesano）[2]一起参与了精神

---

[1] 桑特·德·桑克提斯是一名来自翁布里亚的医生，也是塞尔吉的学生，被认为是意大利儿童心理学的奠基人之一。他为最贫穷的人群建立了第一个精神障碍儿童幼儿园/学校。

[2] 第4章结尾处有关于朱塞佩·费卢奇奥·蒙特萨诺的简短说明。

疾病研究。

在罗马收容所的住院病人中，"在医院主任和首席医生的礼貌指引下"，蒙台梭利跟随观察了9例病人。这是一些遭受"对抗幻觉"折磨的病人：有些症状是听觉型的，病人听到令人安心的声音与威胁性声音交替出现；还有视觉型的症状，病人会看到具有对抗性（圣徒和魔鬼，穿着黑色和白色的人）的形象出现。两种类型的症状都以不同的方式引起病人妄想性逼迫行为和精神混乱状态。

蒙台梭利在1896年7月10日答辩的论文具有明显的实验性质，这份近一百页手写的文章标题为《幻觉研究的临床观察》。桑克提斯后来将这篇论文收录在次年10月提交给佛罗伦萨第9届儿科学会大会的报告中。考虑到大会保守的男性环境，蒙台梭利没有参会，但论文在1897年以两人的名字出版。

尽管论文非常出色，蒙台梭利还是仅以104/110分的毕业成绩获得文凭[1]（译者注：意大利毕业成绩满分110分，较好的成绩为110/110另加嘉奖）。毕业后她立即发表了另外两篇科学通讯文章，一篇发表于1896年，名为《关于莱顿晶体在支气管哮喘中的意义》[2]；另一篇名为《麻痹性痴呆的脑脊髓液的细菌学研究》[3]，发表于1897年，与已在切利的卫生研究所工作的蒙特萨诺合作。

正如父亲亚历山德罗·蒙台梭利手稿中所指出的，蒙台梭利在实验室研究中表现出了卓越的才能，"有些教授建议她与罗伯特·科赫（Roberto Koch）教授一起去柏林参加1897年3月开始的专业进修课程。"[4]与这样一位著名的

———————

[1] 由于缺乏更好的毕业成绩的认可，可能加重了她身为女性承受的偏见。这是 V. P. Babini-L. Lama, *Una《Donna Nuova》. Il femminismo scientifico di M. Montessori*, cit., p.49 中提到的假设。

[2] 这是一篇根据已有文献和个人观察进行的简要研究，并以"罗马医院辅助医生"的身份发表。

[3] 长达13页的通讯文章提到了对病人的体液进行的研究调查，这些调查采用完全无害的新技术提取样本并进行了详细解释，然后再接种到豚鼠和兔子体内以寻找更精确的精神病因。

[4] 罗伯特·科赫，柏林传染病研究所所长，杰出的教授和研究员，因在结核病方面的突破性发现于1905年获得诺贝尔奖。

老师一起进修学习绝非易事。

许多年前，确切地说是 1876 年，亚历山德罗曾得知摩德纳的某个名为卡洛·蒙台梭利（Carlo Montessori）的人在遗嘱中进行了一项慈善安排，"目的是让本姓氏的子女后代受到更好的教育"。考虑到蒙台梭利的未来，他尝试寻找过相关的信息，但随后又担心他们会要求将女儿带到当地的学校便放弃了——他不愿意让女儿离开自己的生活。

37　　　但 20 年后面对去柏林留学的机会，已经退休的亚历山德罗无法为女儿提供必要的经济支持，这件事又回到了他的考虑之中。因此，这位父亲向卡洛·蒙台梭利设立的项目的律师提出了经济援助请求，附上各种相关的材料，言语之中颇以女儿为傲："昔日的少女已经成长为一名不平凡的女性。"书信中描述了蒙台梭利的学习经历直至大学毕业和最近开展的科学交流活动，结尾还有上一章提到的家谱信息。

我们收集到的这份材料只是一份草稿，并不知道后来是否寄出。但蒙台梭利最终没有前往柏林，也没有从事细菌学研究的道路，而是选取了另外一个同样复杂的研究方向：精神健康研究，她的选择既出于在精神病院工作时产生的兴趣，也出于与同事们在共同的工作中产生的精神默契。

但这份文献仍有它的价值，使我们了解到蒙台梭利当时的家庭状况，了解到父亲对女儿的尊重、钦佩和喜爱。亚历山德罗那时已经意识到，女儿面前打开的是光明灿烂的职业前景，他愿意将女儿送往德国并竭尽全力提供必要的支持，以鼓励她的职业发展。

与医学系大师们结交共事的时期

除了从事医学工作必不可少的扎实知识背景外，蒙台梭利努力与医学领域的大师们结识交往，尤其是朱塞佩·塞尔吉。蒙台梭利在塞尔吉的影响之下，关注的焦点日渐从医学向重大社会问题转变，这也是她向实证主义思想靠拢的结果。最弱势群体的命运在未来不再只是被动地忍受痛苦，更应当看作是人们在建立更加公平团结的社会的道路上不可避免的巨大挑战。

　　佝偻病、糙皮病、严重的湿疹，还有一些伴有致命危险的地方性儿童流　**38**
行病，如今都建立起新的卫生设施来应对，安杰洛·切利积极地支持着这些
事业。切利于 1890 年成立卫生与热带病学会和位于特拉斯特韦雷区的拉斯卡
贝塔（La Scarpetta）免费诊所。这家诊所面向那些贫穷的父母们讲授基本的
卫生保健知识。诊所有一群由安娜·弗拉恩采尔（切利的妻子）领导的志愿
者，她们大都是家庭负担较轻的年轻女性，蒙台梭利也曾在其中工作过一段
时间。此时从事医学工作对她来说已经成了为解放妇女而进行的斗争形式之
一，同时也在帮助社会中的边缘群体和最弱势的群体。从这个意义上讲，塞
尔吉将人类学视为自然与文化之间的一门科学的观点为蒙台梭利提供了强大
的精神动力，以推翻成人完全主导儿童发展的古老模式，并从理论上提出一
种新的教育方式，使成年人服务于儿童的身体健康和精神成长。

4. 作为女性，作为母亲

　　蒙台梭利的青年时期，恰逢意大利女权运动初露端倪并逐渐得到认可的阶段。那时其他国家的女权运动已经发展起来：在美国，一些妇女团体于1888年在华盛顿特区成立了国际妇女理事会；欧洲国家，尤其是在英国，工业发展和历史宗教传统共同给予了女性最大程度的言论自由，为宣扬女权主张提供了沃土。在参政扩大论（suffragiste）的时代，她们被戏谑地称作"争取妇女参政的妇女（suffragette）"，通过游行争取投票权［我们怎么能不想到"温妮弗雷德"，1964年电影《欢乐满人间》（*Mary Poppins*）中班克斯家两个孩子的母亲？］（译者注：电影中的温妮弗雷德醉心于女权运动。）

女权主义初期

　　19世纪末，意大利在女性解放运动的道路上仍然蹒跚难行，尽管也有很多女性行动起来勇敢地做出尝试。如埃西莉亚·布隆齐尼·马伊诺（Ersilia Bronzini Majno）在米兰发起建立了马利乌奇亚庇护所（Asilo Mariuccia），收容那些孤单的年轻女性避免她们去卖淫，并在自由和承认其权利的尊重氛围中进行教育[1]；安娜·玛丽亚·莫佐尼（Anna Maria Mozzoni）和艾米莉亚·玛丽亚尼（Emilia Mariani），这两位女性社会主义者为尊重妇女和权利而斗争；以及安娜·库利斯乔夫（Anna Kuliscioff），她强烈谴责女性在职业中

---

[1] 为了保护"处境危险"的年轻妇女，不少宗教机构采取了完全不同的方法。请参阅 A. Buttafuoco, *Le Mariuccine. Storia di un'istituzione laica*, FrancoAngeli, Milano 1985，文章充满热情而又非常准确的分析对于理解马利乌奇亚全新的世俗管理方式和所处的社会环境是必不可少的。

受到的不公正待遇[1]。蒙台梭利后来与所有这些女权运动者都建立了直接的联系。尽管城市化进程的不断发展大大改变了女性的境遇，但农村生活的封闭 40 仍然造成了许多困难，主要是普遍文盲造成的无知和对男性占主导地位的迷信。[2] 几个世纪以来根深蒂固的守旧偏见使女性在生活中始终处于令人沮丧的从属状态，她们无力改变自己的贫困处境，抗议也都被扼杀。[3]

　　在 19 世纪和 20 世纪之交，也许正是由于新世纪的来临，女权主义运动焕发出新的活力，组织力量也得到扩充。[4] 富裕的资产阶级和开明贵族女性，以及众多知识分子女性（新闻工作者，作家，科学家）都积极参与其中。彼时年轻的蒙台梭利已经充分体会到女性成功的道路上有多少障碍，以及如何才能正确地认识自己的优点并在男性环境中脱颖而出。她已然蜕变成一名干练的学者，集坚定的意志与优雅的魅力于一身。她的身材娇小苗条，柔软的棕色头发，目光率直自然，态度温和内敛，面庞的古典美直到她 80 岁时仍然依稀可见。另一些人觉得她强势、坚定、求知欲旺盛且充满好奇，嗓音也非 41

---

[1] 据称安娜·库里斯乔夫因其女性身份被禁止在米兰马乔列医院（Ospedale Maggiore）执业行医。

[2] 蒙台梭利在 1908 年 4 月 23 日至 30 日在罗马举行的第一届意大利妇女全国代表大会上发表题为"教育中的性别道德"的演讲，谴责男性沙文主义的双重标准。

[3] 在这方面具有典范意义的事迹可以追溯到 17 世纪初，威尼斯人埃莱娜·卡桑德拉·塔拉伯蒂（Elena Cassandra Tarabotti）的故事。她从 13 岁开始在本笃会修道院做修女，以阿坎杰拉修女（Sour Arcangela）的名字隐修 30 多年直到去世。她以苦涩而清醒的笔调写了一些信件，把修道院定义为"女性的监狱"；还写了一些书籍，在书中严厉谴责"父权暴政"在她身上施加的残酷影响。同样令人痛苦的故事还有弗吉尼亚·玛丽亚修女（Suor Virginia Maria），她原名玛丽亚娜·德莱瓦（Marianna De Leyva），是曼佐尼（译者注：意大利作家）笔下人物"蒙扎（Monza）的修女格特鲁德（Gertrude）"的原型，她的故事冲击着世俗规则，通过自身的罪行来反抗现实中的诸多不公。

　　如果想直到 1988 年欧洲共同体才明确地声明宣布男女权利平等，我们就知道在女权运动的道路上确实还有很长的路要走。虽然男女平等的原则早在 40 年前就已纳入意大利宪法，但在 2006 年讨论议会的"女性席位"时仍然引起了争议。

[4] 2006 年 12 月 6 日，罗马 UDI 用 DVD 发行了一部出色的纪录片，题为《20 世纪的妇女运动之旅：一段致力于女孩、妇女和移民权利的历史》，由 Nella Condorella 与 RAI Teche 和 RAI Ventiquattro News 合作拍摄。在片中出现的 19 世纪的人物中出现了蒙台梭利，将其作为一名基督教教育学家给予了介绍。

常悦耳，正如安娜·库里斯乔夫在给菲利普·图拉蒂（Filippo Turati）的信中提到的那样。[1]

1896 年 3 月，也就是大学毕业前几个月，蒙台梭利加入了一个妇女团体，两年后她参加了"为了女性"（Per la Donna）协会的创立。该倡议始于《女性生活》（*Vita Femminile*）杂志的编辑罗斯-玛丽·阿玛多里（Rose-Mary Amadori），该杂志提出了一项以女性在家庭和社会中权利平等、离婚权和接受世俗教育为中心的勇敢计划，并坚定地反对任何形式的战争（意大利克里斯皮政府于 1895 年对埃塞俄比亚进行的侵略战争在那时以灾难性的方式结束了）。蒙台梭利在协会中几个月的工作受到赞赏，因此协会在 6 月决定派她作为代表参加同年 9 月 20 日至 26 日在柏林（欧洲首次）举行的国际妇女代表大会。

朋友们相信肯定没有比她更合适的人了：凭借出色的演讲能力，她一定能用逻辑清晰令人信服的方式说明实验医学开辟的新道路。事实证明她们的选择是正确的。为了支付旅行费用，协会向意大利各个阶层和不同地区发起了公开募捐，这其中也包括蒙台梭利的故乡基亚拉瓦莱，当地的妇女委员会十分热心地支持这位杰出的同乡，基亚拉瓦莱市政当局为这次旅行也赞助了 50 里拉。

蒙台梭利终于要出发了。我们乐意把她那时的形象想象成是维托里奥·马泰奥·科尔科斯（Vittorio Matteo Corcos）1896 年创作的油画《梦》（*Sogni*）中的年轻女子，这幅画曾在罗马国家现代美术馆展出。美好的画面将我们带回宽檐帽和面纱的时代，镶着花边的小靴子鞋尖前伸，带有许多小纽扣的装饰，锦缎真丝连衣裙一直垂到脚踝。那时的人们乘坐烧煤的蒸汽火车旅行，就像莫奈和其他印象派画家作品中的那些火车一样，女士用称为"侯爵夫人"的小伞遮挡阳光。那个时代的画家从西尔维斯特雷·莱加（Silvestro Lega）到阿尔贝托·维亚尼（Alberto Viani），再到乔瓦尼·波尔蒂尼（Giovanni Boldini），最后这位在描绘富有阶级的女士的精致服装方面颇为

---

[1]　参见 F. Pedone (a cura di), *Filippo Turati Anna Kuliscioff Carteggio*, Einaudi 1977, vol. I (1898—1899. La crisi di Fine Secolo), pp. 274-275.

得心应手，使我们对女性时尚所表现出的阶级差异有所了解。仅 20 年后，也就是一战结束后，女士们的衣服长度便开始缩短了。

蒙台梭利早期参加的会议

在柏林的会议上蒙台梭利进行了两次演讲。在第一次演讲中，她谈到了意大利女性争取平权的情况：文盲率，各种妇女团体为改善这种情况所做的努力，对非洲战争的反对态度等。在第二次演讲中，她指出了职场中的女性面临的种种不平等待遇。这些演讲令她获得了非凡的成功，德意两国的报纸（意大利《晚邮报》和《意大利画报》）用热情的语调进行了报道，称赞她的优雅和演讲技巧，一改往日在女性平权问题上通常带有的嘲讽口吻[1]，当然也有人注意到在她大胆的谴责中流露出危险的革命精神。但在大会上可以与众多代表们交流（500 多名女性代表来自欧洲各地，以及美国和印度），探讨全球范围内妇女问题的相似性，这对于年轻的蒙台梭利来说不仅是重要的知识经验，更是继续沿着这一道路前进的动力。

在接下来的几年中，有些人会认为蒙台梭利在女权主义运动方面表现比较温和，特别是与库利斯乔夫相比，后者因自己的斗争曾多次入狱。实际上，这位年轻的医生慷慨地将自己大量时间精力投入到女性解放主义事业中，采取一种"实践的和博爱的"方式[2]，并不意味着放弃"争取政治权利的斗争"，而是力求更具体地处理"国民生活关键领域"中的实际问题。因此 1899 年 7 月教育部长巴切利派她前往伦敦参加第二次世界女权代表大会[3]就不足为奇了。蒙台梭利前往参会的身份是"意大利国家代表和政府代表"，直到最后一刻才正式宣布，因为之前任命的代表朱塞佩·蒙特萨诺遭到一些女权组织的批评，认为他不能代表整个意大利女权运动——尽管巴切利一向享有开明和

---

[1]　V. P. Babini-L. Lama, *Una《Donna Nuova》*, cit., pp. 50–51.

[2]　同上，第 92 页。

[3]　该报告发表在艾米利亚·马里亚尼（Emilia Mariani）编辑的月刊《女性生活》。

43　　　自由派政治家的声誉，但对女权团体而言仍有借此机会进行集权之嫌。

　　在伦敦的会议中，因为与会代表来自不同的社会阶层、文化背景和地域，蒙台梭利在与她们的交流中再次充实了自己。她带来意大利女性的致意，谴责"农村教师"恶劣的工作和生活条件，并寻求英国政府和大会的支持以禁止儿童在矿井中工作。此后不久，她在伦敦讨论的一些问题发表在杂志《意大利女性》上。杂志文章不仅限于事实的简单阐述，更以坚定的语气和大量的实例表达了女性应该承担的新使命的理念，即必须在强烈的正义感驱使下对最贫穷和最绝望的人群命运给予关注。[1]

爱的纽带

　　在参加两次代表大会之间的几年中，蒙台梭利的生活中还发生了其他一些重要的事：一方面，她选择进入罗马大学精神病诊所工作；另一方面，她与朱塞佩·蒙特萨诺在 1897 年至 1898 年间逐渐建立起美好深刻的感情。两人对医学专业共同的热情，对社会问题相关研究的奉献，甚至性格上的深刻差异都使这段感情愈加牢固。

　　著名的儿童神经精神科医生乔瓦尼·波莱阿（Giovanni Bollea）[2] 为他们这段感情留下了美好的见证：

　　　　她是如此地非凡、坚定、活跃和有创造力；而他平静、细致，又有非常敏锐的分析能力。俩人都很聪明，他们坠入了爱河，她发觉蒙特萨诺的温柔正是对自己坚强的互补……她是一个社会主义者，从某种意义上说他更有宗教情怀，偏向犹太思想风格。他当然不是

---

[1]　V. P. Babini-L. Lama, Una《Donna Nuova》, cit., pp. 98-100.

[2]　著名的临床医生乔瓦尼·波莱阿被认为是现代婴儿神经精神病学的创始人，曾先后师从蒙特萨诺和乌戈·塞莱蒂（Ugo Cerletti），也始终关注着蒙台梭利关于社会现实的探讨研究。在接受 1999 年利亚·普拉（Lia De Pra）为《蒙台梭利笔记》进行的采访中，乔瓦尼怀着深情和感激回想起他的第一任老师。引用的段落也收录在 G. Honegger Fresco (a cura di), *Montessori: perché no? Una pedagogia per la crescita. Che cosa ne è oggi della proposta di Maria Montessori in Italia e nel mondo*, Il leone verde, Torino 2017, p. 52.

真正的教徒，但具有中世纪的犹太伦理，强烈的道德观念和严谨的态度。两人的不同使他们的精神世界更加丰富，在不同的事业上做出成绩。想想蒙特萨诺对她的伟大有多少贡献！[1]

1898 年 3 月 31 日，他们的孩子出生了[2]，但两人没有结婚。似乎母亲蕾 **44** 尼尔德坚决反对这场婚礼，并非是出于对蒙特萨诺犹太血统的反对，而是担心女儿将被迫放弃未来的辉煌事业。

即使作为一名现代职业女性，在那个时代也不能公然暴露自己的非婚生（仍然和母亲生活）子女。保持沉默是那个时代的要求。克莱默（Kramer）写道：那个以母亲姓氏为世人所知的孩子马里奥·蒙台梭利（Mario Montessori）保留着一些仅有的回忆，一个"美丽的女士"会定期来看望他，虽然他从来不知道她的身份。[3] 直到 80 年后，两次世界大战都已过去，资产阶级僵化的形式主义和天主教道德的藩篱才在意大利溃散。像当时很多人做的那样，小马里奥交给奶妈带走，即特拉维萨·迪·维科瓦罗（Traversa di Vicovaro）一家，在罗马往蒂沃利（Tivoli）方向约 40 公里的一个小镇上。后来蒙台梭利一家，尤其是马里奥，始终与这位"一起吃过奶的兄弟"利贝拉托·特拉维萨（Liberato Traversa）[4] 保持着良好的关系。利贝拉托尽管出身一般，但还是从大学的工程专业毕业，在 20 世纪 30 年代帮助蒙台梭利做了一些行政管理方面的工作，后来与丽娜·奥利维罗（Lina Olivero）结婚，后者是蒙台梭利的合作者之一。

据克莱默的说法，他在 1970 年左右有机会与当时 72 岁的马里奥交谈，

---

[1] 利亚·普拉收集的访谈实录由于录音质量差而不太完整，因此没有公布。文字转录保存在 AMI 的蒙台梭利档案馆中。

[2] 罗马市档案馆的一份文件显示了准确的出生日期，一个名叫卡洛塔·曼西亚的助产士报告了孩子在普拉蒂地区一所房子中的出生，父母姓名不详。

[3] R. Kramer, *Maria Montessori. A Biography*, cit., p. 93.

[4] 1994 年 10 月布加勒斯特大学的罗马尼亚学者苏莱亚·菲鲁（Sulea Firu）提供了资料。菲鲁于 1931 年参加了罗马的国际师资培训课程，他与蒙台梭利一家和利贝拉托成为了亲密的朋友。有关马里奥的一些信息也取自 1961 年 8 月 20 日丽娜·特拉维萨给她的同事朱莉娜·索尔杰的信。

据马里奥说，他的父母曾誓言都不结婚，但父亲蒙特萨诺未能守住诺言[1]，从而结束了他们之间的所有关系，包括在职业层面。

45

但蒙特萨诺没有其他孩子，因此继续照顾马里奥的生活和学业。1905 年 11 月马里奥注册在卡斯蒂廖恩·菲奥伦蒂诺（阿雷佐大区）公民学院，直到 1913 年初蒙台梭利在自己的母亲去世后将马里奥带走。从这一决定我们似乎可以肯定，是蕾尼尔德从一开始就反对这种可能，以维护现在已成名流的女儿的声誉。

对于蒙台梭利来说这并不是一个容易的选择。最初母子两人就像陌生人一样，处理与孩子之间的关系并不简单。马里奥被迫隐瞒自己的真实身份，除了在与母亲关系最好的那些学生面前，因为那些学生已经成为了家庭的亲密私交。最初，蒙台梭利把马里奥称作自己的侄子[2]向外介绍并留在家中学习。她请了一位由信任的朋友推荐的教授来做家教，陪伴马里奥度过心理上和生活中都发生深刻变化的青少年期。当组建自己的家庭后，马里奥成为了蒙台梭利的主要合作者。母子之间建立起一种紧密而独特的联系，他们的最后一批学生对此都印象颇深，在蒙台梭利的遗嘱中这一点也得到明显体现。[3]

关于马里奥身世的秘密，蒙台梭利在 70 岁生日之际在印度正式公开，但随后引来无数的流言蜚语，伴随着一些乱七八糟的解释。实际上，蒙台梭利决定将自己的一生奉献给事业是毫无疑问的，成年之后的马里奥也愿意一直陪伴在母亲身边。[4]他以母亲的姓氏为傲，签名的时候总是写"马里

---

[1]　1901 年秋天蒙特萨诺与儿子相认，并于同年 10 月与玛丽亚·阿普里莱（Maria Aprile）结婚（V. P. Babini-L. Lama, Una《Donna Nuova》, cit., p. 108, note 262-263）。AMI 的蒙台梭利档案也证实了此事。

[2]　R. Kramer, *Maria Montessori, A biography*, cit., p. 93。在阿姆斯特丹编辑出版的杂志 "The Call of Education", vol. II, n° 3 (ottobre 1925) 第一页"致读者"中，会看到有一个新开的"栏目"汇总关于蒙台梭利学校的新闻和工作实例，由"蒙台梭利博士的侄子兼秘书马里奥·M·蒙台梭利先生负责。"

[3]　马里奥诞辰一百周年之际，发表在 AMI Communications, (1/1998), pp. 4-23.

[4]　相关文字可以阅读 A. Bravo, *La nuova Italia. Madri fra oppressione ed emancipazione*, in M. D'Amelia (a cura di), *Storia della maternità*, Laterza, Roma-Bari 1997, pp. 138-183.

奥·M·蒙台梭利"，并主动将母亲的姓氏添加到他生前从没有使用过的父亲 46
的姓氏中。1950 年共和国总统法令授权他使用双姓。[1] 根据这项法令，马里
奥先生及其子孙的姓氏将被称为蒙特萨诺·蒙台梭利。

一位重要的精神科医生

朱塞佩·费卢奇奥·蒙特萨诺（Giuseppe Ferruccio Montesano）于 1868
年 10 月 4 日出生在波坦察（Potenza），是律师和贵族女子的儿子。他的 3 个
兄弟都非常聪明 ［其中包括数学家多梅尼科（Domenico）］，5 个姐妹似乎也
同样出色。

朱塞佩在罗马大学就读医学，并于 1891 年与安杰洛·切利一起毕业，
并进入精神病诊所工作，玛丽亚·蒙台梭利于 1896 年为了自己的研究也
来到这里。在那里他们开始与另一位儿童神经精神病学的创始者，医生桑
特·德·桑克提斯合作。三人的合作取得了巨大的成果，"以精神疾病儿童
的问题重新引起人们对精神病学的兴趣"[2]。在巴切利部长的支持下，这三位
医生与精神科医生邦弗利一起成立了"全国智力缺陷儿童保护联盟"（Lega
Nazionale per la Protezione dei Fanciulli Deficienti），在意大利各地都有支持和
参与者；随后又在欧洲成立了正畸师范学校，似乎也是整个欧洲的第一所，
专为有精神缺陷的孩子而建立。第一家校址总部位于罗马的加富尔广场附近。

1898 年蒙特萨诺通过竞争取得了罗马"圣母仁慈"（S. Maria della Pietà）
精神病院的主治医师职位，正是那段时间他和蒙台梭利的儿子出生了。两人
又共事了一段时间，但 1901 年之后两人关系彻底破裂，蒙台梭利离开了全国
智力缺陷儿童保护联盟。她同时还放弃了精神病学诊所的职位，直到后来回
到罗马大学和正畸学校任教，开设卫生和人类学课程。

---

［1］　朱莉亚娜·索尔杰在 1984 年告诉我，是应蒙台梭利的要求她才求助自己直接认识的
时任意大利总统。

［2］　参见 F. Lauro in *Una vita per l'infanzia diversa.*

47 蒙特萨诺继续支持和管理正畸学校［也在嫂子玛丽亚·列维·德拉·维达·蒙特萨诺（Maria Levi Della Vida Montesano）的帮助下］，进一步探索对智力缺陷儿童的教育方法。事实证明，他确实是一名具备出色诊断能力的精神科医生，也是一位能干的老师。他支持在公立学校引入"差异班"[1]，该班招收了数量有限的六七岁左右"发育迟缓"的孩子，委托给在正畸学校接受过培训的老师：由于老师们准备了特殊的教具，可以以更慢的节奏进行教学，然后设法逐步弥补他们与普通班孩子的差距。

蒙特萨诺先后出版了160篇作品，工作成果获得的赞誉无数，他的一些学生特别是吉娜（Gina Mangili）和玛丽亚（Maria Teresa Rovigatti）也协助作出了贡献。蒙特萨诺于1961年8月9日去世，享年92岁，数次当选为罗马市议员，去世时被授予国葬的荣誉，以褒奖他为儿童神经精神病学的理论和实践发展作出的巨大贡献。

尽管玛丽亚·蒙台梭利的家人和朋友们都不愿多谈蒙特萨诺的名字，但或许是出于对蒙台梭利私人情感的尊重，这个家庭的成员一直都以各自的方式保留着对蒙特萨诺的回忆。在20世纪80年代后期在巴黎会面时，马里奥最小的女儿蕾尼尔德·蒙台梭利（Renilde Montessori）告诉我："他是我的祖父！"在我看来，她的语调中带有一种自豪与苦涩交织的情感，一种难以忘怀的伤痛。

---

[1] 蒙特萨诺于1907年在罗马尝试了第一批"差异班"课程。后随着1928年2月5日的第577号皇家法令将这种模式扩展到整个国家，并在20世纪60年代被专门的"特殊学校"所取代。那种缓慢而渐进的工作方式，长期陪伴在那些极易分心的孩子们身边，现在被"辅助"老师的偶尔帮助所代替。新的方式真的更有优势吗？

5. 罗马精神病院的孩子们

蒙台梭利离开大学校园，发现自己处在职业选择的十字路口——她必须在两个自己同样充满兴趣的领域之间做出选择：一面是为争取承认妇女的公民权利（哪怕是部分的）而进行的积极斗争；另一面是要证明许多认知迟缓或障碍的儿童是可以教育好的，这也是一项艰巨的挑战。

1897年蒙台梭利被任命为红十字会医院少尉[1]，她当时离开了临床精神病诊所去了医院，蒙特萨诺也追随而去。同时，在其他教育工作者的倡导下，所谓的"恢复性教学法"[2]也在不断推进：路易吉·奥利维罗（Luigi Olivero）和哥奈利-乔尼（Gonnelli-Cioni）夫妇在伦巴第和利古里亚大区进行了长期的实践。[3]"特殊教育"的话题也开始进入人们的视野，出版商霍普利（Hoepli）于1899年出版了《精神缺陷儿童的教育手册》。

蒙台梭利在她的第一本书《科学教学法在儿童之家幼儿教育中的应用》中，也对当时的情况进行了讨论：

> 作为罗马大学临床精神病学诊所的一名助理医生（志愿的），我有机会参与了精神病院的工作，研究被选作临床教学目的的病人（如前所述，为我的论文做准备），因此我对一同收容在那里的智力障碍儿童产生了研究兴趣。在那个时期，甲状腺类有机疗法已经发展得比较充分；因此，在治疗是否成功的困惑中，需要医生给予精

[1] V. P. Babini-L. Lama, *Una 《Donna Nuova》*, cit., p. 111.

[2] M. Montessori, *Corso Nazionale Montessori. Lezioni della dottoressa Maria Montessori, febbraio-agosto 1926*, Litografia Mariani, Milano 1926, p. 25.

[3] V. P. Babini, *La questione dei frenastenici*, FrancoAngeli, Milano 1996, pp. 59; 75-79.

神问题儿童比以前更多的关注。此外，在内科医院和儿科诊所完成
了常规医疗服务之后，我已经将精力转向研究儿童疾病。[1]

49   关于蒙台梭利对精神问题儿童初期的观察，安娜·玛丽亚·马凯罗尼
（Anna Maria Maccheroni）撰写的回忆录中有一些记录。[2]一天，这位年轻医生
（指蒙台梭利）来到罗马精神病院的一个房间，在那里关着一些孩子，看管的
女人称他们既肮脏又贪婪：因为孩子们一吃完分发的面包就趴到地上去捡刚才
掉下的面包屑，并为此争吵不已。那个场景给蒙台梭利留下了深刻的印象。

那个房间里什么也没有，空无一物，孩子们没有什么可以把玩
的东西。地上的面包屑给了他们唯一使用手和拇指的机会。

缺陷儿童的处境

也许正是从这个场景开始，蒙台梭利注意到"被浪费的童年"，即在追
求成果的观念和体制践踏下，人们普遍对儿童的内在和个体的敏感期缺乏关
注。学校作为这种体制首当其冲的机构，以抽象的标准来要求孩子们，却没
有针对个体的真正教育。蒙台梭利注意到了人类不能充分发展自身会造成
的灾难性后果，因此开始考虑把精神病院的这些精神问题儿童放在教学环境

---

[1] M. Montessori, *Il Metodo della pedagogia scientifica applicato all'educazione infantile nelle Case dei Bambini*, 1909, p. 27.

[2] A.M. Maccheroni, *Come conobbi Maria Montessori*, Ed. Vita dell'Infanzia, Roma 1956, p. 193。作为 *A True Romance: doctor Maria Montessori as I knew her*, The Darien Press, Edinburgh 1947 的意大利语版，该书应玛格丽特·德拉蒙德的请求出版，那时马凯罗尼正居住在苏格兰以帮助发展该地区的蒙台梭利学校。书中的内容是一个感性而忠诚的学生对蒙台梭利的美好回忆。在蒙台梭利的朋友圈子中曾被昵称为 Mac 或 Mak 的马凯罗尼是蒙台梭利的第一批学生，但她不是第一个。1908 年马凯罗尼在米兰开办了第一个儿童之家，1915 年在巴塞罗那又开办了一家，在那里宗教教育的内容第一次被提及。她还是一位专业的音乐家，致力于通过寻找合适的途径以简明的方式向少年儿童介绍音乐语言。尽管体弱多病，马凯罗尼还是参与了许多蒙台梭利课程，并在西班牙、法国、英国、荷兰和意大利开展的教学实践作出了巨大贡献。关于马凯罗尼在音乐教育领域的实验，请参见 J.S. Rubin, *Montessorian Music Method. Unpublished Works*, in《Journal of Research in Music Education》, 31 (3/1983), pp. 215–226.

而非医学环境中进行康复。这群年轻的精神病学医生在这一共同思想的指导下，在罗马进行研究帮助智力障碍儿童开辟了新的可能的疗法：罗马医生的文章和报告属于"最早的一批科学性的，或称实验性的，针对智力障碍儿童的医学方法之一；文章不再执迷于进行理论化的、抽象的、神秘的精神病分类……"[1]。蒙台梭利以自己原创的崭新方式进行这项研究。

在 1895 年至 1896 年间，蒙台梭利以实习医师的身份进入临床精神病学诊所与德·桑克提斯（自 1892 年以来一直担任助理医生）一同工作，并于次年成为他的助手；然后又与蒙特萨诺一起去了邦弗利开设在精神病院旁边的医学教育学研究所，试图循着精神病学家伯恩维尔的先例投身政治事业，以采取更有效的行动来支持精神病患者。[2]她在 1897 年 6 月曾向议会提案，要求国家给予她正在尝试的再教育工作以具体的支持，但这项努力未能获得政府通过。不过仍然有人意识到了该提案的重要性，其中就有巴切利部长，他后来以多种方式支持着这位年轻的罗马精神病医生的项目。

在同一时期，蒙台梭利还作为埃齐奥·沙马纳的志愿助手工作，沙马纳在邦弗利离开后接任了临床精神病诊所的所长。在承担这份工作期间，蒙台梭利还完成了一本名为《偏执狂：玛丽亚·蒙台梭利博士在 1897—1898 学年课程汇总》的小册子。1896 年 7 月 10 日，蒙台梭利向沙马纳答辩论文《对抗性幻觉研究中的临床贡献》。当她离开诊所后，乌戈·塞莱蒂接替了这一职位，后来他也是罗马知名的精神病医生。

当时，智力障碍儿童的境况确实十分悲惨：他们被看作是无法挽救的，几乎被家人抛弃，孤独地生活在以严格管教为主的精神病院中。只有在后来创建的医学教育性质机构中才有可能尝试进行一定的恢复。那时人们仍然没有意识到每一座被称为"全包机构"的破坏性，这类机构在半个世纪的时间里先后被称为"精神病院""监狱""寄宿学校"等，尤其是当智力障碍儿童

[1]　V. P. Babini, *La questione dei frenastenici*, cit., 1996, p. 193.

[2]　比塞特（Bicêtre）法国精神病医院的杰出负责人德西雷·伯恩维尔（Désiré Bourneville）在进入医院前几年曾加入巴黎市政委员会，设法为他的病人寻求帮助，重新组织了该市的世俗医院以及为弱势儿童提供服务。

50

51　经常与成年精神病患关在一起时，情况尤为凄惨。

　　直到 20 世纪初，人们才开始将出生的智力障碍儿童与多种形式的精神病患区分开：精神病患即精神上的弱者，失去理智的人；而智力障碍儿童是需要截然不同的环境和干预措施的患者。罗马精神科医生们的优点之一就是有能力对不同类型的疾病进行诊断，然后进行区别治疗。此外，受过良好教育和知识渊博的德·桑克提斯还在密切关注国外在该领域的研究进展。特别是他早在 1895 年就有机会了解到英国同行乔治·爱德华·舒特尔沃思（George Edward Shuttleworth）进行的新实验，舒特尔沃思是《智力障碍儿童：治疗和训练》（*Mentally-Deficient Children: Their Treatment and Training*）[1] 的作者。也许就是通过这种方式，罗马的医生们发现了法国人爱德华·塞甘（Edouard Séguin）的"生理疗法"，舒特尔沃思就此也专门写过一篇热情洋溢的文章。

　　桑克提斯本人于 1899 年 1 月 16 日在罗马塔索路 24 号开办了第一家幼儿园，开园时间从清晨到傍晚，专门招收那些"发育迟缓"的贫穷儿童，孩子们可以在这里进行最起码的人际交流，并借此尝试采取真正合适的教学方法。[2] 为了完善这一具有极高文明和教育价值的事业，他还在同年内开设免费的诊所以治疗儿童的"精神和神经疾病"。桑克提斯不懈地为"残疾人通过全面、完整、成熟的康复并融入社会"而奋斗。[3] 蒙台梭利的职业选择很可能是从那时作为桑克提斯的助手开始的，与此同时她增强了自身观察和研究人类童年发展的能力。在诊所，她不再单纯从"有机体"的角度看待眼前的现实了。

---

[1]　H. K. Lewis, London 1895. 该书由桑克提斯亲自修订，名为《综合诊所补遗》（*Supplemento al Policlinico*）。

[2]　研究结果总结在 *La cura e l'educazione dei fanciulli deficienti col sistema degli educatorii. Prima relazione semestrale sull'Asilo-Scuola per fanciulli deficienti di povera condizione*, Tip. Economica, Roma 1899.

[3]　F. Bianchi di Castelbianco et al., *Sante De Sanctis. Conoscenza ed esperienza in una prospettiva psicologica*, Edizioni Magi, Roma 1998, p.183. 后来很快建设了另外两个同类型的幼儿园，另一个叫 Villa Amalia 的幼儿园，接收来自富裕家庭的孩子。参见同上，63 页。

全国智力缺陷儿童保护联盟

在开办圣洛伦佐第一家儿童之家前的 10 年（1897 年至 1907 年之间），我们看到蒙台梭利与蒙特萨诺一起热情地参加了全国智力缺陷儿童保护联盟（译注：以下简称"联盟"），邦弗利在 1898 年和 1899 年之间将该联盟看作是在国会里进行提案斗争的阵地。[1]联盟的参与者还包括很多上层社会人士，例如贾辛塔姐妹（Giacinta）、特雷莎·马雷斯科蒂（Teresa Marescotti）以及其他女权主义者，记者奥尔加·奥萨尼·洛迪（Olga Ossani Lodi）（被称为"费贝"）、议会议员、法学家、非医学专业的大学教授，如乔万尼·帕斯科利（Giovanni Pascoli）；还有一些政客，如时任罗马市长鲁斯波里（Ruspoli）王子等。联盟的目的是促进医学教育机构和课程在全国范围内向病情较轻的儿童开展。玛丽亚·蒙台梭利和朱塞佩·蒙特萨诺作为邦弗利的顾问和助手在联盟工作。

于是，在意大利各大城市组织有关智力缺陷儿童会议的任务变得迫在眉睫。没有人比蒙台梭利更适合完成这项任务：在柏林的妇女大会上取得的成功让她声名远播，在有势力的富裕家族的女性中她能够获取支持和同情——她们希望能以自己的力量帮助这些不幸的孩子，并且抱有慈善、正义与承担社会责任的良知。因此，蒙台梭利开始在整个意大利半岛上奔走，以加深人们对联盟和相关项目的了解。[2]

1898 年，邦弗利和巴切利委托蒙台梭利参加了于 9 月初在都灵举行的第一次全国教育代表大会，以讨论当时的学校教育面临的问题，并提出智力障碍儿童的相关教育问题。蒙台梭利在几年后写道：

> 我受到一种新的热情的驱使，就像使我意识到自己的使命和高尚的社会阶层的转变一样，我在朝着一种伟大的救赎前进：我以教

---

［1］　F. Bianchi di Castelbianco et al., *Sante De Sanctis.Conoscenza ed esperienza in una prospettiva psicologica*, Edizioni Magi, Roma 1998, p.67.

［2］　*Almanacco dell'insegnante italiano per il 1900*, R. Bemporad, Firenze 1900, p.109.

育者的身份参加了这次大会。这使得我像一个闯入者，因为那时医
学和教育学之间的亲密合作显然还在人们的期待之外。[1]

53　　　那时正处在所谓"美好年代"（*belle époque*）：这张照片显示了全身的四
分之三，照片中的蒙台梭利优雅而理性，梳着时兴的高发髻，方领的刺绣连
衣裙，长袖端部镶有花边。腰身纤细，右手拿着一本小册子。这也许是为了
庆祝她大学毕业或第一次执教而拍摄的照片。这就是公众在她参加教育学会
议或代表大会上看到的她的样子。

玛丽亚·蒙台梭利刚毕业。根据照片下面的说明，
是由柏林-夏洛滕堡的阿道夫·埃克斯坦·韦拉格
（Adolf Eckstein Verlag）洗印，由罗马摄影师米凯
莱·什伯克（Michele Schemboche）拍摄。

---

[1]　M. Montessori, *Antropologia pedagogica*, Vallardi, Milano 1910, pp.11-12.

9 月 10 日，在大会临近结束时，传来了奥地利的伊丽莎白（即著名的茜 54
茜公主）在日内瓦被意大利无政府主义者路易吉·卢切尼（Luigi Lucheni）暗
杀的消息。一时间欧洲媒体针对意大利学校教育发出强烈控诉。[1] 就这一消
息蒙台梭利进行了深刻的发言，谴责了在意大利学校教育中存在的现实就是
太多的人没有受到任何真正的教化就从学校毕业了。

> 那些在学校教育中遭受惩罚和逼迫的孩子们，在没有学到任何
> 东西的情况下最终离开学校……需要进行改革的是学校环境和教学
> 法，这将使我们能够保护所有儿童的成长，包括证明对社会环境适
> 应不佳的儿童。这样就能为教育有缺陷的儿童和建立特殊学校的工
> 作奠定基础。[2]

国外正在为缺陷儿童做些什么？

在特殊教育这一方向上，不断传来其他国家令人振奋的进展，最好的学
习办法就是亲自去看一看。因此在 1899 年，正值蒙台梭利前往伦敦参加第二
次女权主义者代表大会，老师们鼓励她顺道参观当地的学校和医院。7 月，在
返回途中，蒙台梭利在巴黎停留时写道：

> 作为［罗马］精神病学诊所的助理，我怀着极大的兴趣阅读了
> 爱德华·塞甘的法语著作。

此处的著作指的是 1846 年出版的《智障教育理论与实践》，蒙台梭利又
写道：

> 但是二十年后在纽约出版的英语版本，虽然在伯恩维尔的特殊
> 教育著作中有所提及，但在任何图书馆中都找不到。[3]

然后蒙台梭利开始四处寻找这本书。她前往比塞特（Bicêtre）去研究对

---

[1] 1894 年另一位意大利无政府主义者桑特·卡塞里奥（Sante Caserio）杀害了时任法国
总统玛利·弗朗索瓦·萨迪·卡诺（Marie François Sadi Carnot）。

[2] M. Montessori, *Antropologia Pedagogica*, 1910, pp. 12–13.

[3] *Il Metodo*, cit., p. 30.

精神缺陷患者开展的教育，伯恩维尔告诉她"知道有这本书，但该书从未进入欧洲。"

为什么这本书没有到欧洲来？

塞甘从 25 岁开始研究精神和智力缺陷问题，与蒙台梭利开始读塞甘作品

55 时差不多年纪。塞甘是一位敏锐的观察者，一个细致耐心的人，在基于感官教育的基础上发展出一种教育和道德关怀的方式，即所谓的"生理疗法"。他慷慨大方，充满才智，但不善与人相处，受到同事的排挤，以至于不得不放弃在巴黎医院的工作，在皮加勒街开设了一所小学校。因为在 1848 年革命中反对拿破仑三世，后来塞甘携家人一起逃往美国。正是他在海外的那些年，塞甘的一位同学继续进行医学研究，完善了塞甘的方法，并发表了大量英语论文[1]，引起了蒙台梭利的强烈共鸣：这正是她在急切寻找的资料。她最终找到并在他人的帮助下翻译了出来。[2]

该版本发行大约 1 个世纪后，乔瓦尼·博莱亚（Giovanni Bollea）促成了该版本在意大利出版，并在引言中指出：

> 今天我们可以利用塞甘的哪些内容？概念，方法还是教学材料？要我说几乎是一切：从精神病患者的再教育可塑性的基本概念，到运动模式的内化；从合作能力的发展，到再教育行为需要的坚定和持续。[3]

---

[1] Édouard Séguin, *Traitement moral, hygiène et éducation des idiots et des autres enfants arriérés*, 1846 [Ed. inglese Idiocy and Its Treatment by the Physiological Method, Murray K. Simpson, New York 1866; trad. it. *L'idiota. Cura morale igiene ed educazione degli idioti*, a cura di Giovanni Bollea, 1970].

[2] 关于这次翻译工作的信息，施韦格曼摘自帕奥拉·博尼·费里尼（Paola Boni Fellini）的一本书（*I segreti della fama*, Centro editoriale dell'Osservatore, Roma 1955），后者是蒙台梭利在师范女校任教时期的学生，协助蒙台梭利将塞甘的第二本书从英语翻译成意大利语，曾被许诺提及在《蒙台梭利方法》一书中。但后来蒙台梭利没有照做，而称自己得到了"一位英国女士"的协助（cf.p.35, 1909）。差不多 50 年后，博尼在回忆起蒙台梭利时似乎仍然没有完全释怀，因此她的描述中也会有一些不准确的地方。

[3] 关于塞甘个人生活的信息来自于塞甘第一本意大利语出版物中，博莱亚为其写的个人生平。

塞甘，伊达和"野孩子"

蒙台梭利后来说，她曾手抄了一遍塞甘作品的翻译文本以便更好地理解，掌握每个单词的含义并同时把握作者的精神。正是通过这种方式，蒙台梭利认识到塞甘作品的价值及其珍贵之处。

无论如何，多亏了蒙台梭利，这位法国医生的方法和学说至今仍被人们 **56** 铭记；也正是通过她和其他活跃在罗马的精神科医生的共同努力，这种最适合感官和智力缺陷儿童的教育方法才为人们所认识。

蒙台梭利在比塞特待了很长时间研究塞甘思想的应用。但是在她看来，这一学说"体系"虽然经常被提及，但由于错误的应用方式和机械化的教学法注定会失败。这一体系的应用需要大量的耐心、勤勉和仔细的观察，应具备鼓舞那些天生缺陷的儿童进行不懈尝试的能力。同样在比塞特，蒙台梭利还听闻了塞甘的老师，医生兼出色的听力专家让-马克·加斯帕德·伊达（Jean-Marc Gaspard Itard）的故事。伊达生于 1775 年，经历过一件不寻常的事：1800 年 1 月 8 日，在拿破仑崛起和法兰西第一共和国专制日盛的时期，一个看起来约莫 11 岁的男孩在阿维翁（Aveyron）山区被发现，完全赤裸，缄口不言；而两年前已经有人在中央高原（Massiccio Centrale）的森林中发现过他。男孩的行为完全像个小动物：他是一个因为无法救治而被遗弃的"白痴"，还是一个因为迷路而发了疯的孩子？还是因为长期远离人类而变得沉默和野蛮？当时的学者们展开了热烈的讨论，提出了许多假设。这个男孩被取名维克多（Victor），带到巴黎后委托给了管理聋哑研究所的伊达。对伊达来说这是一个十分难得的机会，也是一段充满热情的研究的开始。他透彻地研究了很多相关问题，并在 1801 年出版的一本名为《一个野人的教育》（*De l'éducationd'un homme sauvage*）的书中讲述了整个故事，准确地说是去唤醒这个不幸男孩的各种尝试，但成功的经验很少。维克多于 1828 年去世，10 年后，伊达在他的学生塞甘[1]的"悉心

---

[1]　*Il Metodo*, cit., p. 51.

照料"中去世。

1899 年，伊达的这本书在巴黎的书店里仍能找到。蒙台梭利自己和罗马同事们的很多疑问都在书中找到了答案："弱智"儿童是可以重新接受教育的，人们可以为他们做很多事情，从系统地关注他们的感官功能开始，逐步建立自我意识和去了解世界。后来，蒙台梭利循着两位法国医生的研究成果继续前进，常会感到深深的感激。多年以后研究儿童的语言发展时，她再次参考了伊达对维克多的观察。

回到罗马，蒙台梭利开始了自己的实验。根据伊达和塞甘文章中的要点，她构建了"教学材料非常丰富的环境"，这是在任何其他机构中都无法看到的方法（最多在博物馆展柜中）。"这个工具在懂得怎么使用的人手中非常好用。"同年 12 月底，大约 50 名儿童从罗马精神病院转移到了由"联盟"在圣洛伦佐区沃尔西路 50 号开设的医学教育研究所。蒙台梭利在这里组织了一个课程，开始了她的新工作。

> 我在罗马的同事和老师们的帮助下花了两年的时间准备，以便
> 对智力障碍的孩子们采用特殊的观察和教育方式……但是更重要的
> 是，经过在伦敦和巴黎对缺陷儿童的教育实践之后，我开始亲自教
> 孩子并指导教育项目。我所做的比小学老师更多，没有什么轮班，
> 从早上 8 点一直到晚上 7 点我都坚持一直在场或者亲自教学：这两
> 年的实践是我在教育领域首次获得的真正的资历。[1]

蒙台梭利白天和孩子们在一起，晚上又变回一个学者，对观察结果进行勤勉的记录、分类和分组。最终，在面对不确定的结果付出了许多努力之后，奇迹出现了：先是一个智力缺陷儿童比正常儿童成绩更优异地通过了小学考试[2]；然后接二连三地出现了更多。[3] 后来，许多人甚至怀疑这些儿童是否有

---

[1] *Il Metodo*, cit., pp.28, 31; 斜体部分为作者自己所标。

[2] 此处的考试指的是设置在三年级结束时，而非五年级。

[3] D. Canfeld Fisher, *L'éducation Montessori: les principes qu'applique Mme Montessori dans les "case dei bambini": causeries et notes d'une mère*, Fishbacher, Paris 1915, p.210.

"真正的"缺陷，还是只是"发育迟缓"，且程度不那么严重，但又确实因反应迟钝、无法保持连续的注意力、理解力低下而被认为无法挽救——这些症状会因为非常不利的生活学习环境而加剧。蒙台梭利与每个孩子建立的亲密的个人关系——今天我们都已知道这一因素的重要性——都可能促成了这些惊人的进展。博莱亚说：

> 在这两年的紧张工作中，她获得了该领域真正的教育者资格。我们每个人都有一种特殊的倾向，一种潜在的天赋，对她来说就是教育孩子和成人，她甚至报名去读哲学专业，只是没有毕业。塞甘在 1846 年写道"这是一种在教育过程中利用生理和心理特点的方法，将来，这种现象不仅将对'智力缺陷'儿童的教育有利，也将应用于正常的儿童教育"，就这一点而言，在沃尔西路积攒了一些经验之后，蒙台梭利继续努力实践着。她按照塞甘的方法创建同样的环境，给孩子们添加了一些自己喜欢的写作和阅读材料，但与此同时她发现：学习的种种媒介材料是可以起到作用的，但成人的付出是更关键的部分——在付出的过程中建立的与孩子的共情关系。这一点我会教导给我的学员。[1]

蒙台梭利的教育实验取得的非凡成果超出了所有人的期望，并且在遵循相同的方法[2]的情况下在其他学校取得了可重现的结果。因此，在教育部长巴切利的支持下，"联盟"负责人致力于将所获得的这些教育新知识更广泛地传播开来。1900 年 4 月，在邦弗利的领导下，"缺陷儿童矫正师范学校"在罗马成立，这是对政府在特殊教育领域无所作为的进一步回应，目的是为更多的智力缺陷儿童教育培育师资。那时蒙台梭利已经在罗马的三所师范学校（当时的师范女校）开设教授特殊教育的教学法课程，因此她与蒙特萨诺一起管理这所"矫正学校"两年左右。开设了有关生理学、心理学和基于既往病史对协助治疗有效的设备操作知识等主要课程，还免费提供其他音乐、语言

[1]　摘自利亚·普拉为《蒙台梭利笔记》所做的采访实录，未发表。

[2]　V. P. Babini, *La questione dei frenastenici*, 1996, cit., p.169 及后续页。

和体操课程帮助康复。学校总部位于一栋离市中心的加富尔广场不远的大楼内，该楼属于一个位于卡瓦里尼路的女性宗教团体。在 1901—1902 年间，沙马纳、明加兹尼（Mingazzini）（大脑解剖学家）和朱塞佩·塞尔吉也先后在此任教。[1]

　　蒙台梭利在这里进行的工作，通过与学生和老师的交流扩展了自身的经验，这要归功于他们进行的探索性、创造性和充满精神力量的教育活动。同时，她开始对人类学充满热情，在那时被视为一门可以以各种方式"衡量"人类的科学。

59　　在始终关注社会问题的同时，这位年轻的女学者低调地致力于发现每个孩子丰富的自身价值并倾听他们内心隐藏的问题——这绝对是一项前无古人的工作。

---

[1] 朱塞佩·塞尔吉是实证主义学派的人类学家，曾在博洛尼亚大学任教，1884 年在罗马任教，是一名出众的作家和科普工作者，在 1870 年至 1930 年期间写作了约 400 篇历史和科学文章。最后一批文章之一 *Psiche: genesi-evoluzione. Osservazioni e commenti dall' infanzia alla maturità*, Bocca, Torino 1930，内容是基于对蒙台梭利的孙女 2 岁前的观察。

6. 短暂的女权主义斗争时期

从 1896 年到出版《教育人类学》的 1910 年之间的这些年，蒙台梭利的生活充实而忙碌，展现了她过人的精力和能力：除了从事医学专业工作之外，她对智力缺陷儿童教育和相关的教师培训投入大量时间，在意大利全国各地奔走，在大批观众面前进行演讲，同时还取得了丰富的科研成果：1897 年她在《心理学、精神病学和神经病理学半月刊》上发表了许多研究报告和医学主题报告，德·桑克提斯是该刊的主编；然后在 1898 年和 1903 年间，蒙台梭利的研究重点转移到那些"不幸的孩子们"身上。

在发现塞甘的学说之后，蒙台梭利遍访众多意大利研究机构以宣传新的教育理念和方法，在热那亚、雷焦艾米利亚、都灵、伦巴第大区的维库拉戈促成建立"全国智力缺陷儿童保护联盟"的地方委员会，并将这些机构联络在一起，转化为一个能够为下一步的科学研究提供更多有用信息的来源。

在之前提及的采访中，乔瓦尼·博莱亚遗憾地回忆起一封蒙台梭利和蒙特萨诺之间的书信，后不幸遗失。在信中，蒙台梭利对自己在宣传新方法的途中遭到的诋毁感到沮丧（可以想象她在说服别人相信缺陷儿童还可以用新的方式进行康复时是多么困难），蒙特萨诺则用充满鼓励的话语告诉她不要退缩，因为"一分耕耘一分收获"。博莱亚仍然记得信中的句子：

> 四个科学家强强联手（由蒙台梭利、蒙特萨诺、邦弗利和德·桑克提斯组成），来自于罗马儿童神经精神病学派，同时也是皮加勒街和沃尔西路实验室的研究人员。这股力量继续凝聚到马尔西街以及后来的儿童神经精神病学研究所所在的撒贝里路。不过，总是在圣洛伦佐街区！（译注：首个儿童之家即建立在圣洛伦佐区，因此对蒙台梭利来说这个街区十分有意义）

与此同时，至少直到 1907 年，蒙台梭利还一直在撰写有关"女性问题"
61 的报告、声明和反思，尤其是为罗马的报纸《生活》供稿。在 1903 年至 1910
年间，她还出版了有关人类学主题的作品；在 1907 年至 1909 年间首次出版
了有关儿童之家的著作。[1]蒙台梭利是一位成果丰富的科学工作者，坚信只
有依靠科学才能改善公民生活的各个领域。她不同意一些隆布罗索派的实证
主义者所表达的"不幸命运的必然性"，并利用一切场合呼吁对个人的教育，
找回个人的尊严。

在《教育人类学》中，蒙台梭利对隆布罗索提出的女性大脑发育较为低
下的理论进行了强烈质疑，该理论归因于女性大脑发育阶段的某种停滞。在
1907 年建立的首座儿童之家中，蒙台梭利实施了西西里人类学家朱塞佩·塞
尔吉的想法，为每个孩子创建一份"档案"，记录人体测量数据和有关发育情
况。有研究支持的教学活动也是对智力障碍儿童的道德教育途径。教师们的
热情很重要，因为要对孩子们付出热情友善的帮助，但更重要的是医学知识
的辅助，这些知识也要在教师中进行普及。

蒙台梭利的贡献还在于与各种从事着具体工作的女性不断交流，最终目
的是使女性崇尚科学，消除男性对科学的垄断。因此她的女权主义立场是：

> 一种科学女权主义，是意大利女权主义舞台上最风格独特的一
> 种；她鼓励妇女追求经济独立，追求知识认同以及男性科学垄断局
> 面的结束，这是玛丽亚·蒙台梭利对女权主义事业的特殊贡献。毫无
> 疑问，这一立场是植根于她的经验和职业[2]，当然也不乏痛苦的经历。

成功与失望

对于蒙台梭利来说，这段时期其实并不只是一段填满了重要的实验观察

---

[1] V. P. Babini-L. Lama, Una《Donna Nuova》, cit., pp.308-309. 该书内容包含蒙台梭利的
整个生平，以及 1897 年到 1915 年间她写作的一些文章和研究。

[2] 同上，pp. 86-87.

和重大职业成就的时期：与蒙特萨诺分手后，蒙台梭利感到很难与前男友一起工作，不得不放弃了"缺陷儿童矫正师范学校"的工作。

也许出于同样的原因，她还中断了与精神病学诊所的联系及其他教学任务。她的新朋友，敏锐成熟的教授朱塞佩·塞尔吉（也曾是"联盟"的支持者）帮助她加深了关于教育学角度的人类学知识，这个新的学科拓宽了蒙台梭利的视野。

根据诸如安娜丽塔·布达福科（Annarita Buttafuoco）等细心的历史学家的研究，我们可以得出一些有助于更了解蒙台梭利性格特征的信息。她慷慨地为那些有缺陷的孩子工作，除去赢得了个人水平的认可和老师同事的尊敬之外，收入十分微薄。她 30 岁时就以其公认的医学水平，参与支持公序良俗的斗争以及为保护受到非人道对待的童工权利而闻名。然而，在如此复杂而微妙的职业发展阶段，她勇敢昂着头离开了之前的工作和伙伴，并不过分担心未来如何，即便考虑到经济困难也没有犹豫。蒙台梭利继续坚持保留着自己的自由，以及迅猛地改变自己生活道路的方式：这使我们回想起她 12 岁那年的经历，当时她感到自己不得不"服从内心的星星的指引"[1]时。

毕竟，在她生活的大部分时间，即便是声名鹊起时也不得不应付经济窘迫的情况，不得不接受朋友慷慨的帮助。在大学任教期间蒙台梭利也没有固定的薪水，以至于在 1899 年 12 月邦弗利要求巴切利关注这个问题，因为蒙台梭利"完全依靠年迈父亲的退休金，并不宽裕"。巴切利力排众议，于 1900 年 1 月任命她为师范女校卫生和人类学系教师。[2]但正如我们将看到的，为了开办圣洛伦佐区的儿童之家，她放弃了这项安排。

这仅仅是因为她不安分的天性指引，喜欢改变，所以选择这条出现在眼前的新路，还是起码在这次的选择里，有几分迫于无奈？能确定的是，在 1901 年秋天，她离开了"联盟"和蒙特萨诺后来担任校长的"矫正学校"。

---

[1]　这句话摘自索尔杰基金会档案保留的手稿，我们在第 2 章《童年回忆》中曾提及。

[2]　V. P. Babini-L.Lama, Una《*Donna Nuova*》, cit., pp.123–125.

63　　　　蒙台梭利代表学校进行的最后一次工作（她一直免费任教）是在那年的春天参加在那不勒斯举行的第二次全国教育大会，该会议因翁贝托一世被杀（译注：当时的意大利国王，1900 年被一名无政府主义者刺杀）而被推迟至 1900 年 7 月 28 日在蒙扎举行。1902 年，她发表了题为《关于特殊教育方法应用中的智力缺陷儿童分类规范》的报告，编纂在会刊中，标题页上的作者身份仍是"罗马智力缺陷儿童矫正师范学校主任"[1]。

　　报告内容很有趣。蒙台梭利对塞甘的学说提出了一些批评；尽管她也认为"这种方法是根据精神科医生多年实践所总结建立的，因而是有效的，是当今教育学中最科学的方法"[2]，但她并不认同智识教育会以伤害情感教育和道德教育为代价（塞甘认为感情与"有机感觉"息息相关）[3]。她也不赞成使用强制性的方法和严厉的态度来训练"规范化""冷漠"的孩子或驯服"过度活跃"的孩子（该术语当时已经被使用）。这是一份针对专业人士的内容精深的报告，但技术术语并不影响思想的传播。蒙台梭利展现出对相关科学文献的熟练掌握，通过引述作者的话和提出了一些方案来对她认为是可教育和不可教育的孩子进行分类，还强调了智力缺陷问题的"无限多样性"，这就要求：

　　　　教育要照顾到每个个体。学校建设成一些小楼，周围有大面积可以耕作的土地，这样每个孩子都有一块属于自己的土地，可以看到自己播种的植物成长，收获自己和自然合作的成果，以便将破坏性的本能转化为健康的人类创造性活动。

　　可以说，她的想法在当时看来是完全不现实的，但她从提供帮助而非压迫的角度来看待问题，确实渗透了对每一个不幸孩子的尊重。

　　从蒙台梭利写在 1903 年的一封信的草稿中看，放弃矫正学校的工作似乎并

64　不是没有痛苦，她抱怨自己曾在那里开展的活动和留下的记忆都遭到了背叛：

---

［1］　M. Montessori, *Norme per una classificazione dei deficienti in rapporto ai metodi speciali di educazione*, in《Atti del Comitato Ordinatore del II Congresso Pedagogico Italiano 1899–1901》, Trani, Napoli 1902, pp.144–167.

［2］　同上，p.1.

［3］　同上，p.17.

> 在那所学校里禁止提起我的名字……他们毁坏了所有能让孩子
们想起我的东西，包括把我制作的教具撕成碎片或烧毁，那都是我
满怀热情制作的东西。[1]

她还提到自己受到了严重的不公平对待：

> 在我成为博士7年后，总是不费力地取得了许多工作成果后，
在建立了两所我承担重任的机构之后……我第三次回到大学，成了
谦虚的学生……

或许是出于官僚作风或男性的嫉妒，尽管蒙台梭利先前的学位和完成的
工作已十分出色，教育部似乎不愿让她直接进入哲学系三年级：在负责评估
适合性的委员会中"有人不相信我受过足够的教育而能参加考试，另一个人
则借口说作为一个女人我已经掌握了足够多的知识并应该感到满足……"[2]。
在该信的结尾她发出了明确的求助：

> 您知道，今天我不是为自己，而是为我的工作写给您。我应当
获得师范女校的教职成为一名杰出的教授，以进入教授委员会。但
今天我被排除在外，理由是教学时间不够长。但其实我已经任教四
年，而资格要求中三年就足够了；因此我必须从教育部那里得到关
于记录我的工作时间以继续我的学业，这不是帮忙，而应该看作是
我为公共教育服务所付出的合理补偿。

蒙台梭利的目标是成为师范女校老师；同时，她还希望成为人类学教授，
她从1902年9月起就开始申请，并作为一名单纯的学生参加了安东尼奥·拉
布里奥拉（Antonio Labriola）[3]的哲学课程。[4]面对先前获得的辉煌成功和目

---

[1]　这封信是写给一个身份不确定的"唐娜·克里斯蒂娜"，原件保留在索尔杰基金会的
档案中，在 G. Honegger Fresco (a cura di), *Montessori: perché no?*, cit., pp.76-79. 中刊出。

[2]　参考同上。

[3]　罗马大学的权威教授，马克思主义哲学家安东尼奥·拉布里奥拉，曾在几年后甚得托
洛茨基的赞赏，请注意不要与阿图罗·拉布里奥拉（Arturo Labriola）混淆。

[4]　1903年2月11日，时任教育部长纳西（Nasi）接受了蒙台梭利1902年11月递交的
进入哲学系三年级的入学申请；V. P. Babini-L. Lama, *Una《Donna Nuova》*, cit., p.131.

前的困难重重，不难想象她的内心有多少波澜。

65　人类学，一个新的研究领域

1903 年 2 月，罗马人类学学会接受蒙台梭利成为名誉会员，那时她甚至还没有获得教职。她的教育学老师路易吉·克雷达罗（Luigi Credaro）建议她为哲学系学生（即她现在的同学）开办一场讲座，讲座的小册子后由瓦拉尔蒂（Vallardi）出版，名为《教育人类学》。这本献给克雷达罗的小册子是蒙台梭利在先前研究和经验基础上得到的种种结论的综合文献：内分泌与身体发育的腺体之间的关系，细胞代谢与情绪之间的关系，身体结构与心理能力之间的关系。蒙台梭利认为躯体与心理之间的密切关系是显而易见的，并不同于世俗视角中两者的形而上二元对立。在此背景下，医学必须面对的新的斗争：

> 一方面是针对那些最微小的新敌人：微生物或来自疟疾和蚊子的攻击[1]，但也要对抗反对某种心理学的抽象性，即部分不能代表整体，教育者必须教育全人类。[2]

同时，蒙台梭利还参加了德·桑克提斯开设的实验心理学课程以及其他人体测量学和动物学人类学的课程，尽可能拓宽自己的知识面。在经历各种波折后[3]，1904 年 6 月蒙台梭利获得人类学自由讲师的头衔，同年在该领域进行的两项个人研究成果也都发表在权威的科学期刊上：一篇是《学龄儿童智力水平相关的人体测量学特征：教育人类学研究》[4]；一篇是《家庭条件对学龄儿童智力水平的影响：与教育有关的卫生和教育人类学研究》[5]。

---

［1］ M. Montessori, *L'Antropologia pedagogica*, Vallardi, Milano 1903, p. 12.

［2］ 同上 , p.14.

［3］ 考试委员会组成: G. B. Grassi, A. Tonelli, L. Maggi, E. Morselli, L. Moschen (V. P. Babini-L. Lama, *Una《Donna Nuova》*, cit., pp.148 及后续页).

［4］ In《Archivio per l'Antropologia e l'Etnologia》, vol. XXXIV, fasc. 2, 1904, pp. 243–300.

［5］ In 《Rivista di filosofia e scienze affini》, VI (settembre-ottobre 1904), vol. II, n.3-4, pp.234–284.

审查委员会分配给蒙台梭利的最终论文题目，由于其实验性质准备起来 **66**
非常复杂，直到次年才在罗马人类学学会出版刊发，题为《拉齐奥地区青年
女性的身体特征（根据对 200 个对象的观察结果）》[1]。

在这个新的研究领域中，蒙台梭利也一如既往地全力以赴，进行了认真
和精确的研究，并像对待伊达-塞甘的方法时一样做出了独创的贡献。在引用
的前两项研究中，她拒绝使用颅骨直径和大脑重量的测量值（而当时很多学
者认为每项心理学的评估都应以这些数据为主要标准），坚信有必要考虑到更
广泛的生理和心理因素，深入观察婴儿身体的结构（在这一点上，蒙台梭利
与塞尔吉有分歧）。同时，她认为调查生活条件和家庭卫生习惯同样重要，但
进行调查的过程中，收集研究所需的一些补充信息引起了那些富有家庭的强
烈反对。

正如蒙台梭利本人在论文的正文第一页中所指出的，对拉齐奥青年女性
的调查工作因为涉及到需要裸露身体进行检查测量，这项研究由于"无知的
偏见"遇到了重重阻力：

> 在每 10 个遇到的女性中，我询问并鼓励她们参与我的研究，如
> 果有一两个人能被说服并接受我的邀请，就已经算很多了。

罗马周围的郊区乡村由于与城市分化而一直处在极端落后的状态，可几
乎所有年轻女性都来自郊区：

> 首都的大都会文明似乎将这些地方遗忘了：人们像一群绵羊，
> 或者往好处说，像一群牛马一样工作，由骑马持鞭的看守带领着，
> 看守手中的鞭子"敦促"着这些营养不良的工人们……就像他们一
> 向对罗马的水牛做的那样……[2]

她还继续写道：

> 他们简直还像是新石器时代居住在山洞里的人……此地的女 **67**

---

[1]　M. Montessori, *Caratteri fsici delle giovani donne del Lazio*, Società Romana di
Antropologia, Roma 1905, 摘自《Atti della Società Romana di Antropologia》, vol. XII, fasc.I,
pp.3–83.

[2]　M. Montessori, *Caratteri fsici delle giovani donne del Lazio*, cit., p.7.

性（ciociarine，译注：意大利中部的一个地区，大致相当于今天拉
齐奥的弗洛西诺内省）仿佛还处在游牧状态，几乎都是文盲……我
不得不许多次中途停止测量一个女性的身躯，因为会有冷酷的男人
以威胁的方式来质问我，为什么要寻找美丽、年轻和健康的女性？
不，我是魔法师、女巫、妓院的皮条客、监狱的间谍或者明信片制
造商——这就是我在他们眼里的身份。[1]

这项工作持续了4个月，每天蒙台梭利都要在医院里待六到七个小时才
能测量记录一两个女孩。如果没有"圣乔瓦尼"医院（她曾在这里学习并担
任住院医生）的初级医生和修女们的帮助，特拉斯特韦雷妇女活动中心的朋友
和信徒们，以及她在师范女校的女学生们的帮助，蒙台梭利就没法完成这一
切。最后完成的论文（共86页，最后3页为参考书目）附有详实的表格、图
表、与"现代"拉齐奥有关的地图，女性照片甚至是用显微镜看的标本。

根据蒙台梭利的测量，拉齐奥地区的女性按体征主要分为两类：长头颅
型，棕黑发色，体型矮小苗条；短头颅型，金发，体型高大。

这项研究促使她继续去关注罗马的学童。在"区域民族学在教育人类学
中的重要性"[2]研究中［并借此向她景仰的摩德纳精神病学家和人类学家恩里
科·莫塞利（Enrico Morselli）致敬］，呼吁老师们对区域民族学抱有更热情
的态度，更全面地了解自己的学生。蒙台梭利写道：

如果不认真地研究生活在这一地区的人们，我不知道为什么还
要如此仔细地研究那些区域地理、政治统治的历史，动植物群和农
业问题？[3]

在蒙台梭利看来，成长环境中各种复杂的物理条件，以及可能的"病理
性的，导致堕落的或社会性的"差异，某些较不发达地区的艰难生活条件和

---

[1]　M. Montessori, *Caratteri fsici delle giovani donne del Lazio*, cit., p.8.

[2]　该报告收录在 Ricerche di Psichiatria e Nevrologia, Antropologia e Filosofa dedicate al prof. Enrico Morselli nel XXV anno del suo insegnamento universitario, Vallardi, Milano1907, pp.603-619.

[3]　同上。

贫乏的语言特征都是相关的影响因素，都应该成为那些具有"教育和教化使命"的人的评价标准的一部分。

在师范女校开设的课程

长期以来，师资培训一直是蒙台梭利作为老师和有开明意识的女性所努力的重要方向。师范女校是一所封闭而正统的学校，位于戴克里先浴场旁的埃塞德拉广场。[1]蒙台梭利的课程为学校带来了新鲜的气息，在她的课程结束时参加考试的学生人数异常之多。意大利国家中央档案馆的文件中写道，"人类学的教学被认为是对教育学的积极补充"，旨在帮助未来的教师认识到"弱势的学生，需要以特殊的教育卫生学进行教育。"[2]

蒙台梭利在这里获得了可靠也可观的月薪，她终于有可能将始终秉持的"科学女权主义"观念传播开来，以及使"大脑发育、社会状况与学龄儿童表现之间的关系"等新问题的研究被更多人关注。

同时，1903年乌戈·彼佐立（Ugo Pizzoli）邀请蒙台梭利前来参加在博洛尼亚大区科莱瓦考莱（Crevalcore）进行的第二次科学教育夏季课程。[3]这位朴素的医生深信实证主义"已在教育科学领域引起了健康的觉醒"，自1899年开始在罗马尼阿区开设了"科学教育学实验室"，这是意大利第一个实际存在的教育人类学组织，从1902年夏天开始展开针对小学教师的科学教育学培训课程。这项创举受到了全国各地老师们的热烈欢迎。蒙台梭利非常赞赏这位同行的努力（她在那几年的著作中多次提到乌戈的名字），并欣然接受邀请：她知道自己可以给予参与者们一些原创性的启发，确信自己的理念已经

---

[1]　该校在那里已经差不多超过一个世纪了。

[2]　V. P. Babini-L. Lama, Una《Donna Nuova》, cit., p.128.

[3]　乌戈·彼佐立是人类学和当代心理学最著名的大师的学生，是科莱瓦考莱市政府的医师，随后又成为博洛尼亚大区的王室学者代表。他致力于通过对地方小学的教学方法和课程进行一系列改革来传播大众教育，促进了师资力量更新，并因为建立教育博物馆和科莱瓦考莱市图书馆赢得了声誉。

融合了诸多大师的思想。

69　　　蒙台梭利在讲座中尽情挥洒自己的学识，给大家带来新的启发。她的报告取得了真正的成功[1]，因此又接受了指导课程实践的任务。次年蒙台梭利重返科莱瓦考莱并发表了 4 篇文章，从文中可以看出她坚持积极的女权主义方向越来越清晰和明确，已经接近社会主义的观点。1904 年，无政府主义教育杂志《大众的大学》（*L'Università popolare*）[2]以摘要的形式多次转载了她的演讲和文章。

争取选举权的斗争

与此同时，蒙台梭利在女权主义议题上也继续深入自己的思考：1902 年5 月 18 日，她在新闻协会礼堂举办了一次备受赞赏的座谈会，讨论关于"女权主义的道路和前景"[3]。蒙台梭利在会上指出，女性的很多权利仍待争取，并将教育确定为提高女性素质的主要途径。同时她还强调了工业发展对家庭生活的负面影响，会进一步加重落在女性肩膀上的负担，因为如果她们不努力参与社会工作，就有可能陷入"羞辱的寄生虫或玩偶的境遇"；或像布尔热小说中的人物因"道德退化"而沦落。她还补充说，"目前她们并没有为成为社会工作者的女性新使命作好准备"，然而随着"经济独立地位的获取，妇女不仅可以自由选择配偶，而且可以成为丈夫真正的伴侣和合作者、朋友、姐妹"。

文章末尾的社评指出，会议举行于

　　5 月 18 日下午 6 点，在世界各地——欧洲、美洲、南非、印度和日本——妇女每年都聚集起来参加大会，以庆祝女权主义的进步。这

---

[1]　M. Montessori, *La teoria lombrosiana e l'educazione morale*, in《Rivista d'Italia》, VI, (2/1903), pp.326–331.

[2]　这段文字在 M. Montessori, *Sunto delle lezioni tenute a Crevalcore,* in A. Pastorello, *L'Antropologia pedagogica. La rivoluzione scolastica in Italia*, Battei, Parma 1904 中可以读到。

[3]　M. Montessori, *La via e l'orizzonte del femminismo*, in《Cyrano de Bergerac》, II (6/1902), pp.203–206.

一天是海牙和平会议的周年纪念日，也是女性们选择的一天（例如 5 月 1 日为劳动节），似乎是在宣布她们在男性包围中获得的新使命。[1]

70

1903 年，众议院议员罗伯托·米拉贝利（Roberto Mirabelli）提出了将女性纳入普选的议案。[2] 贝阿特丽齐·萨基（Beatrice Sacchi）是一位数学老师，意大利复兴运动者的女儿，在她的家乡曼托瓦提出了登记在选民名单中的要求，该要求于 1906 年 2 月被接受，后来在省级选举中被委员会撤销。[3] 紧随其后的是同一年另外两名著名女性的例子：安东尼奥的女儿法学家特雷莎·拉布里奥拉和玛丽亚·蒙台梭利。正是后者使新出现的"思想与行动协会"生气勃勃。这是由一些渴望获得投票权的米兰女性天主教徒共同组成的协会，并自主为协会选择的名字——坚定的立场和变革的观念使会员们充满热情。

当一名代表提出投票权仅应给予受过教育和具有职业素养的妇女时，贾辛塔·马雷斯科蒂（Giacinta Marescotti）在 1906 年 2 月 20 日的罗马报纸《生活》上刊出文章，重申所有妇女的选举平等才是女权斗争的目标。几天后，这家报纸又发表了蒙台梭利撰写和签名的"思想与行动"宣言，该宣言一夜之间"被秘密地贴满了罗马所有的城墙"[4]，并被学生们广泛传播到首都之外的地区。一时间各种相关的会议、辩论和示威活动风起云涌，目的是使"所有"的女性觉醒。

同样是蒙台梭利，1906 年 2 月 26 日在报纸《生活》的专栏中提醒女权战友们，他们有责任在这个问题上充当社会代表，"男性在这个问题上确实

71

---

[1]　M. Montessori, *La via e l'orizzonte del femminismo*, cit., p.260.

[2]　这方面的第一项提案是由阿普利亚副代表萨尔瓦多·莫雷利（Salvatore Morelli）提出的。萨尔瓦多·莫雷利于 1867 年提交了一项法案，内容为"废除家庭奴役与妇女法律地位的实现，赋予妇女政治和公民权利"。1875 年进行了第二次提案尝试，最终获得了议院的认可，批准了所谓的"莫雷利法案：1877 年 12 月 9 日第 4176 号法律"，承认妇女在《民法》规定的行为中有作为证人的权利。

[3]　V. P. babini-L.Lama, Una《*Donna Nuova*》, cit. pp.170 及后续页。

[4]　同上。

有基于实践的见解和逻辑，但我们有事实根据，有切身的感觉，我们了解那被偏见的阴影笼罩已久的另一半人类的生活。"这些呼吁、批评和质疑在女权运动团体内部也造成了一些分歧，例如那时"协会"也经历了一段时间的内部冲突：以蒙台梭利为首的一些成员被隐约指责反教会主义，其他人担心这可能是造成协会与至关重要的天主教支持力量决裂的原因。危机过去后的1906年秋天，"思想与行动协会"和其他团体进行了团结一致的抗议，为西班牙自由派和平主义者和巴塞罗那"现代学校"创始人弗朗西斯科·费雷尔（Francisco Ferrer）受到的迫害发声。

来自瑞典，为儿童发声的爱伦·凯

1906 年初，爱伦·凯（Ellen Key）的作品《儿童的世纪》（*The Century of the Child*）由博卡·德·都灵（Bocca di Torino）出版社在意大利出版，比英文版早了足足 3 年。这本内容超前的作品开创了新教育学派[1]，并在整个欧洲将女性的希望和奋斗的理由传播开来。蒙台梭利对此书印象极为深刻。同年春天，"思想与行动协会"的女权主义者们发表了"意大利女性向王国参议院和众议院进行政治和行政投票的请愿"，蒙台梭利是其中一员。当时仅有26 位女性知识分子、贵族、企业家和工人在文本上签字，但该请愿倡议的精神立即在其他城市得到响应：从米兰到普利亚的格拉维纳，从帕维亚到佛罗伦萨以及在卡拉布里亚和撒丁岛。在那不勒斯，350 名妇女要求获得选举证，在安科纳有 100 名。

72　　　抗议活动逐渐蔓延开来。5 月，安科纳省选举委员会接受了马尔凯市 10

---

[1] 爱伦·凯是一位成熟的瑞典作家，是文学主题类的作者，在那个时代被誉为思想最清醒最完备的女权主义者之一。她的文章在今天的瑞典仍然得到传扬，文中勇敢地谴责了针对妇女和儿童的不公正行为。爱伦的一些思想与蒙台梭利不谋而合，即无惩罚教育的思想（"对地狱的恐惧和理论，向我们展示了人类历史上挨打对儿童的影响与地狱并无二致"）；需要给予儿童必要的自主权（"让儿童独处，尽可能少地干预"）和童年教育的新阶段的出现（"20 世纪将是现在这一代儿童的世纪，人类有可能在进化理论的新视角下理解这些"）。

名妇女提出的要求，将其登记在选举名单上。她们都是老师，其中 9 位来自塞尼加利亚（Senigallia），一位来自蒙特马恰诺（Montemarciano）。7 月，国王的检察官就该选举问题提出的上诉被安科纳上诉法院公开驳回，上诉法院由杰出的法官卢多维科·莫塔拉（Ludovico Mortara）主持，他来自曼托瓦，也是后来的司法部长。[1]

　　然而胜利是短暂的，因为最高法院在 12 月 4 日的判决中撤销了先前的宣判。尽管结局令人失望，在复审判决后 4 天，蒙台梭利仍然在报纸《生活》的专栏中发表署名文章，充满自信和乐观，仍然认为取得了小小的胜利。在谈到罗马这座在意大利女性心中激起了巨大希望的城市时她写道："除了你的城墙，你的港口，你的传说，还有充满智慧的政治进步可以给你带来荣耀。你已经征服了女性和历史。"[2]次年 2 月，议会对"请愿书"进行了讨论，在众多出席讨论的选举权主义者中也有蒙台梭利。最终议员们无法达成协议，因此决定推迟并待进一步研究，一而再再而三的推迟之下，最终重启讨论已是 3 年之后。在此期间，意大利北部的天主教徒（更加独立于教会等级制度）与南部中部的社会主义者之间已经形成了强烈的共鸣。蒙台梭利于 1907 年 5 月 5 日在《生活》专栏发表一篇题为"女权主义"的长文，强调"意大利女权主义的两个灵魂"。她在文章中谴责道，除去别的不谈，本应作为女性知识殿堂的罗马师范女校现已成了女性歧视体系的代表；学校文化陈旧僵化，披着厚厚的道德主义面纱，而国家却连为那些来自"未被救赎地区"（译注：即贫困地区的委婉说法）的女生准备体面的住宿都没有做到：真相就是，国家并不希望看到女性在文化方面取得发展。面对大多数不愿放弃男性特权的政治家装聋作哑，尽管获得了地方法官和不那么保守的代表的支持，女权运动也只是所获寥寥。

　　另外，女权运动所期望的"两个灵魂"——天主教和世俗运动的融合，

---

[1]　关于此事可参照 P. Curzio, *Le maestre di Senigallia,* in《Questione Giustizia》, (4/2013), pp.165-172.

[2]　M. Montessori, *Per il voto. La vittoria,* in《La Vita》, 8 dicembre 1906.

在 1908 年意大利第一次全国妇女代表大会上再次碰壁：最热点的问题集中在学校开设的宗教教育上，在国家世俗主义的状态下这个问题难以解决。蒙台梭利出席了会议，但她的演讲主要涉及医学和卫生方面。大会结束时讨论到了非婚生子女的法律状况以及其他欧洲国家已经承认的寻求父系关系的议题，但蒙台梭利并未在这些问题上发言，也许是因为这些问题触动了她内心最隐秘的情感。相反，她在当时新出现的一门地位微妙的学科——性教育上表达了自己的观点。她的讲话在会议记录中以《教育中的性道德》[1]为标题发表。当时蒙台梭利已经声名鹊起，既是女科学家，又是女权主义激进分子，又因在圣洛伦佐开展的新教育实验而愈加出名。与会听众对她的报告内容期望很高。

谎言和双重标准

蒙台梭利以她惯常的讲演技巧，由远及近地谈到对她来说最重要的话题：妇女在教育男孩时的双重标准和肩负的责任。目前的教育往往使得男性成年后为取乐而迫使一些女性堕落，或者奴役女性，否认她们享有与自己同等的人权。她还谈到大人们面对孩子关于出生的问题时经常重复的谎言：

> 在天主教国家，孩子们的祈祷中都赞美母性，他们重复着"祝福你子宫内的结晶"。这句祈祷词揭示了秘密所在，却又像纯洁赞歌一样被早晚重复。因此我们需要担心的不是事实本身，而是女性甚至作为母亲时都默认禁止以任何方式提到性问题。正是这种虚假的纯洁形成了道德的奴性。

74　　对于当时的社会而言，蒙台梭利凭借其清醒的勇气和坚强的性格讨论的这些话题都是十分先锋的。但在公民权利和政治权利问题上，她逐渐不再发出声音。"她对如此重要的话题保持沉默"，虽然这些话题激起了"所有关于

---

[1] M. Montessori, *La morale sessuale nell'educazione,* in《Atti del I Congresso Nazionale delle donne italiane》, Roma 24-30 aprile 1908, Roma, Stab. Tip. della Società Editrice Laziale, 1912, pp.272-281.

普选权的讨论"；这段时间她即便不是对自己的战友们感到失望[1]，也是在经历一个对热火朝天的女权战斗进行自我反思的阶段。也许在圣洛伦佐儿童之家进行的教育实验使她预见了改变女性命运的新方法：她开始意识到自己正处于思想和生活的另一次转机之中。

蒙台梭利在女权主义上所走的道路体现了其个性折衷的一方面，但这一点经常被忽视，因为大多数传记作者[2]及其教育方法的追随者也都忽略了这一点。的确，与社会主义立场的女权主义者的严厉相比，蒙台梭利的态度，尤其是在面对具有挑战性和争议性的政治问题上的态度是更为温和的。她投身女权斗争的时间十分有限，仅在 1895 年至 1908 年之间；然而即使在那 10 年左右的时间里，蒙台梭利也将自己的学识和热情充分地投入其中了。

因此人们好奇为何在她的教育事业蓬勃开展之后，这段短暂的女权斗争时期在她的生活中就再也没有了痕迹。蒙台梭利自己从未提到过，可能是因为她认为相对于教育使命，女权斗争只是次要的，或者是因为她宁愿不记得自己付出真诚努力但毫无结果的那段岁月。另一方面，她也很少对学生讲述自己。

或许可以这样假设，即将这种"沉默"看作传记作家们的默契，他们以更常规的和资产阶级的视角来撰写这位科学家的传记，因此需要营造一种感伤的模糊的光环，尤其是就 20 世纪 40 年代以来的文字风格而言。当然，蒙台梭利的长孙在童年时对她的昵称"Mammolina"（小外婆）也并不能体现出 75

---

[1] V. P. Babini-L. Lama, *Una《Donna Nuova》*, cit., pp.239–240. 这份文件的亲笔手迹保存在 AMI 的蒙台梭利档案馆中。

[2] 在蒙台梭利之子马里奥写的关于母亲的一本 8 页的小传 *Dr. Montessori and Her Work* 中，没有丝毫提及她的女权斗争时期；蒙台梭利较为熟识的两个学生为她作的传记也是如此，即卡米洛·格拉志尼（Camillo Grazzini）在 1970 年 *Nel centenario della nascita di Maria Montessori* 和埃德温·莫蒂默·斯坦丁（Edwin Mortimer Standing）*Maria Montessori. Her Life and Work*。另一部传记作者克莱默提到了这一点，还有玛丽亚·路易莎·莱西塞（Maria Luisa Leccese）在《自由教育》的引言中对此进行了简短的论述，1899 年在伦敦的采访中蒙台梭利认为自己是"温和女权主义"。

她强大的人文理念和科学家个性[1]，这个昵称后来在她的密友圈子，特别是在美国的朋友中叫开来，她本人写信给最亲密的朋友和学生时也会如此落款。[2]在帮助那么多有潜力的孩子转变成温和智慧的学生之后，自己年轻岁月的无畏热情和争强好胜，还有多少留存在这位令人感觉到安心可靠的年长女士心中呢？

---

[1]　参见 M. Montessori Jr, *Maria Montessori, mia nonna*, in《il Quaderno Montessori》, V (1988), n. 19, pp.52, 53，访谈于 1987 年 11 月在罗马进行。多年以后，小马里奥已成为国际知名的心理分析学家，并多次担任荷兰精神病研究所（Nederlands van Psychologen）的秘书长。

[2]　例如，蒙台梭利在写给莫蒂默·斯坦丁的短信中就如此落款，这些信件在她去世后和传记书写前公布于世。此外，除了最早的可以追溯到 1926 年的信件外，蒙台梭利还经常写给朱莉亚娜·索尔杰。

7. 圣洛伦佐区的教育经验

　　1871 年 2 月成为意大利王国的首都之后，罗马当局自进入新世纪之初便努力克服重重困难想要使自己摆脱在欧陆的边缘化地位，弥合与欧洲其他现代大都市的巨大差距。"首都"的新地位给这座城市带来了令人目眩的建筑物和人口的增长，需要管理的人口在近 30 年内翻了一番。埃内斯托·内森（Ernesto Nathan）当选罗马市长是一个意义重大的转折点，这位有着一半英国血统的犹太共和党人得到了左翼自由派、激进分子、共和党人和社会主义者的多数支持。经过一系列忠于梵蒂冈教廷的贵族执政后，国会大楼终于迎来了这位新市长——这是社会迅速而不可逆地走向世俗化的强心针。新政府在严格的宗教中立的原则下启动了一项雄心勃勃的初等教育计划，市长内森坚信公共机构需要重新获得对教育部门的控制，而不是传统上由天主教派把持。在他任内，罗马开设了多达 150 家市立幼儿园并提供儿童餐（这是在那个年代不容忽视的细节），许多小型图书馆、基础科学实验室和电影院如雨后春笋般出现。

　　内森当时的住所在都灵路（与民族路相交的一条路）122 号，一大批知识分子经常在那里聚会。他们共同讨论如何改善儿童的教育，内森从中积累了丰富的经验。[1] 实际上他们中的大多数人都活跃在"农民学校机构"中，这是由意大利全国妇女联盟的罗马分部为罗马地区的农村人口提供的一项扫盲项目。

　　主持该项目的是安娜·弗拉恩采尔，她与丈夫安杰洛·切利一起为改善 77 那些落后地区的卫生条件勤勉地做了许多工作。除了切利夫妇之外，教育家

---

[1]　可参见 F. Matitti, *"Le allieve dilettanti di Balla". Annie Nathan e altre pittrici dimenticate*, in L. Iamurri-S. Spinazzè (a cura di), *L'arte delle donne nell'Italia del Novecento*, Maltemi editore, Roma 2001, pp.83–99.

亚历山德罗·马尔库奇（Alessandro Marcucci）（后来担任该机构的主任），艺术家杜里奥·坎贝洛蒂（Duilio Cambellotti），学者卡洛·赛格莱（Carlo Segrè）和诗人兼著名杂志《新文选》的编辑乔瓦尼·切纳（Giovanni Cena），与他的伴侣作家西比拉·阿勒拉莫（Sibilla Aleramo）都曾为这个项目作出贡献。最后这位作家西比拉与市长内森共同创建了女子夜校。

天主教会满怀疑虑地观望着这些变化，担心丧失自己的控制权，特别是内森在庇亚门（Porta Pia）事件 50 周年发表的演说之后[1]，教会立即做出了极其严厉的反应：教皇庇护十世亲自回信给罗马红衣主教，并发表在 9 月 24 日的《罗马观察家》报上，同时天主教媒体毫不犹豫指称这都是犹太共济会的阴谋。整个社会表现出顽固主义和正面遏制的氛围：自 1907 年 9 月 8 日《牧放主羊》通谕（*Pascendi Dominici Gregis*）发表几年以来，对现代主义的镇压一直在系统性地进行着，迫害那些最杰出和具有独立精神的神职人员，还有一些怀有真诚的宗教情感的知识分子如安东尼奥·福加扎罗（Antonio Fogazzaro），马乌利察·布隆戴尔（Maurice Blondel）和安东尼耶塔·贾科梅利（Antonietta Giacomelli）。[2]

除了时代正在发生的变化之外，这座城市本身正在经历混乱的狂热。如前所述，罗马简直成了一座露天建筑工地，在新的监管计划获得批准后，对整个城市社区的改造如火如荼地进行。对廉价劳动力的迫切需要使得附近省份拖家带口来寻找工作的家庭涌向首都，但又不得不在罗马郊外寻找廉价住所，条件非常简陋。

78　　　同时出现了一些房产机构，诸如"大众房屋独立研究所"，首先为弗拉米尼奥、圣沙巴和普拉提卡斯戴罗区（当时的圣天使城堡周围有田野和花园）

---

[1] E. Nathan, *Discorso di Ernesto Nathan, Sindaco di Roma pronunziato dinanzi alla Breccia di Porta Pia il 20 settembre 1910,* in Id., *Roma papale e Roma italiana*, tip. F. Centenari, Roma 1910, pp.5–11.

[2] 在那些受到最严厉指责的意大利学者中，我们应该记住罗马大学基督教历史教授唐·萨尔瓦多·米诺奇（don Salvatore Minocchi），唐·罗姆洛·穆里（don Romolo Murri）和唐·厄内斯托·博纳依乌蒂（don Ernesto Buonaiuti），最后这位是 1931 年拒绝宣誓效忠法西斯主义的 15 名意大利教授中的一员（共 1 200 名教授）。

的小资产阶级家庭修建了一些社区；"罗马不动产研究所"在意大利银行的支持下，为低收入家庭建造或翻修了房屋。这些大规模的基础建设对大量投资的人来说无疑带来了财富，同时也给迅猛的城市化需求提供了具体的解决办法。人口稠密的圣洛伦佐区是一个典型的例子，困扰着整座城市的严重问题似乎都会在那里小规模地重现。蒙台梭利回忆道：

> 当我第一次来到这个街区，发现人们仿佛唯有死后才能体面地从街道穿行而过，给我的印象就像一个刚发生了巨大灾难的城市。实际上，这就是罗马城市边缘的真面目，人们的居住条件已经接近极限。[1]

罗马的传统公墓维拉诺（Verano）离圣洛伦佐区在城墙外的罗马式教堂仅几步之遥。常去公墓的人甚至都不怀疑这幽灵般的情景简直是公墓的延伸。

重建圣洛伦佐

该区的内部道路支离破碎，主要居民历来是最古老的意大利民族。[2]第一次世界大战后，该区逐渐向南朝着蒂沃利（Tivoli）发展，后成为蒂布蒂诺区（Tiburtino）。该地区最古老的道路是在铁路和公墓之间一条狭长的路（至今仍是狭窄），路的两侧住满了失业者、乞丐、释放出来的囚犯和城市的各种边缘人，整个社区笼罩着沮丧和痛苦的气氛，蒙台梭利在自己的《方法》（指《蒙台梭利教学方法》）一书中曾对此进行了清晰的描述。一位托斯卡纳的工程师爱德华多·塔拉莫（Eduardo Talamo），"罗马不动产研究所"的创始人兼董事，在20世纪之初决定发起创新性的社区改善翻修计划，得到了千余人的支持。这个项目将多层住宅翻新，划分为许多小公寓，每套小公寓分配给一个家庭，避免过度拥挤和男女混居带来的混乱。1907年已经有68个家庭分到

79

---

[1]　M. Montessori, *La Casa dei bambini dell'Istituto romano beni stabili*, Roma 1907, pp.5–7.

[2]　区内道路还保留着古民族的名称，如奥西广场（largo degli Osci），皮切尼路（via dei Piceni），康帕尼路（via dei Campani），沃尔西路（via dei Volsci），萨贝利路（via dei Sabelli）等。在法西斯统治期间，这个区被重建成大学城。

了公寓。

4 座或 4 座以上的建筑物围拢起来，俯瞰着内部大庭院，只有一个出入口，建筑周围不久便植了绿色植物进行装饰。租用公寓时房客需承诺尽力保持公寓的良好状态。考虑到楼内提供的一些公共服务，这些公寓可算是十分体面：诊所、洗衣房和熨衣室应有尽有。其他如公共厨房的建设也正在实施中。[1] 自给自足的独立综合建筑群的构想曾给 20 世纪 30 年代的欧洲城市规划者们很大的启发，其实在 19 世纪中叶伦敦一个落魄的街区已经首次实现过，这要归功于约翰·拉斯金（John Ruskin）[2]（英国工艺美术家，社会活动家和慈善家）的朋友奥克塔维亚·希尔（Octavia Hill）[3]。目前尚不清楚塔拉莫是否与他们相识，或者该项目完全是他自己的创意杰作。

为了完善这个建筑项目，塔拉莫考虑到应增加一个教育单元以更好地支持整个社区，即一所"房子内的儿童学校"，将年幼的儿童聚集到一起进行教育（幼儿园尚未普及），这样他们就不会被置于楼梯和庭院之间无人照看，而且有弄脏和毁坏建筑物的风险。孩子们将因此得到保护和教育，而家庭无需支付任何费用，只需家长自愿和轮流参加对房屋的维护。塔拉莫坚信，"有了学校，一种全新的力量和生气将被充盈在家庭环境中；一种全新的巨大的富有生命力的文明，首先存在于孩子们心中，再通过孩子进入家庭，在公寓间传播。"[4]

80

---

［1］　V. P. Babini-L. Lama, Una《Donna Nuova》, cit., pp.197–213. 关于这一倡议的说明包含在一篇无署名文章 Una nuova riforma edilizia e pedagogica 发表在 "La Civiltà Cattolica"，(1910), vol. i, quad. 1429, 1 gennaio 1910, p.82–87. 在文章中，匿名的编辑对蒙台梭利的教学方法提出了基本积极的评价，并对最新出版的《科学教育学方法》一书表示赞赏。

［2］　具有非暴力理想的英国画家和作家约翰·拉斯金还是社会改革者，倡议建立合作社并为工人阶级建造房屋，以对抗城市郊区的退化。

［3］　希尔作为基督教徒和支持女权主义的慈善家，小时候在家庭经济遭受挫折后经历了贫困。后来，她全心投入社会活动，但避免进行模糊无意义的慈善，而是通过提供工作和住房的方式来促进伦敦弱势群体的发展。关于希尔的生平故事可参考 Hill Octavia, in H.Rappaport,《Encyclopedia of Women Social Reformers》, ABC-CLIO, Santa Barbara, CA, 2001, vol. I, pp.296–299.

［4］　E. Talamo, La casa moderna nell'opera dell'Istituto Romano di Beni Stabili, Tipografia Bodoni di Gino Bolognesi, Roma 1910, p.14.

为此，设计师在首组建筑物的底楼设置了一个房间可以让孩子们待在那里，直到父母返回。但为了确保这个想法更好地实施，还需要一位医生来指导：谁会比著名的蒙台梭利更适合呢？因此，塔拉莫求助于蒙台梭利，或许他们早就相识，因为他也是"联盟"的支持者。蒙台梭利向来喜欢挑战，立即接受了这一邀请。尽管她当时已经是一名大学教授并坚定地打算继续进行实验研究，但塔拉莫的提议让她看到了将社会公正观念付诸具体实施的可能性，这正是她与解放主义者同伴们一直奋斗的目标。这一机会是令人振奋的。此外，蒙台梭利喜欢回到圣洛伦佐区工作的感觉，过去她为在那里开展的研究工作投入过很多精力，她在《科学教育学方法》中写道：

> 塔拉莫的想法是把租户中 3 到 7 岁之间的孩子聚在一个房间里，并在老师的指导下开展活动，而老师也应住在同一栋楼内……我立即意识到了这个机构非同寻常的社会和教育意义，有人觉得我夸大其词，但是现在，许多人开始了解我当时看到的本质。[1]

这个机会还将使她有可能研究健康幼儿（大约两岁甚至更小的孩子）的行为，观察与学龄期智力缺陷儿童比较的差异，塞甘也提到过希望这个设想能付诸实施：

> （那些智力缺陷的孩子）取得的神奇的考试成绩对于其他人来说几乎是奇迹。但是对我来说，精神病院的孩子们在公开考试中赶上了普通水平，只是因为他们走了一条不同的路。他们在心理发展方面得到了帮助，而正常儿童在这方面仍然被禁锢和压抑着……

> 当每个人都称赞我智力有缺陷的学生们取得的进步时，我却在思考为什么市政学校对那些快乐健康的孩子的教育保持在如此低的水平，以至于我的弱智学生们都可以通过那些智力测验。[2]

81

---

[1] *Il Metodo della Pedagogia Scientifica*, cit., p.36. 塔拉莫预见到了这个教育项目将扩展到另外 16 栋公寓中。

[2] 同上，p.32.

从哪儿开始？

蒙台梭利首先在马尔西路（via dei Marsi）58 号开始了她的实验：这里准备了一间宽敞的工作教室，面向为孩子们而建的带围栏的院子。蒙台梭利首要关注的是适合孩子们的生活环境：桌椅不该是那种方正笨重的目的在于"确保儿童不乱动"[1] 的样子，在她看来这简直是对孩子们的惩罚；应该如第一版《科学教育学方法》附后的图示，为孩子们量身订做优美轻巧的家具，具备自由时代的风格，孩子们可以随意搬动。[2] 家具中设置了一个高度非常低的水槽，三四岁的孩子就可以够到，架子上面放着肥皂、牙膏和毛巾，教室引入了自来水。房间的柜子矮而长，分成很多格，每扇门都有不同的钥匙：孩子们可以够到锁，可以自由打开和关闭柜门，并在柜子里存放自己的物品。

几年前已经实验过的教具材料整齐地摆在柜子上：区分事物材质和大小的感官学习物品，显示颜色渐变的线轴，用纸剪出的字母固定在每一张小桌子上，或者贴在硬纸板上（塞甘的字母是用金属制成的[3]）一起放在分格的盒子里以组成单词；绘图用的几何形状，相互之间有接头可随意组装和拆卸。[4] 在墙壁的下半截布置了黑板，黑板旁边有盒子，放着可以写字的粉笔以及用来擦除的碎布。黑板上方是一些家庭肖像（也包括王室家庭）、乡村风光和动物形象。还有一幅巨大的拉斐尔《椅中圣母》的彩色复制品，后来被当作是儿童之家的象征。

即使之前没有与年幼孩子相处的经验，蒙台梭利也设法创造出了一个真正独特的环境，孩子们可以在其中充分释放天性，因而非常适合观察他们的

---

［1］ *Il Metodo della Pedagogia Scientifica*, cit., p.16.

［2］ 同上, p.60.

［3］ 这位法国医生为儿童阅读所做的非凡尝试给予蒙台梭利极大的启发，后来她也沿用这一方式。参见 E. Séguin, *L'idiota*, cit., pp.303–342.

［4］ 这些教具材料的设计图也附在《科学教育学方法》之后，第 107—110 页。后来也附在《科学教育学手册》后面。

自发反应。[1]然而，有些人认为孩子的生活仅仅需要一些基本必需品，精心的安排和良好的品位都是浪费，是过度关心。可是一旦有益的效果开始显现，这种环境设置就开始被人们纷纷效仿。这些细节安排并非为了装腔作势，而是出于蒙台梭利对幼儿能力的信任：将环境充分地准备好，最大程度地减少成人的干预。环境中摆放的每样物品都有其专门目的：家具的轻便程度及与使用者成比例的尺寸，暗示着动作需要柔和谨慎；易碎的陶瓷盘，正是对注意力的训练；放置粉笔的专用容器，代表着按序存放能轻松找到它们，就像一个人在自己家中（或应该做到的）一样。秩序，显示了促进智力发展方面的强大力量。

　　第二步是选择老师：蒙台梭利决定将大约 30 个孩子——"一群害羞又笨拙的小孩，看起来傻乎乎的"——托付给公寓看门人的女儿坎迪达·努奇泰利（Candida Nuccitelli），她也住在同一栋楼里。女孩的任务是给予孩子们充分自由，并在蒙台梭利无法到场时仔细记录孩子们的一切行为。[2]

朋友惊呼，"一个儿童之家！"

　　这所幼儿园在临近 1906 年底时开放，于 1907 年 1 月 6 日正式剪彩，很多热烈活泼的活动已经开展起来。园里的孩子们发生了明显的变化，当蒙台梭利的记者朋友和女权斗争的战友奥尔加·洛迪（Olga Lodi）前来拜访时，瞬间明白了整个教育计划背后的意义，并大声宣称："这简直就是一个儿童之家！"于是，"儿童之家"的名字就这样保留下来，然后传播到世界各地并翻译成多种语言。在这里，孩子们一整天都很活跃：孩子们的个性，甚至是最小的孩子的个性都得到了最大程度的尊重，按照个人意愿行动和自主劳动都会得到鼓励。

83

---

[1] *Il Metodo della Pedagogia Scientifica*, cit., p.59.

[2] 从这个角度来讲，幸亏坎迪达也不是一个受过固定模式训练的教师。在这一具体情境中的教学主要基于孩子们的自发性和实验的教学方法。

老师们，包括坎迪达和后来的老师，都必须遵守一些基本规则，这些规则在初期可能并不容易做到[1]：不要随意干预，也不要基于偏见和一些抽象的规则去干预孩子们，而要进行认真、系统和个性化的观察；不要打断一个孩子正在做的事；永远不要诉诸于奖惩和徒劳的威胁。[2]这些是蒙台梭利称为"未来的社会化家园"的首要步骤。

在这位科学家看来，这项新的任务与先前为挽救女性所做的一切斗争有着明确的连续性。多年以后，一位新闻工作者强调过为"母亲"提供帮助的重要性：

> 在自己的住所附近，能够将孩子们留在一个不仅安全而且还能不断进步的地方是一项巨大的好处，这样所有母亲都可以放心外出工作。（现在不仅）富裕的女性可以为了世俗的职业而将子女交给家庭女教师；今天住在这座大楼里的女性也享有了同样的优势。[3]

为什么让这些年幼的孩子有"自由选择"和"检查错误"的权利？

《科学教育学方法》以精确和分析的方式说明了儿童之家一般的工作程序。没有哪个环节是靠即兴发挥的：如何欢迎孩子们，如何记录孩子的成长进度，以及与孩子们参与的活动一起记录在每个人单独的文件夹中，等等。每一个程序都有明确的说明。

84　　其中最特别的是每天入学后立即进行的"生活实践练习"，目的是指导孩子们建立在家中还未养成习惯的清洁感和个人秩序。蒙台梭利还坚持要求让孩子们参与"欢迎对话"，尤其是在"假日后的星期一"。[4]儿童之家提供的餐食特别注意营养，包括提供更健康的食物，注重新鲜，提供食谱和饮食建

---

［1］ *Il Metodo della Pedagogia Scientifica*, cit., p. 66.

［2］ 同上，p. 73.

［3］ A. Garofalo, *Omaggio a Maria Montessori*, in "Vita dell'Infanzia", I, 4, aprile 1952, pp.6–7.

［4］ *Il Metodo della Pedagogia Scientifica*, cit., pp.91–93.

议等。虽然做得非常详细[1]，但有些内容现在已经过时了，在该书后来的版本中去掉了这部分内容。书中还建议在可能的情况下：

> 在小块的田地上种植可食用的植物……水果也一样，再养殖一些可以产生蛋和奶的动物，大孩子们认真洗手之后可以学着如何给山羊挤奶。

第一所儿童之家当时还不提供正餐（也许有小点心），但仍然"布置好桌子，摆好餐具，学习每样东西专门的名称"，以便孩子们学习用餐礼仪。随后这项学习成为一项重要活动，以小组形式进行，为集体午餐作准备，然后将餐具洗净并重新摆好。一张拍摄于1911年朱斯蒂路儿童之家的照片中可以看到这一场景，很可能是由记者和编辑塞缪尔·麦克卢尔（Samuel McClure）拍摄的，为蒙台梭利的首次美国之行作准备。[2]

对于体育教育，儿童之家使用了一些诸如"小健身房，小绳梯"之类的器械，和教室内的桌椅一样都是根据儿童的身体特点制作的。还有"圆形木制楼梯，台阶又矮又窄"，方便孩子们在不需要辅助的情况下上下走动，这样他们就能实现"在家里按成人比例安装的楼梯上完不成的动作"。孩子们表现出对运动的喜好，这是一种幼儿不能克制的本能需求。蒙台梭利指出，通过防止儿童：

> 摔在地上或者爬行；孩子被迫与成年人一同走路，以"使他不随便任性"[3]……孩子们轻快而舒适的衣服、凉鞋、光着下肢都是从文明的压迫性束缚中解放出来。[4]

根据伊达对维克多（那个在阿维翁山野发现的孩子[5]）的观察，蒙台梭利

85

---

[1]　*Il Metodo della Pedagogia Scientifica*, cit., pp.93–102.

[2]　其中几张照片曾在罗马刊印：*il Corso Montessori del 1910 e la Casa dei Bambini presso il convento delle Suore Francescane di via Giusti 12*, "il Quaderno Montessori", XIII, 1996, n. 51, doc. XXIII, pp.109–136.

[3]　*Il Metodo della Pedagogia Scientifica*, cit., pp.107–108.

[4]　同上，p.119.

[5]　关于这个著名的案例，请参见 J.-M. Itard, *Il fanciullo selvaggio*, Armando Editore, Roma 1970 e l'interessantissimo volume di G. Rolls, *Casi classici della psicologia*, Springer-Verlag Italia, Milano 2011, pp.91–104.

注意到了在教育过程中采用不同方法的重要性。她强调了儿童对生命形式表现出的显著敏感，认为这种敏感应予以鼓励，并能够进一步发展出非常有用的技能：观察和照料动植物（如果没有其他可能的话，也可以在盆中栽培）；培养预见和等待的能力，明白从种子到果实并非立竿见影的过程，同时这也是"一种信念和一种生命哲学的教育"[1]。英国人露西·拉特（Lucy Latter）根据弗朗凯蒂（Franchetti）在蒙特斯卡（Montesca）开办学校的情况写出了《孩子们的学校园艺》，该书于 1906 年在伦敦出版，带给了蒙台梭利很大的影响，她本人曾在 1921 年说："在这方面，儿童之家的理想是效仿那些最受拉特太太启发的学校。"[2] 不论如何，如果发现其他地方开展的教育活动与自己的思想相一致，最重要的是与她日益关注的自由选择的概念相一致，蒙台梭利总是毫不犹豫地欢迎和接受成功的经验。[3] "教育的目的，"她说，"不是训练，而是发展自我的能量。"[4]

86　　　为了进行手工活动，蒙台梭利为孩子们提供了彩色铅笔和纸张，用于绘画，拼贴和折纸。而之前德国教育家福禄贝尔（Fröbel）[5] 提出的一些在幼儿园中使用的方法如纸张的纹理和点缀，她认为不适合儿童的眼睛发育或者没

［1］ J.-M. Itard, *Il fanciullo selvaggio*, Armando Editore, Roma 1970 e l'interessantissimo volume di G. Rolls, Casi classici della psicologia, Springer-Verlag Italia, Milano 2011, p.122.

［2］ M. Montessori, *Manuale di pedagogia scientifica*, 由 Arturo Labriola, A.Morano 作前言，Napoli 1921, p.28. 后期版本中删除了拉特的名字。

［3］ 在园艺方面，除了向拉特学习外，还提到了圭多·巴切利的"教育园地"以及讲授陶器手工制作的弗朗切斯科·兰德内（Francesco Randone）的罗马"教育艺术学校"。在奥勒良城墙附近（Mura Aureliane）的博尔盖塞别墅（Villa Borghese）的高处入口对面建立了这所免费学校，主要教授陶器制作，校内设有一个窑炉。兰德内去世后，他的妻子和女儿继续着这份重要的事业，学校直到今天仍然活跃。最近罗马一所蒙台梭利学校的负责人安德烈娜·贝特里（Andreina Betturri）带领学生们在那里进行了这项蒙台梭利非常赞赏的活动。

［4］ M. Montessori, *Manuale di pedagogia scientifica*, Napoli 1921, p.132.

［5］ 关于这位在儿童教育史上十分重要的作者，可参见 D. Gasparini-M. Grazzini, *Il Grande Froebel delle Opere Minori: Interpretazioni, testi e nuovi materiali: contributi per una storia dell'educazione e della scuola infantile in Italia*, Istituto di Mompiano-Centro studi pedagogici "Pasquali Agazzi", Mompiano (BS), 1999, voll. 2.

有真正"动手练习"，因而不算真正的劳作。蒙台梭利认为，自发的重复性动作是必不可少的，即孩子们主动进行的重复，而不是成年人为了教会某种技能而进行的重复。儿童之家还开设陶艺活动，但并不会要求做出特别的作品：

> 我希望给孩子们提供自由，而不是机械地复制任何东西：给他们黏土随意造型，而不是指示他们必须制作出有用的作品。

蒙台梭利坚持认为"通过儿童的自发性表现来研究其心理个性"[1]，心理个性是"可塑造的"，前提是孩子们确实获得了充分的自由。因此，在 20 世纪初的幼儿园中，教师帮助孩子在父母面前做出乖巧的样子这种"预设模型"的工作形式是蒙台梭利坚决远离的，而这种方法至今仍在许多幼儿园中进行。

展示而非教育

"感官教育"是科学教育学的基础：蒙台梭利向健康的孩子们提供她已经在教育智力缺陷儿童时尝试过的教学材料，但又根据她观察到的或新创造的东西进行了很大程度的修改完善，能吸引孩子们参与进来。但这些教具并不用来度量或验证任何东西。如果一个孩子愿意摆弄一款教具，会越来越有兴趣重复这项活动，自我探索和纠正直到完美掌握，然后就弃之不理了——这时"这款教具就不再起作用了"。[2]一般都会认为（在这里，蒙台梭利再次引用福禄贝尔）"老师的积极参与"是必要的，需要向孩子进行清楚地讲解。但在儿童之家，

> 这是孩子们（自发）的练习，自我纠正、自我教育，因此老师一点也不应该干预。就像没有老师能够为学生提供，唯有通过自身锻炼获得敏捷性一样，有必要让学生自我完善，对于感官教育和一般教育也是类似的概念。[3]

87

---

[1]　M. Montessori, *Il Metodo della Pedagogia Scientifica*, cit., p. 128.

[2]　同上，p.134.

[3]　M. Montessori, *Educare alla libertà*, Mondadori, Milano 2008, p. 109.

在某种程度上，丰富的教具（其实是由孩子们来决定，是谨慎规矩还是富有创造力地使用它们）可以替代老师们的讲解：

当孩子进行自我学习并自我纠正错误时，老师们只需要观察即可。因此教师应当还有心理学家的角色：这就证明了师资培养中科学素养的重要性。[1]

伴随着主动行为的乐趣一起出现的还有注意力的高度集中，针对这一点蒙台梭利也进行了各种实验：

有一次，在看到一个 4 岁女孩在教具上反复练习了 16 次[2]之后，我让其他孩子们唱了一首赞美诗试图分散小女孩的注意力，但是她继续不动声色地把那些小圆柱体取出，混合又放回原位。[3]

在这种新的教学方式中，蒙台梭利多次强调，"课堂和做实验差不多，"她说，"我坐在他们的小椅子上，让好奇的孩子们围着在我身边。"[4]因此课堂经常变得很凌乱，孩子们很自由，"没有义务保证一定坐在位子上，或者保持安静听老师讲课或看老师的演示：这一点我们几乎完全废除不做了。"[5]课堂逐渐成为"展示"的形式，强调个性化（缓慢从容地呈现"操作方法"）、简短（引用但丁的话"Le tue parole sien conte"，意为话语简短）、简单（没有任何修辞或多余的描述）、客观（不把注意力集中于老师身上，而在材料上）、以观察为基础（始终关注孩子是否感兴趣）；无需坚持重复课堂内容或强调任何错误，孩子们会凭经验纠正自己："老师们应当少教学，多观察，最重要的是具有指导儿童心理活动及生理成长的素质。因此，我将老师的名字改称为

88

---

[1] M. Montessori, *Educare alla libertà*, Mondadori, Milano 2008, p.110.

[2] 此处指的是同一个教具。

[3] *Il Metodo della Pedagogia Scientifica*, cit., p.135. 还有一件类似的案例是关于一个不满三岁的孩子，引用在 *L'Autoeducazione nelle scuole elementari*, (E. Loesher& C.-Maglione e Strini, Roma 1916), pp.51-52 中。或许是同一个孩子的例子，只是因为时间久远有一些模糊的地方。蒙台梭利认为正是通过观察发现了人类童年时期这种高度注意力集中的现象，即便是非常年幼的孩子也会表现出来。

[4] 同上，p.79.

[5] 同上，p.79.

'指导者'。"[1]

但后来这一称呼由于意义模糊不清而不再使用了。

在课堂上，教师只能用言语进行对话但事实上却占主导地位；那些不接受教师或者成人在教学活动中的作用大幅度缩减的人，把这种新的教学方式当作丑闻一般大肆批判。还有一些对这种由"个性化展示"之类的方式构成的奇怪课堂的持批评意见者，可能会指责这种教学无视教育的重要社会功能。相反，按照蒙台梭利《科学教育学方法》的逻辑，这种展示的方式（成人与儿童之间享有特权的时刻）以其简洁明了使孩子放松下来，让他们有可能照自己的方式去做，不必承受面对大人时的不对称关系的压力，提高孩子们的自尊心，更好地与他人和睦相处。人的社会化应当看作是成长过程中的结果或某个时刻会抵达的节点，蒙台梭利后来将其称为"凝聚力社会"，这一点几乎总是被那些批评的、冷漠的或怀疑的人们所忽略。

孩子们是我的老师

蒙台梭利一直这样坚称，"是孩子们向我展示了童年的力量以及活动的乐趣。"从孩子们身上她了解到成年人和孩子们可以不在意年龄差距而舒服地在一起活动，这是一种参与日常生活的乐趣，而不是无聊地被迫去服务大人。避免孩子们产生后者的感觉，一直是蒙台梭利关注的问题之一，对于长时间课堂教学带来的无聊和单调，她曾强烈地讽刺道：

在不久的将来，随着学校和教育的辅助科学的发展，也许有可能在矫正学校安装一个理化柜，每天晚上孩子们从帮助矫正骨骼身形的吊架中出来，输入一种教学方法制成的秘密配方，还要注射无聊之毒的解药。[2]

蒙台梭利观察认为，孩子们天然是需要活动的，在需要清洁或整理时他

89

---

[1]　M. Montessori, *La scoperta del bambino*, Garzanti, Milano, 1950, p.179.

[2]　M. Montessori, *L'Autoeducazione nelle scuole elementari*, cit., p.48.

们很乐意提供帮助，如果没有人在一旁催促或批评，他们也会格外小心。在属于自己的时间内孩子们也想要做好，与此同时也越来越独立。孩子们对字母充满热情，不断地触摸它们，想知道字母的发音，甚至很快开始自己将字母组合成有意义的单词。孩子们一起活动的气氛很友好，少有争吵。与事先预料的相反，孩子们似乎对众多访客带来的小奖品和糖果不感兴趣，甚至玩具也被忽略一边：孩子们只是看了一会儿就放在一边不再理会，因为他们还忙于做其他事情。

上述观察在第一个儿童之家多次出现，在第二个儿童之家也得到了验证——4月7日在圣洛伦佐区开放的第二家[1]，也重复出现了这些不争的事实：孩子们的表现与之前人们习惯性描述的并不一样。

在这种教育氛围中，意想不到的事情发生了：在没有直接教授，没有针对性训练的情况下，一些年龄较大的孩子突然学会了阅读和书写，而且书写笔迹规整圆润，可能是长期摩挲那些磨砂字母的效果。好像不仅以前将那些活动字母拼成单词和短句的活动起效了，日常生活实践的活动也汇聚形成了促进孩子发展的合力，发生了一种蒙台梭利定义为"阅读和写作爆发期"的心理阶段，她就此写了大量学术文章。

自然地，这一结果吸引了许多媒体、学者和老师们的关注，人们讨论严重的地方性文盲率高的问题已经多年了（在意大利的翁布里亚大区等）。当蒙台梭利在孩子们身上发现了出乎意料的潜能时，可以想象她内心的激动——她不是老师，也无意于教学，孩子们也没有到学龄，却取得了这样的成就。

90

---

[1]　在很短的时间内其他的儿童之家就陆续开办起来，例如在圣洛伦佐区的康帕尼路55号和奥西路22号；特里翁法莱区（Trionfale）的佐丹奴布鲁诺路47号，在 R. 迪劳里亚大道；泰斯塔乔区（Testaccio）的亚美利哥·维斯普奇（Amerigo Vespucci）大街41号。这些建筑物上经常镶有纪念塔拉莫的大理石板，至今仍保留着那段记忆。在同一年，还有其他私人开办的儿童之家，目标对象是富裕家庭的孩子，以及宗教机构办的儿童之家。其中一家在罗马的普拉提卡斯戴洛区，这是一个资产阶级聚居区，靠近梵蒂冈城墙。1938年以后，固定资产研究所（Istituto dei Beni Stabili）将其中一些建筑捐赠给了罗马当局。参见 G. Honegger Fresco-L.Franceschini（编辑），(a cura di), *Ricordo di una Casa dei Bambini al Testaccio* (1914), "il Quaderno Montessori", VI, (1989-1990), n. 24, pp.101-111, Doc. VI. 不幸的是，那些第一批进行教学尝试的意大利老师们的名字已经遗失了。

通过培养孩子和验证个人的想法，她创造出全新的环境以便从中观察，现在发现这些贫穷的、以前连玩具都不认识的孩子们在那个积极自由的空间里变得活泼，动手能力强，表现出喜爱安静整洁的一面，与那些痛苦地生活在罗马精神病院的可怜孩子们有着天壤之别。孩子们内心旺盛的生命力像弹簧，像占卜者的杖，仅仅需要帮助他们找到力量之源。只是这些孩子有这样的表现，还是所有孩子都一样？在每一所儿童之家，蒙台梭利都表现出对"小主人"（她这样称呼孩子们）们同样细致的尊重：孩子们表现出的平和愉悦、勤劳、注意力和独立性、良好的社会化程度、写作和阅读的爆发式发展，都是在给予了充分的信任和自由之后得到的必然结果，就像我们今天所做的这样。

蒙台梭利迅速开始分析，想找出能够使孩子们表现出良好状态的"基石"：能够自由参加所有活动，每个孩子正在进行的工作都被尊重且不受干扰，在熟悉的环境中可以自己拿取需要的东西，但最重要的是，成人与孩子建立一种新的关系。

蒙台梭利在分析中获得了基本的结论：当孩子们对某项活动表现出强烈的个人兴趣时，他们就不会冥顽不化，也不需要成年人在旁不断地引导、纠正、刺激或打压。[1]

---

[1] 同样在 1907 年，另一位与蒙台梭利同龄的医生奥维德·德罗利（Ovide Decroly）根据对儿童的观察和心理研究在布鲁塞尔创建了一所学校。这所学校根据其第一个校址的名字命名为埃尔米塔什（*L'Ermitage*），学校布局有所不同，但同样基于对孩子的个性尊重的理念。该校于 1927 年搬到城市郊区的坎布雷·尤克（Cambre à Uccle）森林的边缘。这是一所世俗的和自由的学校，办学风格正如该校的校训："从生活中来，到生活中去"，为教育界提供了一种能在世界范围内应用的方法。

8. 儿童之家的支持者们

儿童之家取得的成就激起了人们的关注和热情，吸引了越来越多的访客，1907 年当年就有许多罗马贵族女士前来参观，甚至包括玛格丽特王后本人（regina Margherita）[1]。

玛格丽特王后参观圣洛伦佐区的儿童之家（1910 年）

---

[1] 萨沃伊王朝的玛格丽特王后，意大利国王翁贝托一世的遗孀，维多利奥·艾玛努埃莱三世的母亲。

在所有支持者中，最先意识到这种教育实践的创新意义的是爱丽丝·霍 92
尔加滕（Alice Hallgarten）。这位具有德国血统的女士 1874 年生于纽约，受过
良好教育，会说多种语言。

在国际化的环境中长大，爱丽丝与丈夫莱奥波多·弗朗凯蒂（Leopoldo
Franchetti）同样追求社会正义，并愿意将自己的财富和智慧用于改善贫民阶
层的生活。

强烈的精神追求促使她与现代主义者们交往密切，包括诸如唐·布里
齐奥·卡西奥拉（don Brizio Casciola）或福音派牧师保罗·萨巴蒂埃（Paul
Sabatier）[1]，后者是《旧金山的生活》（*Vita di San Francesco*）的作者，这在
当时是非常知名的一本书。弗朗凯蒂男爵是托斯卡纳人，参议员，也是最
早关注意大利南方问题的人之一。在墨西拿（Messina）和雷焦卡拉布里亚
（Reggio Calabria）1908 年 12 月 27 日的大地震发生两年后，意大利南部的种
种问题进一步暴露，于是在 1910 年，弗朗凯蒂与翁贝托·扎诺蒂·比安科
（Umberto Zanotti Bianco）、帕斯夸莱·维拉里（Pasquale Villari）、西德尼·桑
尼诺（Sidney Sonnino）、朱斯蒂诺·福图纳托（Giustino Fortunato）等人在罗
马成立了 ANIMI，总部地点位于蒙特乔达诺（Montegiordano）大街 36 号的
塔韦纳宫（Palazzo Taverna）[2]。

当选为机构主席后，弗朗凯蒂致力于儿童和成人的扫盲，特别是在卡拉
布里亚这一落后地区建设了许多小型学校。同时他的妻子爱丽丝在翁布里亚
大区的罗维利亚诺（Rovigliano），在新教育原则的基础上为农民子女开设了
儿童学校。这对夫妇在卡斯特罗市（Città di Castello）的自家别墅内开设了

---

[1]　关于卡西奥拉或萨巴蒂埃所做的具体工作可以参见 G. Honegger Fresco (a cura di),
Radici nel futuro. La vita di Adele Costa Gnocchi (1883–1967), la meridiana, Molfetta (BA), 2001,
pp.38 e 40, note 15 e 32.

[2]　正是在这座建筑中，阿黛莱·科斯塔·诺奇自 20 世纪 30 年代至 60 年代开办了一所
小小的儿童之家，称为"小学园"，对于罗马地区蒙台梭利教育的推广产生了很大影响，尤
其是针对 14 月龄到 3 岁阶段的儿童教育。诺奇 1883 年生于蒙特法尔科，1967 年在罗马去
世，是蒙台梭利的学生中最具创意和远见的人之一。在她生命的最后 20 年，诺奇为新生儿
和婴幼儿教育研究作出了很大贡献，并于 1947 年建立了 AIM，1960 年建立了 CNM。

"蒙特斯卡学校（La Montesca）"，并于 1909 年在那里接待了玛丽亚·蒙台梭利前来授课。这所学校是为年轻女性开设的一所与众不同的"人生准备学校"，设有农业、国内经济、卫生、社会科学、宗教历史、现代语言等课程。

93　　爱丽丝还设法使翁布里亚农民妇女特有的编织工艺更具价值，特别是那些美丽的翁布里亚棉布配上阿西西的刺绣以及更精细的亚麻面料，全都十分精美。她通过朋友们组织起一个宣传网络，使棉布产品[1]广为人知并进行出售，帮助编织手工艺者获利。学校最重要的合作者之一是费丽奇达·布鲁齐纳（Felicita Bruchner），是一位富有文化和才智［也是安东尼奥·佛加扎罗（Antonio Fogazzaro）的好朋友］的女性，出色的组织者和法律事务专家［根据卡西奥拉的建议，他们邀请的老师中有刚毕业的阿黛莱·科斯塔·诺奇（Adele Costa Gnocchi），在这里她与蒙台梭利第一次会面并参加了首次的课程］。

当时的教育创新之一还有"露天学校"[2]，自 1907 年起在市长内森的支持下开办于罗马贾尼科洛山上，以"健康、温和、充满阳光活力"为办学理念，意在保护儿童免受家庭中可能的肺结核传染。该校为孩子们发明了一种非常轻便的折叠桌式背包，使孩子们能够轻松离开教室去探索公园并进行各种户外活动，又不会影响学生通常听讲的模式。这一点正是蒙台梭利最喜欢的一个方面，她也像拉特一样对户外的自然生活充满兴趣。当蒙台梭利遇到弗朗凯蒂男爵夫人爱丽丝，她们之间马上建立了深刻的默契：两人都有明确的想法和决心，去寻求儿童教育的新模式。

弗朗凯蒂夫妇提供的帮助

爱丽丝为她的新朋友蒙台梭利提供了热情的支持：她与来自美国的记者谈论圣洛伦佐的经历，于是记者朋友开始在英美两国的教育杂志上撰文宣传，

---

[1]　参见上文提到的 1908 年阿黛莱写的信。在卡斯特罗市（Città di Castello），"翁布里亚纺织品"（Tela Umbra）工坊至今仍在生产这些传统产品。

[2]　G. Grilli, *La scuola all'aperto*, Tipografia Ditta Ludovico Cecchini, Roma 1911.1878 年首先在德国开办了这一学校，1896 年在意大利罗马开办。

爱丽丝也亲自写作。安娜·玛丽亚·马凯罗尼说，爱丽丝一开始就充满热情，带领丈夫去参观马尔西路的儿童之家，经过长时间的观察和听取了具体介绍后他说："你应该把看到的事情写下来！你如果去世了，所有的经验都会丢失的！"[1]

1909 年春天，弗朗凯蒂夫妇邀请蒙台梭利到他们幽静的罗马宅邸沃尔 94
康斯基别墅（villa Wolkonsky），写下儿童之家采用的教育方法。在伊丽莎白·贝勒里尼（Elisabetta Ballerini）的帮助下，蒙台梭利在 20 天内赶出了手稿，她亲切地称呼这位助手为贝蒂娜（Bettina），也就是她在为智力障碍儿童工作期间认识的学生。蒙台梭利将誊清的手稿用白色薄纸包裹着并系上一根白丝带交给弗朗凯蒂，男爵曾建议交由出版商勒舍（Loescher）出版；后来经过考虑，出版事宜委托给男爵本人熟识的一家手工艺企业，卡斯特罗市的拉比印刷（Lapi Tipografa）来进行。该企业可以完全按照蒙台梭利的要求来印制，而她的要求就是一个词都不要改。同年 5 月，该书以标题《应用于儿童之家的科学教育法》出版，书中以热情的笔调叙述了这份伟大事业的始末。该书的扉页上写着：献给弗朗凯蒂夫妇。

8 月，这对夫妇邀请蒙台梭利来到蒙特斯卡学校，同时还有一些年轻女士也与她一起工作，因此她可以向那些对自己的经历感兴趣的人授课。1909 年的第一次夏季课程结束时学校设置了考试，除了经常参加课程的房屋主人夫妇俩外，还有 61 位学员和 9 位旁听生参加了笔试。在这些学生中，有直接参与蒙台梭利工作的贝蒂娜，不幸的是她后来很快死于肺结核；马凯罗尼；特莱西娜·蓬丹皮（Teresina Bontempi），瑞士意大利语区的幼儿园督学[2]；乔

---

[1]　A. M. Maccheroni, *Come conobbi Maria Montessori*, cit., pp.49-50. 有一本名为《科学教育学课程》的 68 页的小册子，印制小巧，里面有一张马凯罗尼在蒙特斯卡别墅花园中的照片。"Mac"（马凯罗尼的昵称）是圣洛伦佐儿童之家开办的过程中，蒙台梭利的首位学生。

[2]　关于蓬丹皮，索尔杰曾对我说她"改变了蒂奇诺（Ticino）地区幼儿园的名字，却没有改变教育工作的实质。"蓬丹皮还曾参加过 1913 年由日内瓦卢梭（J. J. Rousseau）研究所在克拉巴莱德(Claparède)开办的一次蒙台梭利课程。详情参见格拉齐亚·奥涅格·弗雷斯科（G. Honegger Fresco），*Ricordare Maria Montessori a 125 anni dalla nascita*, in《Verifiche. Periodico di politica scolastica》, XXV, 5 maggio 1995.

瓦娜（Giovanna）和玛丽亚·范切洛（Maria Fancello）姐妹在罗马（蒙特维德地区）开办了一所儿童之家，甚至接收残疾儿童；罗拉·孔杜马里（Lola Condulmari），后来在米兰的公共部门工作到 20 世纪 30 年代；阿黛莱·科斯塔·诺奇（Adele Costa Gnocchi），后来开始了对新生儿的研究。

从 1909 年开始，蒙台梭利教育事业迎来了越来越辉煌的成功：在某个笔记本的两页笔记中，她记录了来访者中一些杰出人物的名字：

　　1910 年 1 月 6 日至 7 日：今天取得了巨大的胜利：市长，奇亚拉维格里奥（乔利迪家族），然后（7 日）玛格丽特王后来访。

1912 年，《方法》（译注：全称为《蒙台梭利教育方法》）第一版的英译本开始在英格兰和美国发行。1909 年第一个到达北极的美国探险家罗伯特·皮亚里（Robert Peary）评论说，需要讨论的不是"新的教育方法"，而是"发现人类灵魂"。其他译本也紧随其后：1913 年以俄文、德文和日文出版，同时第二版在意大利出版；在 1914 年在罗马尼亚出版，1915 年在西班牙和荷兰出版。儿童之家几乎在全世界遍地开花：1910 年在法国；1911 年在德国、比利时、澳大利亚；1912 年在英格兰、苏格兰；1913 年在俄罗斯都先后建立起来。在美国，感官教育机构几乎立即大面积铺开，到 1915 年已经有大约 100 所儿童之家了。

自 1913 年以来，欧洲北部地区的蒙台梭利教具都是由伦敦的菲利普·翠西公司（Philip & Tacey）生产，1915 年后由柏林的约翰·缪勒公司（Johannes Müller）生产，他们与蒙台梭利建立了直接联系。"在 1909 年至 1914 年之间，在英国，尤其是美国，足足有多达 200 篇有关蒙台梭利现象的研究发表，包括文章和书籍等。"[1]

意大利儿童之家的数量也显著增加了：不再仅仅是建立在人口稠密地区（圣洛伦佐、泰斯塔乔、特里翁法莱）的那些低微但体面的小学校，其他地产公司也仿照塔拉莫的模型进行建造。市政当局在位于佩斯凯里亚区

[1] V. P. Babini, *Maria Montessori: biografia o autobiografia?*, in "Intersezioni" XV (1995), pp.171-175. 在这篇文章中，巴比尼对"蒙台梭利所受的科学教育和她的一些研究发现的溯源"进行了补遗。

（Pescheria）的圣天使路（Sant'Angelo）的古老犹太社区和现已不再存在的卡特纳路（Catena）的贫民区各开设了一家。玛丽亚·蒙台梭利在建设中给出了一些新的指导意见，简明而权威，人们从中看到了一条引向儿童共同福祉的道路并都希望从中受益。因此，在罗马富裕资产阶级社区附近也出现了儿童之家，其中的家具和物品仍然保持简洁的风格，方便孩子们充分参与对环境的维护。（像在圣洛伦佐一样，富裕社区的儿童之家中也是不同年龄的孩子们在一起生活，但是要实现将不同社会背景的孩子们聚在一起的想法还有很长的路要走。）

在米兰拓展蒙台梭利事业的初期情况

与此同时在米兰，人道主义协会（la Società Umanitaria）[1]在新修建的公共建筑中开设了一些儿童之家：第一家于1908年开设在安德里亚·索拉里路54号，由安娜·玛丽亚·马凯罗尼进行了为期两年的指导[2]；第二家是由安娜·费德利（Anna Fedeli）[3]在罗托莱区（今天的伦巴第大道）开设的。最开始时还没有配备感官教具，但在儿童之家内仍然创造了自由和倡导生活实践教育的气氛：孩子们可以洗涤、打扫、除尘、整理碗碟、绘画、切割东西，

---

[1]　人道主义协会是一家成立于米兰的世俗机构，总部位于圣巴纳巴路和达维里奥路之间。该组织由普洛斯彼罗·莫伊塞·罗利亚（Prospero Moisé Loria）于1893年倡议，由奥古斯托·奥西莫（Augusto Osimo），奥斯瓦尔多·维亚尼（Osvaldo Viani），路易吉·马伊诺（Luigi Majno）和后来的里卡多·鲍尔（Riccardo Bauer）等知识分子和政治家创立，此后开展了广泛而具体的社会和文化服务活动，为儿童、妇女和工人组织了学校、剧院活动、手工艺活动和各种艺术活动等。

[2]　A. M. Maccheroni, *Come conobbi Maria Montessori*, 同上，特别注意第3章和第5章。

[3]　安娜·费德利于1885年出生在塞尼加利亚（Senigallia），后与蒙台梭利家关系非常亲密，是她将莉娜·奥利维罗（Lina Olivero）介绍给蒙台梭利的。她在1920年在特雷维西奥（SO）死于肺结核，毕生为事业忙碌。蒂奇诺人玛丽亚·博斯凯蒂·阿尔贝蒂（Maria Boschetti Alberti），尽管相距较远，也为蒙台梭利教育作出了很大的贡献，改变了多班教学方式。参见 R. Mazzetti, *Maria Boschetti Alberti oltre la Montessori e Lombardo Radice*, Armando Editore, Roma 1962, p.57 及后续页。

不断重复这些可以培养注意力和社交能力的活动，马凯罗尼还引导孩子们"感受"音乐，进行身体的节奏律动。那些经过科学设计的教具特别吸引孩子们，因此人道主义协会在 1910 年前后向一些有兴趣的工人和工匠订购，他们在自己的工坊中生产米兰和其他地方的儿童之家需要的教具。

在意大利，蒙台梭利运动的另一股强大推动力来自一位贵族女士玛丽亚·古里耶里·冈萨加（Maria Guerrieri Gonzaga）（嫁给了克莱门特·马拉伊尼勋爵），大家都称她为"玛丽亚女士"，她与蒙台梭利建立了深厚真挚的友谊，在一生中以多种方式帮助过蒙台梭利。这两位玛丽亚和爱丽丝·弗朗凯蒂是在 1908 年的妇女代表大会上相识的。

在与人道主义协会合作之后，正是马拉伊尼在曼托瓦省找到了第一批意大利教具制造商冈萨加家具公司（Bàssoli di Gonzaga），在批量生产前他们先在蒙台梭利的直接指导下做出了样品：她希望这些教具是完美的，并且在尺寸、颜色和样式方面具有科学的准确性，从而真正具有说服力，并且对儿童有用。马拉伊尼在冈萨加附近的帕里达诺拥有一些地产，自 1907 年开始就在那里为农民的孩子们开办了儿童之家（才华横溢的埃达·玛格纳加利开始时曾在这里任教）；另一所儿童之家则开在罗马，其中有她自己的孩子和其他孩子[1]，她在这里度过一年中的大部分时间。在 1917 年第一次世界大战最黑暗的时刻，她在帕里达诺慷慨接收了 150 名卡波雷托流离失所的孩子（战事让他们无法返回家园），并为他们组织了基于蒙台梭利教育理念的机构和小学校。

这些朴素的新闻可以使我们看到儿童之家在当时的社会中迅速得到肯定和发扬的情景，这也要归功于师资培养的不懈努力，蒙台梭利很快就意识到这部分工作是重中之重并热情地推进，但从未忘记她与塔拉莫之间的合作。塔拉莫因在建筑业取得的成绩被提名为参议员，但几年后他似乎抱怨蒙氏的

---

[1]　在这些被玛丽亚女士保护的孩子中有她自己的教女艾尔莎。艾尔莎曾经居住在塔拉莫建造的亚美利哥·维斯普奇大街 41 号内，但后来在诺曼塔诺区德罗西路上的别墅内度过了生命的大部分时间。艾尔莎后来有了姓氏莫兰特，并成为意大利当代最受欢迎的女作家之一（Elsa Morante）。

名气掩盖了他的项目的重要性：也许因为这个原因，他们之间的合作协议在
1910 年圣诞节前后结束了，但蒙台梭利从未忽视塔拉莫的贡献。在 1916 年塔
拉莫去世后，泰斯塔乔区的亚美利哥·维斯普奇大街 41 号的建筑上悬挂了一
块纪念牌匾，正好在那里的儿童之家门口，蒙台梭利用这些话纪念他：

> 爱德华多·塔拉莫所建造的这些带有福利设施的房屋使泰斯塔
> 乔的居民们受益良多，我们感恩，并希望您以仁慈的智慧建造的作
> 品永存。

在特里翁法莱区乔达诺布鲁诺大街 47 号的综合建筑上也有一块类似的
牌匾。

除了获得许多肯定和不断取得的成功之外，蒙台梭利在这一时期也遭受
了惨痛的损失：首先是助手贝蒂娜死于肺结核，然后是爱丽丝于 1911 年也因
肺结核在瑞士疗养院中过世；弗朗凯蒂本人承受着丧妻之痛以及卡波雷托战
役所带来的难以忍受的耻辱，于战败前夕自杀，在遗嘱中将名下的所有土地
留给了在那里劳作的农民。

9. 插曲

在蒙台梭利依靠圣洛伦佐的成功声名鹊起时，维也纳的弗洛伊德正在研究梦和潜意识，克里姆特（Klimt）赋予了他非凡的画作以生命力，舍恩贝格（Schönberg）克服了音调系统的等级结构，俄国的康定斯基（Kandinskij）确定了可见光的形式，托马斯·曼的《布登勃洛克一家》（*I Buddenbrook*）在德国出版，爱因斯坦在瑞士开启了相对论的研究，法国的莫奈画了《睡莲》，毕加索完成了《亚威农少女》，普鲁斯特开始了《追忆似水年华》的创作，卢米埃兄弟发明了电影，瑞典人诺贝尔刚刚设立了这一著名的同名奖项，挪威的阿蒙森第一个到达南极点，芬兰、瑞典和挪威成为首批赋予妇女投票权的国家。

这些例子足以说明当时的世界正以令人眼花缭乱的速度发生着变化，人们对新生事物和进步思想充满渴望。然而像每个时代一样，那时也不乏医学的发现和发明、对自由的向往，还有暴政和镇压、残酷的战争、贫穷和疾病。在人类历史的每一步中我们都可以注意到，个人带来的创新其实也是集体的成熟，思想的融合，知识的耐心积累，其他个人或团体流露出的灵感和直觉形成合力的结果，最终或多或少彻底地改变了集体的生活方式。

蒙台梭利与同事们一起作为新教育师范培训的推动者，有突破陈规的大胆思想所滋养的女权主义者，并拥有像安吉洛·切利或乌戈·皮佐利这样具备新思想的学生或朋友的启发，毫无疑问，她大胆拥抱着充满新思想的时代，沉浸在儿童教育的世界。从追随德·桑克提斯或邦弗利对那些可怜的"文化盲者"给予关注开始，逐步推动伟大和勇敢的变革。

蒙台梭利对新的教育方向非常感兴趣，并且与俄罗斯作家托尔斯泰的热心支持者爱丽丝·霍尔加滕保持着友谊，但她还是无法读到托尔斯泰的

著作，只是知道他从 1859 年至 1862 年开办过一所小学校，位于距莫斯科　99
200 公里的小镇图拉附近。在这里，托尔斯泰实践了自己的教育理念，包
括避免对孩子施加任何约束，放弃在严格的规则和职责体系里扭曲自己的
性格，允许孩子们只研究自己感兴趣的东西。这种方法摒弃了 19 世纪下
半叶俄国学校教育制度所依据的世俗原则，不仅引来了那些正统思想的批
评，他们对这种危险的福音派社会主义形式表示担忧；而且还有东正教教
会的敌视，他们仿佛从这种理念中看到了异教徒的苗头，最终导致托尔斯
泰被逐出教会。

　　托尔斯泰的女儿之一塔佳娜（Tat'jana），仿佛是列宾（Il'ja Repin）1893
年的作品中穿着优雅黑色礼服的年轻女子，对蒙台梭利的教育事业产生了浓
厚的兴趣，并意识到父亲所开的学校与此相关的深远联系。1914 年塔佳娜前
往罗马与蒙台梭利见面，会面后她写道：

　　　　蒙台梭利所走的道路就是自由之路。她基于自己的知识设计出
　　的教具是科学的。她不懈努力的方向是受爱的指引。尽管她从未读
　　过我父亲的教育著作也不认识他，但她的许多结论与我父亲是一
　　致的。[1]

　　塔佳娜将蒙台梭利的所有作品带回俄国，后由波斯雷德尼克（Posrednik）
出版社出版了《蒙台梭利及其新教育》一书，该出版社已经出版过托尔斯泰
的多本著作。后来经常有研究将两位思想家的教育理念进行比较。[2]

　　从"思想与行动协会"时代起，蒙台梭利就知道弗朗西斯·费雷尔·瓜
迪亚（Francesc Ferrer i Guàrdia）。费雷尔于 1901 年在巴塞罗那建立了"现代
学校"（Escuela Moderna），通过这种世俗和反军国主义的方式将男孩和女孩，
穷人和富人汇聚到同样的班级中：一所没有奖励或惩罚的"理性"学校，孩
子们可以自由参加活动，学校还教授个人卫生方面的内容，这在当时的学校

---

[１]　T. Tolstoj, *Anni con mio padre*, prefazione di Daniel Gillès, Garzanti, Milano1978, p.70.

[２]　关于这两种教育体现的综述可以参见俄罗斯教育家的文章 S. Hessen, *Leone Tolstoj Maria Montessori*, Casa editrice Avio, Roma 1954.

100 教育中是被普遍忽略的。[1] 费雷尔为学生们选取的阅读内容——他仔细地甄选，并毫不犹豫地前往英国寻找最新的出版作品以便了解现代教育学的最新成就——采用了法国无政府主义者让·格雷夫（Jean Grave）的译本，和由安塞尔莫·洛伦佐·阿斯佩里拉（Anselmo Lorenzo Asperilla）创作的《诺诺历险记》（*Les Aventures de Nono*）[2]，后者被称为"西班牙无政府主义者的前辈"，并受费雷尔邀请与现代学校附属的出版社合作。5 年后，仅在西班牙就已经有70 所学校受到他的教育原则的启发而开办［其中一所在米兰，由路易吉·莫利纳里（Luigi Molinari）开办，他是反对所谓的"德国社会主义"[3] 的无政府主义者著名代表］。由于政府的迫害加上资产阶级和教会的反对，费雷尔在所谓的"悲剧星期"因虚假指控而入狱，并于 1909 年被枪杀。在这位无政府主义者被捕之际，"思想与行动协会"的女士们发出呼吁要求释放他，"我们对迫害弗朗西斯·费雷尔感到愤怒，对反对进步的教会感到愤怒……我们反对西班牙政府和教权主义的行为。"[4]

托尔斯泰和费雷尔倡导的理念在整个欧洲引起了巨大反响——并不仅仅指在资产阶级和教会阶级的大部分人士中间引起了强烈的反感——也很有可能影响到了蒙台梭利，她反对任何对孩子们严格束缚的教育态度，无论他们是健康的还是有缺陷的；以及在教育领域中对现实进行任何形式的神秘化。她一定很欣赏与弥漫在教育中的种种虚伪所做的斗争，这些虚假的行为与教育本应达到的目标相去甚远，那就是，为达到社会平等和多样共存对孩子们进行真正的训练。

就这一点而言，比起人们常常追溯的卢梭的思想，蒙台梭利其实与维多

---

[1] 关于西班牙教育情况的介绍，尤其是加泰罗尼亚地区的，以及蒙台梭利在巴塞罗那实施教育方法的介绍，可参考 M. Grifò, *Maria Montessori e la Catalogna. Pedagogia sperimentale e interazioni sociali a Barcellona nel decennio 1913—1923*, in《Rivista Italiana di Studi Catalani》, 8 (2018), in press.

[2] P.-V. Stock, Paris 1901.

[3] Cf. N. Dell'Erba, *Molinari, Luigi*, in《Dizionario Biografico degli Italiani》, vol. 75 (2011), *ad vocem*.

[4]《L'Alleanza》, n. 30, 26 ottobre 1906.

利诺·达·费尔特雷（Vittorino da Feltre）的思想更为接近。维多利诺是生 101
活在 14 至 15 世纪之间的文化大师，曾在冈萨加创建了著名的快乐之家宫廷
学校。他的教育方法要求老师们对孩子的个性发展充满耐心和爱心，拒绝采
用体罚，这种教育方法被认为是教学实践中决定性范式的转变，有人称赞他
"是促成欧洲教育史决定性转折的最有效率的人物。他不仅创造了在当时是完
全原创的教学方法，甚至开创了整个西方学校的新视野。"[1] 无论是贵族子女
还是贫民儿童，无论男女，来自众生平等的启发构成了维多利诺[2]人文主义
的特征。这一思想特征将维多利诺和蒙台梭利这两位在历史长河中相距遥远
的人物联系在一起，他们对人类生性的善良和能力给予了充分信任，对个体
怀有宗教般的尊敬，不以审视的眼光对待人，尤其是对最幼小的孩子。

　　怀有面向未来的开放心态，玛丽亚·蒙台梭利非常乐于接受当代的所有
新思想：她吸收它们，表达它们并重新阐述它们。蒙台梭利在教育领域的选
择与任何意识形态取向、任何先入为主的构想无关，以便最大程度地接近通
过观察儿童的自发表现而获取的唯一真理。

　　有人认为，除了在蒙氏的实证主义思想塑造过程中帮助过她的那些知识
分子之外，在她的著作中所参考的其他人的思想常常被故意隐藏或者表达模
糊。但从《方法》到《孩子们的精神世界》，其实不乏经常提及其他作者的
内容。

　　当然在有些作品中并没有明显地注明"引用"，但或许是因为那些作品本
身不是系统性的著作，大部分是会议发言的重新整理。在《方法》中——完 102
全由蒙台梭利亲自修改并于 1950 年再版，标题为《发现孩子》——引述了塞
尔吉（Sergi）、温特（Wundt）、比奈（Binet）等人的思想，当然还有伊达和

---

[1]　C. Vasoli, *Vittorino e la formazione umanistica*, in N. Giannetto, *Vittorino da Feltre e la sua scuola: umanesimo, pedagogia, arti*, Olschki, Firenze 1981, p. 15.

[2]　关于维多利诺可参见 G. Honneger Fresco, *L'amabile insegnamento da Vittorino da Feltre (1373 o'78—1446)*《il Quaderno Montessori》, XVII (2000), n. 65, Doc. XXXIII, pp.65-80. 现
在所知的并没有这位伟人的画像，但学者们认为曼托瓦婚礼仪式厅壁画上戴着黑色发巾的
人是他，因为受人爱戴，他被选为代表出现在婚礼仪式中。

塞甘以及教育家卢梭，后者曾说自由如果不经实现就是空谈。

研究蒙氏个人思想的形成，例如了解她喜欢的读物是很有趣的。她的著作中许多引用很可能是间接的，因为除了会一些法语外，蒙台梭利掌握的其他外语均未到能阅读专业文本的程度。但启发她的灵感真正来源的问题是次要的，因为很难在过去或者当代的作者中确切地找到他们的出处。蒙台梭利并不是属于某个特定学派的科学家，《方法》中的一段话有助于帮助我们理解她的立场：

> 科学家不是单纯摆弄仪器的人，而是自然的信徒……培养教师们的教育比机械的科学教育更重要，要激发他们对自然表现形式的兴趣，使他们成为自然精神的诠释者，就像尽管人们有一天学会了拼写，仍可以通过美术作品来了解莎士比亚，歌德或但丁的思想。[1]

简而言之，真正的科学家并不是基于学习作品中描述的自然，而是基于生活中经历的自然。

有理由相信，在印度的科代卡纳尔（Kodaikanal）度过的时期为她打开了意想不到的迷人视野，但在缺乏适当的文化辅助的情况下，我们难以确定她对如此复杂而又陌生的悠久文化的实际理解程度。蒙台梭利那段时期的作品中有受到新的文化影响的客观印记，借此重申普世平等的主张和实现世界和平的可能性。但是否像许多人猜测的那样，她的教育理念在印度发生了某种神秘的变化是难以定论的。如今，她的思想也早已融入恒河流淌不竭的智慧中。

---

[1] *Il Metodo*, cit., pp.10–12.

10. 1907 年之后：出版书籍、参加会议、旅行讲学……以及蒙氏小学的建立

圣洛伦佐的儿童之家开办后，蒙台梭利继续开展的教育经历很难用几句话简单概括。1908 年墨西拿和雷焦卡拉布里亚附近的地震造成 10 万人死亡，数千名孤儿被安置到各个城市的宗教机构中，包括罗马玛丽亚圣方济各会修女院（Francescane Missionarie）。在玛格丽特王后的帮助下，这里建立了一个儿童之家。蒙台梭利在 1951 年回忆道：

> 那时，我已经退出了在圣洛伦佐的第一所儿童之家……面对那些弱小可怜的，既无家庭也无姓名的孩子们的心理创伤……我们决定先尝试一些其他手段，而不是在圣洛伦佐所用的方法。我们来到了一处漂亮的花园，修女们在那里专门种植了一些花草，并进行家庭式的重建，让孩子进行生活实践。该办法成功地帮助这些被灾难打击的幼小灵魂成熟起来，给他们的生活重新带来了宁静、欢乐和生活的乐趣。在此之后，我们就可以使用以前在圣洛伦佐儿童之家的方法来发展孩子们的智力了。[1]

前文中我们已经提到过，蒙台梭利与塔拉莫的合作关系并未持续很久，但她灵活的才智使她无论身处何处，都随时准备将自己的培养指导适用于儿童的具体需求。

朱斯蒂路（via Giusti）修道院（即前文的修道院）的孩子们开展的活动中，值得注意的一点是修女们认为"生活实践练习"不仅是纯粹的教学手段，

---

[1] M. Grazzini, *Sulle fonti del Metodo Pasquali-Agazzi e altre questioni*, Istituto di Mompiano, Centro studi pedagogici Pasquale Agazzi, Mompiano (Brescia) 2006, p. 499. 在这篇文章中作者探讨了究竟是谁发明了实践生活练习的方法（同前，478 页和 495 页）。

更是为那些失去了家庭维系的孩子们重新构建"生活"的心理契机。

104 　　因此，我们在这个修道院看到了与在圣洛伦佐运用的"练习方法"非常不同的内容，在《方法》中将其描述为纯粹的个人卫生活动，可以帮助来自那些非常贫困家庭的孩子建立起初步的卫生意识。

孩子们正在洗盘子，朱斯蒂路儿童之家（1910 年）

"请帮我，让我能自己做！"

　　在马尔西路的儿童之家，孩子们在进行个人清洁之后就穿戴上特制的小围裙。为了促进孩子们的独立性，蒙台梭利在围裙正面缝上纽扣，这样一旦孩子们能力达到，就可以自己穿戴和扣扣子。在老师的指导下，孩子们照管环境中的秩序，以使一切物品都安放地整洁无误，并在需要时自己进行整理和修正。通过这种方式，他们自然而然地学习到了得体的举止，并且通过"优雅和礼貌"的练习学会了打招呼，在房间里走动，帮他人传递物品等。

显然，这些活动在今天已经失去了培养卫生习惯的初衷，但鉴于 2 至 4　105
岁的儿童会表现出强烈的照顾自己、环境和他人的兴趣，因此现在仍然开展
这些活动。尤其是与水有关的项目，家庭中经常禁止孩子们玩水，但在儿童
之家却受到极大的鼓励，因为玩水是培养儿童能力和帮助自我控制的重要源
泉：可以让躁动不安的孩子安静下来，激发犹豫害羞的孩子，有助于帮助集
中精力和培养独立性。水是一所间接学校，玩水可以丰富孩子们的想法，并
为更复杂的活动作好准备，因为复杂的活动如书写等，都需要具备更精细的
动作能力。[1]

在朱斯蒂路的修道院里，主
要是安娜·玛丽亚·马凯罗尼与
孩子们一起活动，同时对修女们
进行指导。

收留的孤儿们为蒙台梭利提　106
供了新的教育尝试机会，她可以
在同一个机构内开设倍受欢迎的
"幼儿教育理论实践课程，开设课
程出于她自己的愿望，也感谢玛
格丽特王后的赞助。"[2] 当时共有
40 名 3 至 5 岁的孩子，以及外面
家庭送来的孩子（这些家庭每周支
付 10 里拉的费用）在修道院中。

课程吸引了来自不同团体的
女性们参加，包括 12 位本院的修
女，100 位左右资产阶级和贵族女

"请帮我，让我能自己做！"20 月龄儿童可
以自己剥杏仁

---

[1]　因此，今天所谓的"生活实践"不应该局限于那些因为不断重复相同内容而最终变得
无趣无聊的活动，而是应根据明确的分类标准精心准备，内容上做出一些变化。活动应当
从简单到复杂，适应当地文化，并在孩子们兴趣减弱时进行改变。

[2]　课程的注册邀请函原件，现保存在罗马的蒙台梭利圣方济各会修道院档案馆中。

孩子们在露天晾干碗碟餐具，朱斯蒂路修道院（1910 年）

士以及来自美国的 150 名成员。蒙台梭利每周为她们上 3 节课，讲授儿童人类学和科学教学法的内容。

107　　　该课程于 1910 年 4 月 10 日启动，在学习了一个月的理论课之后要进行实习观察，实习是在蒙台梭利的第一批 2 名学生：玛丽亚·范切洛（Maria Fancello）和安娜·费德利的指导下进行的。几个月后学员们参加了最终的考试，并有 300 多人取得了毕业证。[1]

　　从 1900 年到 1904 年，蒙台梭利同时还在罗马大学讲授人类学。在 1910 年，"感谢弗朗凯蒂先生的辛勤整理"，瓦拉尔第（Vallardi）出版社出版了将近 500 页的厚重作品《教育人类学》，在《方法》[2] 一书中已经宣布过该书的

---

[1]　这一数字是根据伊莎贝拉修女和另一位同会修女 1967 年 3 月的一份手写记录得出的，她也是当时孤儿们的老师。

[2]　*Il Metodo*, 1909, cit., p.8.

标题。作者在序言中写道：

> 感谢我的导师朱塞佩·塞尔吉教授，他劝说我将人类学研究转到学校后又聘请我做该学科的专业教师，我原本在自然科学与医学系的自由教职也在他的建议下被罗马大学的教育学系正式聘任。[1]

这本新书还献给父母"和谐婚姻的 45 周年之际"，是"他们启发我爱与善的果实"。书中展示了最新的一些调查结果，并补充了非常准确的数据、图表、文档和图像。还有在儿童之家中对儿童行为的观察，现在已经有了很多记录资料。但是，由于她对儿童行为中的发现进行进一步研究的渴望和对成人教育的投入使她最终放弃了先前进行过的一些研究。像蒙台梭利其他的前期作品一样，这本《教育人类学》很快完成了其历史价值并不再重印（西班牙语和英语版本也是如此），即使书中仍有许多值得研究的内容。其中一些思考文字有助于澄清这位教育学家思想的关键点：

> 决定人类学的东西也是决定所有实验科学的东西：这就是方法。将自然科学中已经明确定义的方法用于研究有生命的人，提供了我们正在寻找的科学结果。该方法的应用带来了惊喜，促进了我们对真理的研究。如果一门科学不是针对内容而是实验方法，那么它就可以被准确地称为实验科学。[2]

108

渐渐地，蒙台梭利也开始脱离大学教职。1909 年她已经向教育部长路易吉·拉瓦（Luigi Rava）请求休假一段时间；1910 年也没有继续上课，而是出示了医疗证明需要继续休息。繁重的工作使她感到非常疲倦，较低的工资也迫使她向新任教育部长爱德华多·达尼奥（Edoardo Dàneo）提出请求，希望考虑到她取得的成绩给予特别休假和 250 里拉的补贴以前往气候适宜的地方休养。1911 年她在笔记中写道："为那些被忽视的教师们开设课程。"或许那时蒙台梭利的目光已经看向了更远的地方。

----

[1]　教育系由文学系的教育学教授路易吉·克雷达罗于 1904 年组建。除了蒙台梭利外，塞尔吉、桑克提斯和乔瓦尼·真蒂莱都曾来此授课。

[2]　M. Montessori, *Antropologia Pedagogica*, Vallardi, Milano 1910, pp.18-19.

1912 年蒙台梭利由于健康原因提出继续休息的想法，虽然她知道自己需要回校上课，新教育部长克雷达罗（Credaro）也在敦促她。因为蒙台梭利的请求有些超出常规，最终由副部长皮耶罗·贝托利尼（Piero Bertolini）出面协调，他是"玛丽亚女士"的姐夫和前教育部长。但蒙台梭利似乎已经决定放弃此前曾为之奋斗的卫生和人类学系教职，她在另一篇文章中写道："这些大门的关闭是天意，因为会带来其他方面的进步。"言词中再次流露了她乐天的性格和求变的思想。于是她再次拥抱了不同的方向，完全致力于国际成人教育事业。到 1919 年，蒙台梭利与师范女校也停止了所有合作。

蒙台梭利思想在美国的传播

在 1910 年以及次年朱斯蒂路修道院开办的课程后，同时得益于爱丽丝·霍尔加藤热情的宣传文章，圣洛伦佐儿童之家的名声开始在国外传开，尤其是在美国。当然，蒙台梭利和她的思想在国外享有盛誉的大部分功劳应归于安妮·乔治（Anne E. George）。

这位女士在美国"幼儿花园"运动中已被大众所熟悉。她于 1910 年在罗马的课程中获得了蒙台梭利颁发的文凭，后又参观了若干个儿童之家，最终成为蒙台梭利最亲密的合作者之一。后来她们在蒙台梭利家会面，一起进行讨论和研究。[1] 安妮回美国后，于 1913 年首次在纽约塔里敦（Tarrytown）开办了第一所儿童之家，并将《方法》译成英文。该书于同年 4 月由斯托克斯出版社出版，题为《蒙台梭利教育方法》。书籍出版后很快重印，5 000 册仅在 4 天内就销售一空，接下来的 2 次重印也是如此。

[1] 到蒙台梭利家中参与讨论的有安娜·玛丽亚·马凯罗尼，安娜·费德利，玛丽亚·范切洛，伊丽莎白·巴莱里尼和莉娜·奥利维罗；在国际课程开办后，又逐渐加入了几名美国女性如安娜·乔治，阿黛利亚·派尔，后者被昵称为黛利亚（Delia），来自纽约的一个富有家庭，后来逐渐成为蒙台梭利最喜欢的课程翻译直到 1917 年。之后黛利亚决定追随彼奥神父（padre Pio），在圣乔瓦尼·罗东托（S. Giovanni Rotondo）教堂进行潜心修行，做了很多低微的奉献的工作，1968 年去世。

次年 5 月，蒙台梭利在《麦克卢尔杂志》（*McClure's Magazine*）上发表了一篇有关儿童之家中有关"主动纪律"的文章。在那一年，蒙氏教育学校在英国、印度、中国、韩国、墨西哥、阿根廷和火奴鲁鲁纷纷建立。而在圣彼得堡，早在 1913 年就有蒙氏学校开办。蒙氏教育在那时已经受到全球的热烈追捧。

那段时间她的私人生活中发生了什么？

在 1911 年 9 月，蒙台梭利仍然与家人一起住在维多利奥·艾玛努埃莱大街（corso Vittorio Emanuele）229 号，距离努瓦教堂（Chiesa Nuova）[1] 几步之遥。那年年底，蒙台梭利一家搬到了克洛蒂尔德公主路（via Principessa Clotilde）5 号的宽敞公寓里，可以俯瞰人民广场（piazza del Popolo）。搬到更负盛名的街区更宽敞的房屋中，似乎表明蒙台梭利的财务状况确实得到了改善，当然也得益于她通过众多课程和作品版权（以及各种外语版本）所获得的收益。1913 年 1 月，蒙台梭利的第一次国际课程开始了，报名入学的人数甚众。她原本打算在家中开课，但是一场生离死别打消了她的教学热情。

110

12 月 20 日母亲去世，享年 72 岁。蒙台梭利深受丧母之痛的打击。只有借助马凯罗尼的一些回忆，我们才能够去一窥这位科学家深藏于心底的感情。蒙台梭利与母亲的关系非常亲密，比与父亲的感情还深，从母亲去世后她长年穿着黑色或深色衣服就可见一斑。只有

亚历山德罗·蒙台梭利，80 岁左右。（Vignes 图片社，阿梅德奥王子路 23 号，罗马）

---

[1] 一封由帕奥拉·佩斯（Paola Pes）寄给蒙台梭利的信上提到了此事，该信保存在 AMI 的蒙台梭利档案馆中。档案馆负责人卡罗琳娜·蒙台梭利女士向我介绍了这封信的存在。

在 70 岁去往印度之后，她才开始穿白色的衣服。

母亲去世后，蒙台梭利立即将儿子接到自己身边，母子俩都希望生活在一起。马里奥已经是一个健壮的少年，活泼又敏感，一直希望真正认识这位他从小记得常来看望他的美丽女士。现在，这个家庭再次由 3 个人组成，父亲亚历山德罗仍然和他们生活在一起，但年事已高。

111　　在如此短暂的时间内发生了一连串重大变故，但蒙台梭利没有时间和精力去理清自己的感情。课程开课在即，蒙台梭利证明了她拥有极强的韧性和忍耐力来接受自己所经历的一切，并设法维持住了先前的工作安排。

课程的开始时间是 1 月 15 日。参与者来自五湖四海，男性人数很少。课程内容从一开始就引起了极大反响，玛格丽特王后也参加了其中的一次课，王后到访私人住宅是绝对不寻常的。课堂翻译任务委托给安妮·乔治或海伦·帕克赫斯特（Helen Parkhurst）或两人共同承担。[1]

1916 年蒙台梭利的第三本书《小学阶段的自我教育》出版，她在书中表达了对自己的第一批学生（马凯罗尼和费德利）的感激之情，然后为自己开展的活动所具备的国际特色感到自豪：

该书[2]被翻译成以下语言：英语、法语、德语、俄语、西班牙语、加泰罗尼亚语、波兰语、罗马尼亚语、荷兰语、日语和中文。在意大利先后开设了以下师资培训课程：1909 年，在卡斯特罗市弗朗凯蒂男爵家中第一次开课，共有 90 多名教师前来参加；在罗马（1910 年和 1911 年）朱斯蒂路的圣方济各会修道院举行了两次课程，修女们慷慨地接纳了孤儿们并建立了一个示范性的幼儿园，在那里举行的两次课程得到了玛格丽特王后和一些罗马贵族女士的支持；由市政当局组织在罗马举办了两期课程（1911 年和 1912 年）；在玛

---

［1］　海伦·帕克赫斯特自 1904 年以来有过各种各样的学习经历，她于 1911 年在罗马参加了蒙台梭利的课程，非常受蒙台梭利的赏识，后者亲切地称其为"我的小雏菊"；同时她也是一位出色的翻译。帕克赫斯特曾于 1916 年和 1917 年在美国实践了第一批蒙台梭利课程，后踏上了自己的发展道路。

［2］　此处指《方法》一书，其中"自我教育"的部分认为这是一种成长的自然延续。

格丽特王后的赞助和"蒙台梭利全国委员会"[1]的主持下，在罗马又进行过两次国际课程（1913 年在蒙台梭利家中，1914 年在圣天使城堡），有来自以下国家的学生参加了这些活动：美国、德国、英国、西班牙、俄罗斯、荷兰、波兰、印度、日本、特兰斯瓦尔、巴拿马、澳大利亚、加拿大、奥地利。[2]

从 1913 年的课程开始，每位学员都被要求在已经开办的儿童之家中进行长时间的观察实习。蒙台梭利认为这项活动对于师资培训是必不可少的。因此，后来她在意大利或国外上课时，都会选择已经开设儿童之家的城市，这样学员就有机会在专业人士的引导下观察儿童的自发行为。[3]

第二期国际课程的助理是马凯罗尼和英语翻译克劳德·A·克莱蒙特（Claude A. Claremont），其妻子弗朗切斯卡是意大利人。这对夫妇后来在蒙台梭利运动在英国的推广中发挥了重要作用。在蒙台梭利的记忆中，这位充满活力的英国学生一再给予蒙台梭利对宗教和基督教的敏感启发，这是她自己通常思考不多的方面。

除了塔里敦，其他的新蒙氏教育学校也在北美迅速开设起来。其中一所学校在加拿大新斯科舍省开设，另一所在华盛顿开设。这只是学校加速建设的开始，不久这股热潮变得势不可挡。在以发明电话而闻名的亚历山大·格雷厄姆·贝尔（Alexander Graham Bell）的妻子梅宝·哈伯德（Mabel Hubbard）的倡议下，美国成立了蒙台梭利教育协会。[4]这对夫妇对蒙台梭利

112

---

[1]　这个机构很快让位于 1918 年在那不勒斯成立的"蒙台梭利方法之友学会"（Società degli Amici del Metodo Montessori）。

[2]　M. Montessori, *Prefazione a L'Autoeducazione nelle scuole elementari*, p.XXII.

[3]　例如，伊利·苏莱亚·菲鲁（Ilie Sulea Firu）曾提到说，她曾建议蒙台梭利博士在 1934 年于布加勒斯特组织一次课程，地址选在里斯本街 11 号，开设在市中心一栋小别墅内的小型蒙台梭利学校。任教老师是埃琳娜·鲁塞克（Elena Ruscec），于 1931 年在罗马与苏莱亚·菲鲁一同参加课程并取得学位，在多个儿童之家工作过，并在那个时候以志愿者的身份参与教学工作，住在苏莱亚家里。遗憾的是，最终由于缺乏资金，该课程项目未能举办。

[4]　电话是由意大利人安东尼奥·梅乌奇（Antonio Meucci）发明的，尽管多次尝试申诉仍未能成功主张其先于贝尔发明电话的事实，因此最终专利权归贝尔。

提倡的感官教育产生了浓厚的兴趣，并且因为梅宝失聪，贝尔十分希望为那些受到同样问题困扰的孩子们找到解决方法，这也是他们支持蒙台梭利教育的原因之一。

在大洋彼岸，蒙台梭利教育方法的知名支持者还有托马斯·爱迪生、海伦·凯勒[1]和玛格丽特·威尔逊，时任美国总统的女儿。同时，经验丰富的美国企业家兼出版商塞缪尔·麦克卢尔（Samuel McClure）主动邀请蒙台梭利到美国进行巡回演讲。

113　　考虑到家庭状况，蒙台梭利犹豫了很长一段时间，最终被朋友们说服——他们保证在她不在的时间内照顾马里奥和亚历山德罗生活所需的一切。蒙台梭利于 1913 年 11 月 21 日离开意大利，麦克卢尔陪伴她乘坐"辛辛那提"号客轮前往美国。该船是一艘能容纳近 3 000 名乘客的大型轮船，由希肖（Schichau）造船厂制造于 1909 年，该厂位于当时仍属德国的格丹斯克（Danzica）（译注：现属波兰）。此船在 1918 年沿同一条路线航行时被德国海军的潜水器击沉，仿佛是来自历史的嘲讽。旅途中，劲头十足的麦克卢尔细心地照看着自己的客人，并与其他乘坐头等舱的美国同胞热情攀谈，甚至在到达目的地前就争取到了蒙台梭利的认同和支持。而蒙台梭利在航行中记下了自己的种种想法和留下的深刻印象，还画了一些速写，尽管绘画并不是她的长处。她思念着刚接来身边又不得不留在意大利的儿子，欣赏着即使在暴风雨中也迷人的大海，她还对海洋船只之间通讯交流的无线电报十分好奇，以及为那些三等舱的移民们唱的忧郁之歌而感动，对于那些人中的大多数人来说，他们永远不会回到自己的祖国了。[2]

抵达美国后，蒙台梭利受到了热烈的欢迎，拉开为期 3 周巡回演讲的序

---

[1] 海伦·凯勒是阿拉巴马州的一位女士，有不寻常的生活经历：出生时失明、失聪和失语，多亏卓越的老师苏利文［Johanna（Anna）Sullivan Macy］的鼓励和帮助，海伦能够继续学习，毕业后为各种人道主义组织而战。在美国，海伦因其经历非常有名。

[2] 参见 M. Montessori, *In viaggio verso l'America. 1913, diario privato a bordo del* Cincinnati, Fefè editore, Roma 2014. 这本小书 80 页出头，由卡罗琳娜·蒙台梭利负责编辑出版，在外祖母前往美国讲学的百年纪念之际作为回忆。

幕，这是一次真正的胜利。在纽约，进行演讲和会议的卡内基音乐厅人满为患；在华盛顿和波士顿举行的演讲中也是如此。加利福尼亚州的学生们自1911 年的课程以来就一直与她保持着密切的联系，在演讲时全部到场，竞相为她提供一切可能的支持。蒙台梭利在那些最吸引她的地方都向父亲寄出了满含深情的明信片。那些日子充满了热情，似乎勾勒出的新目标在神奇的美国马上就要实现了。同时，麦克卢尔雄心勃勃地计划了一些大型项目，但不久之后就不得不缩小了规模——因为这些与蒙台梭利的理念相背，她坚决反对将自己的经验进行商业化的利用。[1]

1915 年：在美国庆祝巴拿马运河的开放 114

1915 年，旧金山举办了首届世界博览会，蒙台梭利也被邀请参加。她乘坐"阿布鲁奇公爵号（Duca degli Abruzzi）"于 4 月初抵达纽约。这次陪伴在她身边的不是麦克卢尔，而是她的儿子和其他与会者，其中最有分量的是罗马市长埃内斯托·内森。蒙台梭利还被邀请参加荣誉晚宴，4 月 26 日蒙台梭利在旧金山参加研讨会，并在一场有 15 000 名教育工作者参加的大型教育协会会议上发表演讲。五六月份她待在洛杉矶，七月去往圣地亚哥，八月又回到旧金山。

世博会为蒙台梭利设置并保留了一间小玻璃屋，以便参观者可以在海伦·帕克赫斯特的带领下从各个角度观察儿童的活动。孩子们表现出的专心、安静和独立让参观者们连连称奇。蒙台梭利穿着深色连衣裙站在展览大楼的拱门下，在她右边不远处是身着白衣的"黛利亚"，随时准备帮她逐句翻译。

---

[1] G. L. Gutek-P.A. Gutek, *Bringing Montessori to America: S. S. McClure, Maria Montessori, and the campaign to publicize Montessori education*, The University of Alabama Press, Toscaloosa 2016. 一书中详细复现了蒙台梭利美国之行和教学方法。具体关于教育方面的还可以参考 F. Togni, *Maria Montessori va in America. Una rilettura pedagogica di un episodio di incontro-scontro tra Attivismo pedagogico italiano e* Progressive Education *americana*, in《CQIA. Rivista》, IV (2014), pp.34-42.

博览会结束后，蒙台梭利留在美国参与其他课程活动。由于这次在圣地亚哥的课程参与者之多，授课水平之高，许多人将其视为蒙台梭利的第 3 次国际课程，安娜·费德利也前去美国协助了这次课程。

同时，第一次世界大战已经在欧洲爆发。5 月 24 日意大利也卷入了这场残酷的战争，局势非常艰难。蒙台梭利一如既往地牵挂着儿童的处境，1917 年她提议创建一个国际白十字会以尽可能地保护孩子们，但被政府领导人冷漠地忽视了。

在美国的最后几个月里蒙台梭利孜孜不倦地工作，又时刻挂念着远方的父亲，父亲已经年过 80，坐轮椅有一段时间了。有两位男性朋友在家长期照顾他，分别是恩里科（Enrico）和布鲁内利先生，后者负责处理所有外部事务。另外还有"玛丽亚女士"和玛丽亚·范切洛帮忙照看着，并经常与蒙台梭利互通消息。蒙台梭利在第 2 次美国之行中仍然给父亲写了大量信件，这些信件流露了这位科学家和教育学家作为一个女儿不为人知的情感侧面。[1]

蒙台梭利寄给父亲的明信片，旧金山，1915 年 8 月 29 日（由 AMI 热心提供）

---

[1] 参见 *Maria Montessori writes to Her Father. Letters from California*, 1915, (translated and introduced by C.M.) Montessori-Pierson Publ. Co. Amsterdam, The Netherlands 2015. 这是卡罗琳娜·蒙台梭利的第 3 本书，出版于玛丽亚·蒙台梭利第 2 次美国航行百年纪念日。

当 1915 年 11 月 25 日亚历山德罗去世时，蒙台梭利仍在加利福尼亚。她决定尽快回到欧洲，但不得不经历一段漫长的旅程：首先是穿越整个美国，从西海岸到东海岸，然后再穿越大西洋，一路心怀没能陪伴父亲最后一程的苦涩。她不能直接去罗马，必须取道前往战火纷飞中的中立国西班牙。

巴塞罗那时期的开启及马里奥的家庭　　　　　116

蒙台梭利亲爱的朋友和学生马凯罗尼（Mac）后来搬到了巴塞罗那，并在那里努力宣传蒙台梭利教育，当蒙台梭利去往西班牙时，马凯罗尼在安达卢西亚的阿尔赫西拉斯港口迎接她。得益于当地那些在罗马参加过课程的老师们，以及来自地方自治运动对蒙台梭利教学法的支持，地方政府的支持以及受过教育的开明的神职人员的合作，许多私人性质和公共性质的儿童之家建设起来，接收那些正常的和有缺陷的孩子们。[1] 开设第 4 次国际课程的条件很快就具备了，并于 1916 年在巴塞罗那开课。

蒙台梭利在意大利已不再有亲人，因此她决定留在西班牙加泰罗尼亚生活。也许居住在那里的人们表现出的现代理念征服了她，人们普遍具有一种自由意识；或者她只是在试图保护儿子，因为一旦马里奥从美国回来就有可能被征召入伍去加入一场荒唐的战争。

同时，快 18 岁的马里奥仍留在美国，在那里他又停留了一年，以完成自己在好莱坞附近的儿童之家中首次担任教师的经历。玛丽·皮克福德（Mary Pickford）和道格拉斯·费尔班克斯（Douglas Fairbanks）等当时的著名演员的孩子似乎都送去过那所儿童之家。[2] 在美国，马里奥还遇到了漂亮的海伦·克里斯蒂（Helen Christy），她来自俄亥俄州，后来两人恋爱并结婚。回到欧洲后，这对年轻的夫妇与蒙台梭利一同在加泰罗尼亚定居。他们的大女儿玛丽莱娜（Marilena）于 1919 年出生在巴塞罗那宽敞舒适的家中，小马里

---

[1]　弗朗哥独裁开始后，所有儿童之家都被关闭了。

[2]　R. Kramer, *Maria Montessori. A Biography*, cit., p.225.

奥（Mario Jr）出生于 1921 年，蕾尼尔德（Renilde）出生于 1929 年。只有罗兰多（Rolando）于 1925 年出生在罗马，那时他们一家人经常待在意大利。

人们终于盼来了战争的结束，随之而来的却是可怕的西班牙大流感。这两场灾难据估计造成 1 500 万人死亡，另有 2 000 万人遭受了无法挽回的身体或心理伤害。但全欧洲仍然沉浸在一种兴奋的欣喜中，人们对未来重新寄予热望，即便眼泪和鲜血浸透了过去的回忆。

蒙台梭利运动，同样迎来又一次蓬勃的发展。

117　　战争结束时，在法国有一位富有的美国女士玛丽·R. 克伦威尔（Mary R. Cromwell）翻译了《方法》一书，并由拉鲁斯出版社（Larousse）出版。同时，为了给退伍军人们以工作机会，她还建立了一个蒙台梭利教具工厂，免费为许多学校提供教具。克伦威尔女士热情洋溢的举动是在法国传播蒙台梭利运动的火种，新建立的儿童之家像雨后春笋一样出现。蒙台梭利应邀到各国首都举办课程和会议：伦敦、维也纳、柏林、巴黎以及布达佩斯。她的行程安排越来越密集，不断的旅行，不同的酒店和城市，不停结识新的朋友——只有在罗马和巴塞罗那才会做稍长的停留。现在，马里奥总是陪伴在母亲的身边，关注她的一举一动，帮她安排所有的工作，为她做翻译，对活跃在各个国家的学员们建立的国际交流网络给予支持回应。

新儿童之家和罗马、那不勒斯第一批蒙氏小学

1916 年出版的《小学阶段的自我教育》中，蒙台梭利首次公开了对 6 至 10 岁儿童的研究实验结果。现在显然有必要扩大小学阶段的教材（称为"系统测试"）和所教授的学科：包括语言、历史、地理、算术、几何、音乐等。蒙台梭利在作品的序言中对安娜·费德利和马凯罗尼所作的贡献表示感谢，并对前期的实验性工作已经达到的成果给出了简要的总结。[1] 第一批小学阶段的蒙台梭利课程其实自 1910 年末就开始了，在罗马的第一所蒙氏教育小学

---

[1] M. Montessori, *Prefazione a L'Autoeducazione nelle scuole elementari*, cit., p.XXI.

开设在她位于克洛蒂尔德公主大街的家中，只有少数几个孩子，包括她的朋友马拉伊尼的两个孩子卡罗和杰玛。随着小学生人数的增加，学校搬到了蒙特泽比奥路（via Monte Zebio）35 号。

玛格丽特王后为在罗马开设的第一批蒙氏教育理念的市政学校提供了慷慨的捐赠，1919 年在那不勒斯的学校建立时再次进行了捐赠。

在那不勒斯，六所儿童之家在"蒙台梭利方法之友学会"的支持下在城市的不同地区开始运营，由玛丽亚·范切洛[1]进行指导。在其中工作的老师有莉娜·埃吉迪（Lina Egidi）和露西亚·范切洛（Lucia Fancello）。

在罗马的圣乔瓦尼地区还建造了另一所学校，名为"卡尔杜奇学校"（Carducci），指导老师是莉娜·奥利维罗。观察儿童行为的教育模式在这里再次取得巨大成功。玛格特·沃尔图齐（Margot Waltuch）[2]回忆说，这所学校的平面形状像一颗四角星，四个教室彼此连通，天花板很低，孩子们的身高可以够到窗户，而教室门直接通向外面的绿地，与内外部空间实现了最大的连通。要走出室外只需走下三个台阶。总体而言，就是蒙台梭利学校的理想模型。但这所学校于 1938 年被拆毁，后建起一座介于翁布里亚风格和法西斯主义风格之间的一栋教学楼，今天仍保留在拉斯佩齐亚路（via La Spezia）29 号。

国外的学员们也都以自己的聪明才智努力开拓蒙氏教育事业。一个具

118

[1]　蒙台梭利方法之友学会（罗马路 5 号，卡瓦尔坎蒂宫）于 1921 年出版的小册子现存 AMI 的蒙台梭利档案馆中。小册子以非常详细的方式记录了（组织结构图，任职，薪水等）位于诺瓦·卡波迪蒙特路，博斯科·迪卡波迪蒙特路和班基·诺维路 13 号的三所儿童之家（也开设了一个小学班级），和沃麦洛的托儿所的情况（位于韦基亚·波焦雷亚莱路，S. 玛丽亚·因·波尔蒂奇路）。该手册由蒂波格拉发·F. 拉伊蒙多（Tipografia. F. Raimondo）印刷，公司地址位于那不勒斯 S. 塞韦里诺路 41/42 号。1924 年，蒙台梭利方法之友学会重组为蒙台梭利国家项目（Opera Nazionale Montessori），其总部位于罗马蒙特泽比奥路 35 号。那几年，那不勒斯仍是意大利传播蒙氏教育理念第三重要的中心。《科学教育学手册》（1921）的最后几页展示了自 1919 年以来在这座城市开展的小型班级的八幅照片。

[2]　玛格特（Margot Reingenheim Waltuch）曾在许多地方的儿童之家工作过：塞夫尔、拉伦、东京以及佩鲁贾；近年来，她一直是联合国教科文组织的 AMI 代表。参见 *A Montessori Life* in "A Montessori Album", 1986.

备普遍意义的例子是伊丽莎白·布尔卡德·贝拉瓦里（Erzsébet Burchard-Bélavary）的事迹。这位年轻的匈牙利姑娘参加了 1924 年在阿姆斯特丹举行的课程，蒙台梭利亲切地称其为"匈牙利的伊丽莎白"。在维也纳的蒙氏教育学校与莉莉·鲁比切克（Lili Roubiczec）共同工作了两年之后，伊丽莎白回到布达佩斯开设一个儿童之家，然后在第二年建立了一所小学。1936 年她还为 3 至 10 岁的儿童教师组织了培训课程，在课程的期末考试中，她努力邀请到了蒙台梭利亲自出席。伊丽莎白是一个坚定而勇敢的人，尽管二战后该国的政治形势十分艰难，但她坚持与老师和孩子们一起努力，将毕生所学的知识传播开来。

119　　　全世界有很多这样的故事，人们被高尚的热情驱使着，为捍卫儿童的权利而作出贡献甚至牺牲。许多过去的学生变成了朋友，蒙台梭利在他们的热情和自愿的守护中得到了帮助，与他们建立起亲密的关系，而学生们也帮她挡开那些好奇的目光或者攻击的言论。"她身边仿佛筑起一道坚不可摧的墙，"苏莱亚·菲鲁说，"其中最活跃的有莉娜·奥利维罗。"

也正是这群最亲近的学生，想到送给蒙台梭利一辆车来稍微缓解她的旅行疲劳，这件事在几封信件中可以读到线索。这一想法也使对汽车充满热情的马里奥非常兴奋，毕竟汽车在当时还是奢侈品，但我们不知道这个主意最后是否实施了。

50 到 60 岁之间的这段时间对蒙台梭利来说是痛苦的，她直到 13 年后才有机会返回意大利。但她仍然不遗余力地传播着自己从许多经验中总结的知识，即如果学校进行"非暴力"的教育，孩子们可以成为愿意合作的、负责任的[1] 的人，因此可以成为"平和的人"。这个想法在她心中越来越坚定，份量越来越重，促使她在欧洲危机阴云密布的 20 世纪 30 年代不断去重申自己的主张和想法。

蒙台梭利优雅的微笑中流露着一点讽刺，目光明亮地凝视着，传达出这

---

[1] 在课程中，蒙台梭利曾提到"正常化"一词，用来定义儿童行为转变的自发性和渐进性过程，即躁动不安的或被动逃避的儿童处在处于非专制的教育环境中会变得有趣和充满创造性。可参见 M. Montessori, *La mente del bambino*, Garzanti, Milano 1999.

颗心灵永远充盈的朝气，永不厌倦地研究和探索周围世界的精神。蒙台梭利讲话的方式通俗亲切，但她的语调坚定，有时出乎意料的强硬，在某些问题上寸步不让、不容置疑。在研讨会讲话时，她的语气会变得富有音乐性和说服力。在蒙台梭利留下来的老照片中，强烈的知识分子气质赋予她生命的激情，即使在她生命最后的日子也不失光彩，这一魅力使得那些不懂意大利语的学员们也忠心追随着她的事业。

敏锐的观察者苏莱亚·菲鲁的回忆：

120

> 人们被蒙台梭利打动，仿佛臣服于一种精神的吸引力。在向大众讲话时，她总是面向女性，因为大多数是女性听众。在 1931 年的课程期间只有三个男性参加，来自智利的阿尔杜罗·皮加（Arturo Piga），来自布加勒斯特的拉扎尔·波普（Lazar Popp）和我，我们觉得自己像一群绵羊中的三只山羊。起初蒙台梭利没太在意我们，但马里奥来到我们身边，我们和他建立了友谊。蒙台梭利博士似乎认为学员们就像家庭成员，这在老师和学生之间营造了一种充满凝聚力的氛围，她乐意分享学生们的理解和热情：她真是一位非凡的女性，与当时的许多老师完全不同。毕竟在男性人才一统江山的时代，这是第一次由女性的声音引起如此强烈的回响，在教育领域提出振聋发聩的新主张——她是一个母亲，同时也是医生和科学家，虽然以前文化领域（尤其是科学文化）曾是男性的特权。

11. 批评反对的声音和世界范围内的盛誉

鲜花和掌声中也不乏有批评的声音。直到现在仍然存在的最为偏见的批评认为——那些肤浅的重复而未认识到本质的批评——蒙台梭利的教育是"把教育智障儿童的方法简单地套用在健康儿童身上"。在《历史》(*La Storia*)一书的打字稿中蒙台梭利反驳道,如果该方法的基本原理相同,那么对于健康的孩子,不仅必须考虑其生理需求,还必须考虑其健全的神经系统的需求,能够达到一种蒙台梭利定义为"提升"的状态,这是缺陷儿童难以达到的心理和认知状态。

如何"软化"这种严格的方法?

一些美国人士指责蒙台梭利过分在意自己的工作,除海伦·帕克赫斯特外不允许任何人教授课程。蒙台梭利与海伦建立了紧密的合作关系,但后来却中断了[1],就像跟其他重要的学生如芝加哥的安妮·乔治[2]或柏林的克拉拉·格伦沃德(Clara Grunwald)一样。蒙台梭利并没有嫉妒地紧守着什么秘密原则,即使到国外讲学她都会提供数据、展示图片,在美国甚至还放映了一些短片,但是后来不幸遗失了。但蒙台梭利不能接受或者妥协的是把教育与其他目的混杂在一起。

---

[1] 积累了一系列实践经验后,帕克赫斯特撰写了《道尔顿计划个性工作体系》(*Dalton Plan Individual Work System*),发表在《道尔顿计划教育》(E. P. Dutton & Company, New York 1922)中。这个教育项目中的创新以及对蒙氏教具的更改,使帕克赫斯特和蒙台梭利的关系产生了无法弥补的裂痕。

[2] 蒙氏教育在美国的传播首先是安妮·乔治撰写的文章《美国第一所蒙台梭利学校》发表在 "McClure's Magazine", 39 (1912, 06), pp.177-187. 1912 年乔治担任由弗兰克·范德利普(Frank A. Vanderlip)在纽约塔里敦镇开设的首个儿童之家的管理工作,并于 1913 年在华盛顿特区开设了另一所儿童之家。

　　她要求感官教具的制作达到很高的精度，因为她坚信只是近似的教具会 **122**
导致孩子们的困惑，对任何人都没有用。有人恶意地揣测她想对全球范围内
使用的教具都进行严格的控制，但实际上这样做是因为在她看来，对科学方
法的谨慎应用和对那些容易忽略的细节的尊重，这两者对于"解放儿童"的
过程是至关重要的。

　　蒙台梭利独自一人处于事业的最高处，必须提防着许多陷阱，有时甚至
是那些表面支持和赞颂她的人设下的陷阱。她对自己的教育方法"美国化"
并由此可能带来的各种风险感到非常震惊：那些对教育内容本身兴趣寥寥或
根本不感兴趣的人，仅仅为了活动背后稳赚不赔的丰厚利润而加入进来；或
者考虑到蒙氏教育已经获得的声誉和国际影响力，采用接近常规的方式办学
但打出蒙氏教育的"旗号"。在不了解教具材料使用原理，不了解它们基于物
理和数学评估的设计原则下，仿制材料或随意修改材料的也不乏其人。甚至
有些人希望将蒙氏的方法与福禄贝尔的方法结合起来，将感官教具带到幼儿
园，但应用于一般的教师授课形式。[1] 因此蒙台梭利必须时刻保持警惕，以
确保自己所发起的这场教育革命不会因他人的歪曲而受挫。[2] 著名作家多萝
西·坎费尔德·费舍尔（Dorothy Canfield Fisher）[3]，俄亥俄州立大学校长的
女儿，为推广我们的意大利教育家也付出了努力。费舍尔多次前往欧洲旅行，**123**
曾于 1911 年到访罗马朱斯蒂路的儿童之家并留下了深刻的印象。

---

[1] 在意大利也发生了类似的情况，有人试图将蒙台梭利系统与阿加齐姐妹（sorelle Agazzi）的教育体系结合在一起，这是蒙台梭利无法接受的，但有很多人去尝试。

[2] 关于蒙台梭利方法在美国的应用可参见 K. Coleman, *The Montessori Method in America: Montessori Schools in New York and Rhode Island from 1910—1940*，这是一篇未发表的哲学博士学位论文，芝加哥洛约拉大学 2011 学年。http://ecommons.luc.edu/luc_diss_6mos/ 可在线访问（于 23/10/2017 访问）。

[3] 关于这个人物的介绍可参见 I. H. Washington, *Fisher, Dorothy Canfied*, in B. Sicherman-C. Hurd Green (edd.), *Notable American Women. The Modern Period*, The Belknap Press of Harvard University Press, Cambridge, Massachussetts, and London, England, 1980, pp. 235-237, provvista di copiosa bibliografia. 关于其作家活动的介绍可参见 di J. Parchesky, *Canfield, Dorothy*, in B.W. Shaffer (ed.), *The Encyclopedia of Twentieth Century Fiction*, Wiley-Blackwell, Malden (MA) 2011, vol. II, pp.482–484.

此后她决定在自己的国家也进行一系列非凡的教育实验，并写出数篇文章介绍蒙台梭利。经蒙台梭利应允后，1912 年首先出版的是《如何做一个蒙氏母亲》[作者亨利·霍尔特（Henry Holt）]，1965 年于纽约以《蒙氏父母》的标题再版。在成功的鼓舞下，费舍尔于次年出版了《蒙台梭利手册》，她认为这个"朴实无华的文本"主要"供年幼儿童的母亲们使用"[1]。这些书的基本想法是在"我们自己的家中进行蒙台梭利培训课程"[2]，实际上可以取代"儿童之家"的功能：

> 作为母亲拥有蒙台梭利教室所没有的一些优势。她持续地陪伴着孩子，如果愿意，她几乎可以将孩子醒着的时间都用于蒙台梭利练习。[3]

这就解释了为什么书中很大篇幅（第 30—102 页）用于叙述"制成品和家庭自制的设施"（即感官教具），并附有对 29 种练习形式的详细说明，幼儿可以在母亲的指导下进行练习。但是，该书以相对僵化和静态的方式给读者留下一种机械的印象，实际上与蒙台梭利的精神相去甚远。此外，该方法将蒙氏课程完全在家开展的想法也有悖于追求儿童健康的社会化的目标。一向避免直接争议的蒙台梭利这次在《伦敦时报》上抱怨说，有关她的工作成果的一些作品是在没有她监督的情况下出版的。

1914 年在英国和美国同时出版了《蒙台梭利博士私人手册》（*Dr. Montessori's Own Handbook*），1921 年在意大利出版时标题为《科学教育学手册》（*Manuale di Pedagogia Scientifica*）[4]。这两个版本的内容均比《方法》简

---

[1] D. Canfield Fisher, *The Montessori Manual*, The W.E. Richardson co., Chicago 1913, Forword, p.3.（"供年幼儿童的母亲们使用"）

[2] 同上, p.30.（"我们自己的家中进行蒙台梭利培训课程"）

[3] 同上。（"作为母亲拥有蒙台梭利教室所没有的一些优势。她持续地陪伴着孩子，如果愿意，她几乎可以将孩子醒着的时间都用于蒙台梭利练习"）

[4] 在那不勒斯首版（Alberto Morano Editore）的意大利语版本中，序言是社会主义经济学家阿尔杜罗·拉布里奥拉（Arturo Labriola）撰写的。接下来两个版本的序言是（其中对"玛丽亚女士"的献词已经没有了）由纳扎雷诺·帕德拉罗（Nazareno Padellaro）作序，此人是一位天主教教育家，受到法西斯政权的赞赏，是时任教育部长博塔伊（Bottai）的合作者，也是 1938 年《种族宣言》的审阅者。在 20 世纪 20 年代还出版了该书的另外两个版本，书中包含在那不勒斯开设的首批课程的照片。在经历过琼蒂·本波拉德·马尔佐科（Giunti Bemporad Marzocco）出版社的波折之后，另一版本被多次重印，里面含有教具的清晰照片。尽管该书具有历史和教学价值，但现已无处可寻。

明扼要，并且在说明感官材料及其使用方面非常有用，这些书的出版全赖于朋友玛丽亚·马拉伊尼·冈萨加的努力。在英文版的序言中，蒙台梭利引用了海伦·凯勒和她的老师苏利文的事迹[1]，将她们介绍为"我将她们两位都看作是我的老师，她们是世界上活生生的教育奇迹。"[2]

蒙台梭利的抱怨并没有削弱费舍尔的热情，后者在同年出版了《母亲与儿童》，1916 年又出版了《自力更生》。作为蒙台梭利相关文献中的一个特例，费舍尔还成功地尝试了用故事叙事的方式对《方法》进行解读——她创作了两本儿童小说，对成年人也很有吸引力：1915 年出版的《弯曲的树枝》（*Bent Twig*）和 1917 年出版的更受欢迎的《了解贝茜》（*Understood Betsy*）。书中通过虚构的人物和事件，作者将访问罗马期间所获得的关于教育和人类发展的知识放在特定的美国现实背景中讲述，语言清晰而充满品味。[3]

早在 1915 年，蒙台梭利仍在美国举办课程和会议时，最初的成功热潮就开始消退，三四年后曾经的光环几乎消失殆尽。原因是多方面的。[4]

首先毫无疑问的是，媒体最初对蒙台梭利的宣传中有许多夸大的描述，当人们面对实际中许多草率或不完善的实践时就会感到失望。此外，蒙氏的方法与当时占主导地位的"婴儿智力取决于天生"的理念相冲突，后者认为智力可以进行测量并可以通过 IQ 来表示，或者可以根据刺激—反应模型进行完善。蒙氏方法在那些不愿放弃对学生的完全控制，不愿放弃某些刻板教育

125

---

[1] 海伦和老师苏利文曾有一张合影赠给蒙台梭利，参见 *A Centenary Anthology*, 1970, cit., p.26.。海伦·凯勒（Helen Keller）的故事在亚瑟·佩恩（Arthur Penn）1962 年拍摄的电影《奇迹创造者》中进行了讲述，由安妮·班克罗夫特（Anne Bancroft）饰演老师苏利文。

[2] M. Montessori, *Dr. Montessori's Own Handbook*, Heinemann, London 1914 e: Frederick A. Stokes Company, New York 1914, 前言（"我将她们两位都看作是我的老师，她们是世界上活生生的教育奇迹"）。

[3] 关于儿童之家的思考还反映在 E.J. Wright, *Home Economics: Children, Consumption, and Montessori Education in Dorothy Cansfield Fisher's Understood Betsy*, in "Children's Litterature Association Quarterly", 32 (3/2007), pp.213−230.

[4] J. Chattin-McNichols, *The Montessori Controversy*, Wadsworth Publishing, Richmond, tx, 1992, p.26.

标准的老师中引起强烈抵制。

蒙台梭利还被指控偏爱私立和天主教学校，但最大的意识形态冲突发生在与所谓"进步教育"的某些原则上，其主要代表人物是威廉·基尔帕特里克（William Kilpatrick）。后者于1915年成为纽约哥伦布大学教育学副教授，他认为蒙台梭利并没有带来任何实质性的新想法，指责她无视"移情"理论，带着严重偏见认为蒙氏理论一无是处。[1] 除此之外他还批评蒙氏的教育活动管理不善，缺乏训练有素的老师，与蒙台梭利的直接会面中她会对学校的教育质量过分苛求等。[2]

蒙台梭利教育在英国的发展情况

蒙台梭利本人非常赞赏的一本出版物是《新儿童：与玛丽亚·蒙台梭利博士的谈话》（*The New Children. Talks with Dr. Maria Montessori*），并亲自为之写了一篇文章。该书由英国的希拉·赫顿·拉迪斯（Sheila Hutton Radice）主编，收集了于1919年9月至12月间发表在《时代教育增刊》上的蒙氏文章。

在那一年，蒙台梭利在伦敦举办了一系列长期课程中的第一期（至少十二期），该课程一直持续到1946年。课程原计划在1914年举行，但由于战争而推迟。开课仪式于9月1日在福利特街（Fleet Street）的"圣布莱德基

126

---

[1] 参见 R. H. Beck, *Kilpatrick's Critique of Montessori's Method and Theory*, in "Studies in Philosophy and Education", 1 (4-5/1960), pp.153−162.

[2] 约翰·杜威最著名最权威的学生威廉·基尔帕特里克（William H. Kilpatrick）在意大利的教育学著作中被提及主要是因为他对蒙台梭利理论的严厉批评导致该理论在美国的传播阻碍了40多年。蒙台梭利去世后，后来南希·麦考米克·兰布什（Nancy McCormik Rambush）使得该理论在美国逐渐重新流行开来。南希曾在巴黎和伦敦与马里奥会面，并应他的邀请在 AMI 担任美国代表，自1955年开始工作，她对3到12岁的学校教育非常感兴趣并投入大量精力。南希组织成立了美国蒙台梭利学会（AMS），作为宣传蒙台梭利方法的"美国方式"用了与 AMI 不同的方法，为该方法在美国和其他英语国家的"重生"作出了贡献。今天，AMI 和 AMS 这两个伟大的协会并存，许多学校的老师都经过这两个组织的分别培训。

金会"总部举行，现场挤满了由教育家、教师以及对这一主题感兴趣的听众。由于手续繁琐，原定的口译员尚未从西班牙抵达（即美国姑娘"黛利亚"，"毕生致力于蒙台梭利博士的事业，犹如她的女儿一样"[1]），当天负责翻译工作的是莉莉·哈钦森（Lily Hutchinson），她在1913年毕业于罗马的蒙氏课程，回国后立即在伦敦议会学校开设了相关课程。

从新闻界对蒙台梭利的关注开始，赫顿·拉迪斯一书再次阐明这位意大利科学家提出的新理念对于英国来讲，不仅是解决传统教学问题的实用方法，更是与儿童建立一种从根本上不同的全新关系，"一种新的生命哲学"。因此，该方法并不是最新的教育理论的概括性总结，而是一种实验途径，实践这一方法的人不再只是执行者，而是真正的和平革命的主角。作者解释说："她给学生的是一颗火种，他们在此基础上努力构建自己的余生。"[2]这是"蒙台梭利博士的教育理念能够风靡全球的秘密"[3]。因此作者得出启发性的结论："这就是为什么她有事业的追随者，而别人只是有学习他们作品的学生。"[4]

从某种意义上讲，这是蒙台梭利的崇拜者、教育家和现代语言老师诺曼·麦克穆恩（Norman McMunn）所宣称的。在第一次世界大战期间，他正在埃文河畔斯特拉特福的一个著名的"语法学校"教书。在这里，他在对青少年学生的教育实验中消除学习与玩乐之间分明的界线，他确信蒙台梭利体系的理论和实践与他所研究的东西非常接近。

1914年出版的《校内的自由之路》中，麦克穆恩对该书的"合著者"即他的学生们写道"真正的先锋，在他们所追求的新自由中有着宗教般的信

127

---

[1]　Sh. Hutton Radice, *The New Children. Talks with Dr. Maria Montessori*, Frederick A. Stokes Company Publishers, New York 1920, p. 4. （"毕生致力于蒙台梭利博士的事业，犹如她的女儿一样"）

[2]　Sh. Hutton Radice, *Preface to The New Children*, cit., x. （"她给学生的是一颗火种，他们在此基础上努力构建自己的余生"）

[3]　同上。（"蒙台梭利博士的教育理念能够风靡全球的秘密"）

[4]　同上。（"这就是为什么她有事业的追随者，而别人只是有学习他们作品的学生"）

仰"[1]。就像卢梭的思想启蒙了社会革命一样，在麦克穆恩看来，"蒙台梭利的学说将引发明天的教育革命。"[2]然而，在提及"为解放青年而进行的运动的其他灵感来源"时[3]，他又提出了盎格鲁—撒克逊文化中的典型倾向，即将相似的路径整合在一起。[4]蒙台梭利的学说早在 1912 年夏天就出现在英国，当时在诺福克郡的一个小镇伦顿举行了"蒙台梭利学会"会议。在那次会议上，主持人里顿勋爵（Lord Lytton）曾希望在该学会的主持下，将其他进步的教育运动也以某种联合会的形式一起开展。这项提议遭到了蒙台梭利的坚决反对，她明白自己的立场与任何其他不主张激进消除成年人干预的路径都不一样。[5]在任何需要介绍她的教学实验的地方，她都力争亲力亲为。

那些年蒙台梭利一直在旅途之中。她经常出国，但语言问题不会构成严重的交流障碍。蒙台梭利总是以意大利语授课，并总有自己完全信任的人在侧以确保她所说的内容得到忠实翻译；她的目光，手势和示意的能力诠释了剩下的部分。

只有在巴黎安娜勒大学（Université des Annales）[6]进行的三次讲座上，蒙台梭利用法语读了一些文字，"带有轻柔的口音，增加了她的魅力"，这些讲

128

---

[1] N. McMunn, *A Path to Freedom in the School*, G. Bell and Sons Ltd., London 1914.（"真正的先锋，在他们所追求的新自由中有着宗教般的信仰"）

[2] 同上, p.7.（"蒙台梭利的学说将引发明天的教育革命"）

[3] 同上。（"为解放青年而进行的运动的其他灵感来源"）

[4] 同上。

[5] T. Adam, *Intercultural Transfers and the Making of the Modern World, 1880–2000. Souces and Context*, Palgrave Macmillan, Basingstoke-New York 2012. P. Cunningham, *The Montessori Phenomenon:Gender and Internationalism in early twentieth-century innovation*, in M. Hilton-P. Hirsch (Eds.), *Practical Visionaries: Women, Education and Social Progress 1790—1930*, Longman/Pearson 2000, pp.203–220.

[6] 由评论家兼新闻记者阿道夫·布里森（Adolphe Brisson）的妻子伊冯·萨塞（Yvonne Sarcey）创立的安娜勒大学是著名的学术会议中心，常年举办的会议涵盖各种主题，但特别关注文学和音乐。法国和国际文化中最著名的学者们常在那里出现。为了进一步宣传各种会议的内容，从 1907 年 1 月开始出版《安娜勒大学学报》，内附的各种摄影图片报道使学报更加有趣。1919 年该学报在原名中添加"Conférencia"字样。萨塞担任学校董事直到 1950 年去世。

座由乔吉特·伯纳德（Georgette Bernard）[1]担任翻译。另一方面，英语对她来说总是有点困难，她只有在 70 岁以后在印度居住时才更好地学习了英语，而在加泰罗尼亚度过的漫长时光中，她对西班牙语的使用更加自如。

随着蒙台梭利的思想在整个欧洲逐渐传播并获得赞誉，一个个支持者协会诞生了。苏格兰的蒙台梭利学会（Montessori Society of Scotland）于 1916 年在爱丁堡成立，是欧洲的第一个。随后在 1919 年，伦敦的蒙台梭利学会和魏玛共和国位于柏林的蒙台梭利学会（Deutsche Montessori-Komitee）加盟，后者在 1922 年被德国的德意志蒙台梭利方法学会（Gesellschaft der Freunde und Förderer der Montessori-Methode in Deutschland）取代，最终演变为格伦瓦尔德（Grunwald）[2]于 1925 年创立的德意志蒙台梭利协会（Deutsche Montessori

---

[1]　这三个会议的相关报道在《Conférencia》连续三期出版。乔吉特·弗雷（Georgette Fray）是蒙台梭利在法国的翻译员，也是她所有作品的翻译者（《Méthode docteur Marie Montessori. Pédagogie scientifique》一书除外，该书由法国蒙台梭利运动的另一位积极分子玛丽·R·克伦威尔翻译出版）。弗雷与剧作家让·雅克·伯纳德（Jean-Jacques Bernard）结婚，并与他育有三个孩子：弗朗索瓦（François），尼古拉斯（Nicholas）和安妮·玛丽（Anne-Marie）。这是一个受过高等教育的犹太家庭，但 1942 年他们被盖世太保逮捕并驱逐出境，其中弗朗索瓦（François）死于布痕瓦尔德（Buchenwald）集中营。

安妮在蒙氏教育环境中长大。她毕业于伦敦，在儿童之家和蒙氏小学任教了几年，她的父母在战后曾在尤金街 22 号一栋美丽的新艺术风格的房子里开办过学校。安妮后来成为巴黎 AMI 课程的主管，并负责法国的蒙台梭利运动多年。《蒙台梭利百年纪念选集》第 55 页上有一张美丽的照片，照片中有让·雅克·伯纳德的妻子、女儿和蒙台梭利以及小马里奥。

[2]　在艾尔莎·奥奇斯（Elsa Ochs）的帮助下，格伦瓦尔德后来成为 20 世纪 20 年代柏林蒙台梭利事业发展的灵魂人物，前者于 1914 年毕业于罗马蒙台梭利课程。格伦瓦尔德是犹太人，也是一位聪明而有创意的翻译者，但不幸的是 1943 年在奥斯威辛集中营与一群她不愿放弃的小学生们一起遇害。她的故事可参见 G. Honegger Fresco, *Clara Grunwald (1877—1943) e la diffusione del Montessori in Germania prima del Nazismo*, ne "il Quaderno Montessori", XX, 2003, n. 78, Doc. xl, pp.47—64 以及双语书籍 T. Müller e R. Schneider (Hrsg.), *Montessori. Lehrmaterialien 1913—1935. Möbel und Architektur Teaching Materials 1913—1935 — Forniture and Architecture*, Prestel, München-Berlin 2002. Su di lei si veda inoltre di E. Larsen (Hrsg.), *Und doch gefällt mir das Leben 《Die Briefeder Clara Grunwald 1941—1943》*, Persona Verlag, Mannheim 1985，这是一部感人的书信集，只可惜尚未翻译成意大利语。在艾米里奥·奥涅格（Emilio Honegger）的帮助下我读到了这本书。还可参见 Diana Stiller, *Clara Grunwald und Maria Montessori: Die Entwicklungder Montessori-Pädagogik in Berlin*, Diplomica Verlag, Hamburg 2008.

Gesellschaft，DMG）。

129 1927 年阿根廷蒙台梭利社会俱乐部成立；1929 年成立了国际蒙台梭利协会（AMI），总部最初位于柏林，面对纳粹的威胁于 1934 年迁至西班牙，并在二战前夕转移至阿姆斯特丹，从那时起阿姆斯特丹就一直作为众多协会的协调中心了。[1]

但并非所有的蒙氏协会都能组织得如此井井有条。在一些地方，尤其是在 1910 年至 1920 年之间的 10 年中，有些学生组织了小型的协会以支持这项教育运动。[2] 还有一些人则充满勇气，孤独地开展工作，例如朱莉娅·安德鲁索娃·福塞克（Julija Andrusova Fausek）在遥远的俄罗斯开设了一个儿童之家。[3]

130 福塞克的故事值得一提，她通过接触蒙台梭利理念产生了坚定的教育热情。

她于 1863 年 6 月出生于敖德萨，年轻时毕业于科学高中，大学期间感受到了圣彼得堡活跃的文化氛围，门捷列夫、契诃夫和柴可夫斯基等知识分子的存在使圣彼得堡成为灿烂的文化之都。后来朱莉娅的长子不幸去世，她陷入了严重的抑郁，直到两年后才走出阴影。尤其要感谢与物理学家罗蒙托夫

[1] AMI 总部位于阿姆斯特丹柯尼金大道 161 号。有关任何信息欢迎垂询 info@montessori-ami.org.

[2] C. Tornar, *Attualità scientifica della pedagogia di Maria Montessori*, Anicia, Roma 1990, p.58.

[3] 大约 10 年后即 1925 年，朱莉娅前往参观了荷兰和德国的蒙台梭利小学。为这趟旅行筹措旅费期间，一向关注教育问题的列宁夫人娜杰日达·康斯坦丁诺夫娜·克鲁普斯卡娅（Nadežda Konstantinovna Krupskaja）也给予了支持。20 世纪 30 年代斯大林主义开始盛行，关闭了所有包括蒙台梭利学校在内的自由学校，使朱莉娅的热情深受打击，但她继续秘密地思考和写作：她的笔记本以及亲手制作的教具材料由女儿精心地保存了下来，今天保管在圣彼得堡俄罗斯国家图书馆。1942 年 2 月列宁格勒战役期间，朱莉娅和其他许多市民一样死于饥饿，并被埋在某个未知的万人冢。关于她的故事可参见 G. Honegger Fresco, *Julia Ivanovna Andrusova Fausek (1863—1942). Trent'anni con il nome di Maria Montessori nel cuore*, in "il Quaderno Montessori", 28 (inverno 2011/12), n. 112, Doc. lxii, pp.53–64.
俄罗斯著名蒙台梭利教育专家埃琳娜·希尔顿（Elena Hiltunen）领导下组建的一个培训者和教育者小组有 20 多年的历史，他们继续着这份事业，在 2010 年从圣彼得堡到乌拉尔的儿童之家已开设数百所。他们获得了政府的认可，进一步为儿童和小学生开设教育机构。如今，蒙台梭利思想在西里尔字母中，在充满智识的氛围中，将朱莉娅这位慷慨而敏感的女性留下的文化遗产保留了下来。今时已上线。

（V. V. Lermontov）的会面，罗蒙托夫认识蒙台梭利，并从伦敦带来了很多相关的材料。罗蒙托夫的介绍使朱莉娅重获了生命的意义。在读了 1912 年莫斯科出版的 G·扎伊莫夫斯基（G. Zaimovskij）翻译的《方法》后，朱莉娅决定在俄罗斯建立第一个儿童之家，于 1913 年 10 月 10 日在自己居住的圣彼得堡的施帕勒纳亚街 7 号开办。1914 年 6 月，朱莉娅被俄国教育部派往意大利，实地了解儿童之家的教育是如何开展的。朱莉娅在考察之后写道："在罗马的经历超乎我的预期。"她对于蒙氏教育所抱有的深刻的使命感，似乎已与深厚的爱国之情融为一体了。

> 在我的一些描述和反思中，无意中流露出了对意大利的热情。发生这种情况的原因可能是，我所谈论的一切都是从罗马开始，而意大利则是最吸引我的国家，除了祖国之外我最珍惜的国家，我的一生在意大利度过了很多时间。亨利克·显克维奇（Henryk Sienkiewicz）说过："每个人都有两个祖国：一个是他自己的国家，另一个是意大利，因为我们所有人就算不是意大利的儿子，也会是意大利的子孙。[1]

在 1917 年至 1929 年间，朱莉娅担任一所蒙氏教育幼儿园的负责人；在 1918 年至 1925 年间，她继续在学前教育学院（Pedagogičeskij Institut doškol'nogo obrazovanija）任教，教授蒙氏教学法。

---

[1] J. Andrusova Fausek, *Mesjac v Rime v "Domach detej" Marii Montessori*, Petrograd 1915, p.iv. (Traduzione nestra)

12. 理想主义与法西斯的对峙

探寻玛丽亚·蒙台梭利的政治立场，或许很难理出清晰的头绪——她的立场并不是那么显而易见的。一些左翼知识分子好像热心的企业家一样投身于蒙氏教育事业，致力于扩展以她的名字命名的学校网络，同时也要归功于蒙台梭利获得的来自政治高层的慷慨支持。然而在右翼看来，蒙氏教育所倡导的"去除权威"和"自我教育"原则令人生疑，被视作引起社会动荡的危险因素，隐藏着无政府主义者的迹象。此外，就严格的理论领域而言，蒙氏教育强调实验和感官方法的重要性，并未被那些教育理想主义的倡导者所接受，他们认为在精神层面探讨教育和人类的才是真正的科学教育学。蒙氏教育理念和以师生关系为中心的学校生活理念不可避免地发生冲突，而蒙氏的压倒性胜利在于她的理念达到了更高的精神成熟程度。[1]

这是"对女性整体的不公正，而不只是她们的政治立场！"

1896 年参加柏林妇女代表大会期间，蒙台梭利在写给父母的一封信中清楚地表达了她的奋斗目标，却没有考虑获取政治支持的可能性，这一领域对她来说是完全陌生的。正是她经受的科学训练引导她抛下无知偏见的陈规陋俗，燃起了关注社会问题的热情，后来，一旦确定了自己所要投身的具体事业，即跨越"成人和儿童之间由来已久的'争斗'"[2]，她便义无反顾地放弃原

---

[1] 关于这一问题请参见 F. Cambi, *Le pedagogie del Novecento*, Laterza, Roma-Bari, 2014 nel capitolo a lei dedicato.

[2] R. Regni, *Infanzia e società in Maria Montessori. Il bambino padre dell'uomo*, Armando editore, Roma 2007, p.226.

先的种种探索，全力以赴新的道路了。

　　尽管年轻时曾表现出对哲学研究的兴趣，但总的来说蒙台梭利并不是一个倾向于抽象研究的人。1902 年注册在大学哲学系后，蒙台梭利在给校长的一封信中要求，鉴于自己已经获得的学历，希望能直接参加基础课程的考试。她明确宣布打算投身于教育学，哲学研究仅仅作为对主要研究方向的补充。[1] 关于蒙台梭利没有继续取得哲学学位的原因之一，可能是她失去了兴趣，对于该学科领域的研究模式感到抵触。她追求具体的实践，对形而上学以及折中的态度并不适应；充满战斗力的个性"使她不止一次暴露于对自己所处的真实政治局势的评估不够充分的环境中"[2]。或者说，政治环境对于她只是日常生活的次要组成部分，与促使她先后投身于医学和教育领域的紧迫使命感相比，是微不足道的。

　　最初，蒙台梭利接受了来自墨索里尼的支持，墨索里尼感兴趣的是通过儿童之家解决文盲问题，并通过蒙氏享有的巨大国际声誉使自己获益。另一方面，蒙台梭利也指望获得墨索里尼的支持以推动自己所期望的教育运动在意大利的拓展，确保教育事业能够更坚实地发展。

　　我们需要注意的是，在 20 世纪 20 年代中期蒙台梭利与墨索里尼建立联系的时候，无论是公立还是教会的意大利学校都对蒙氏教育理念非常漠然。虽然这些教育理念在其他国家和地区引起了巨大追捧（尽管也受到了一些批评反对），但在意大利却乏人问津，关于其价值的辩论也仍局限于教育专业人士范围。造成这种现象的原因多种多样，其中之一便是习惯于顺从和遵守传统，这一直是意大利学校体系的特征。

　　同时，蒙台梭利学校多数仍处于教育边缘地位，缺乏足够的经济手段来维持运营，因此有些被迫关闭，有些则转向只为精英家庭服务。在这种令人沮丧的情况下，当蒙台梭利在全球范围内获得认可后，她便积极寻求一切手

[1]　G. Recchia, *Maria Montessori: nei dintorni dell'uomo nuovo*, Laboratorio Montessori, 2013.

[2]　M. L. Leccese (a cura di), *Introduzione a Educazione alla libertà, Antologia di scritti di Maria Montessori*, Laterza, Roma-Bari, 1950.

段使自己教育革新的呼吁不要在意大利被湮没，毕竟这里才是蒙氏教育诞生并见证了最初的成功的地方。

在法西斯政权建立的头几年，蒙台梭利在国内从没有遇到过开设新学校的障碍，而且无论何时受到邀请，她都可以自由前往国外开设课程，不受任何限制。至于其他方面比如有争议的党派社交，民族主义言论，参与游行之类的，蒙台梭利或许因为觉得连无趣的英国人都不会对这些感兴趣，而直接忽视了。

但是，这还不足以回答那些研究她的传记和思想的人当下合理提出的问题。作为这样一个将自己的教育体系学说建立在解放天性上的教育家，怎么能接受（即使只是从功能上）当政者的保护和赞助，尤其是后者已经明显表现出对个人自由和公民的政治权利的压制？或许她相信为了孩子们的最大利益不得不做出妥协，还是天真地认为法西斯主义虽然在意识形态上与她的价值体系对立，但仍有可能在某种意义上逐渐向民主自由的方向发展？

134　　这是一种无法排除的假设，特别是考虑到当时许多知识分子都相信意大利社会道德复兴的力量，在他们看来这种思潮能够阻止正在意大利发生着的专制主义转向。[1] 当然，对于蒙台梭利这样活跃于意大利和国外的文化圈中的人物，以常理推测比较容易遇到政治上的对立者。然而我们没有在资料中发现她卷入任何国内冲突的痕迹，她与周围政治环境谨慎地保持着距离。

如果想要归因于蒙台梭利经常离开意大利（如前所述，她在巴塞罗那居住的时间更长）或完全不参与政治也是徒劳的。在过去的经历中，她经常展示出充满战斗力的一面，有勇气逆流而上，并且知道如何对各种形式的社会压迫采取明确和坚决的立场。更简单合理的推测是，蒙台梭利只是完全专注于她的教学工作，并希望尽快开始"皇家教学方法学校（Regia Scuola di Metodo）"的项目，这项为期三年的课程是专为培训未来的老师开设的，她在此事上得到了玛格丽特王后的支持。因此，蒙台梭利让学校实际负责人朱莉

---

[1] 参见 N. Tranfaglia, *Rosselli e l'Aventino: l'eredità di Giacomo Matteotti*, in《Il Movimento di Liberazione in Italia》, XX (1968), pp.3-34.

亚娜·索尔杰与乔瓦尼·真蒂莱（Giovanni Gentile）保持着特别联系。

然而 1924 年的"马泰奥蒂危机"（delitto Matteotti）之后，墨索里尼在次年 1 月 3 日的演说中宣布承担全部的道义责任，借此展示出独裁政权的真实面目。同年在米兰举办的一次课程中赞扬了法西斯政权，"方法之友"协会也转变为一个道德宣传机构，更名为"蒙台梭利国家项目（Opera Nazionale Montessori）"[1]，并在那不勒斯和罗马设有办事处：第一任执行主席是乔瓦尼·真蒂莱，名誉主席是贝尼托·墨索里尼。[2]

根据亚历山德罗·马尔库奇（Alessandro Marcucci）[3]的观点，蒙台梭利这种模棱两可的态度在今天看来难以接受，但是在当时产生了一些积极的影响。

在拉齐奥地区的危险沼泽中工作 135

我们在前文中提到，十几年前弗朗凯蒂、切利和切纳共同努力建立了"农民学校"，为那些生活条件艰苦，疾病肆虐的罗马农业地区的农民而服务。[4]乔瓦尼·切纳（Giovanni Cena）的话可以概括出这项有价值的活动的意义，即这所学校必须到农民中去，而非相反。该机构开办了许多针对文盲

---

[1]　在 20 世纪二三十年代，"蒙台梭利国家项目"曾促成了两本杂志的诞生《蒙台梭利》和《蒙台梭利理念》，后由于资金问题陆续停办。

[2]　参见 L. Sticcotti, *Maria Montessori*, in S. Albesano (a cura di), *Le periferie della memoria. Profili di testimoni di pace*, ANPPIA e Movimento Nonviolento, Torino 1999, p. 127.

[3]　A. Marcucci, *La scuola di Giovanni Cena*, Paravia, Torino 1948, pp. 145, 149. 马尔库奇非常欣赏蒙台梭利的教育方法，他的一个女儿也参加过 20 世纪 30 年代在罗马举办的蒙台梭利课程，可参见他的另一本书 *Scuole per i contadini dell'Agro Romana e delle Paludi Pontine. Relazione 1913—1928*, Roma, VII, 1928, 部分转载于 G. Honegger Fresco, *Montessori: perché no?*, cit., pp.76 e 80.

[4]　该团体致力于帮助儿童教师们"做好教学准备，能够参与罗马地区开设的或者米兰人道主义协会开设的蒙台梭利课程中"。但弗朗凯蒂、切利和切纳三人都英年早逝，其中弗朗凯蒂在前文已经说过了；切利和切纳因为在疟疾流行地区辛劳地工作，分别去世于 1914 年和 1917 年。

的班级，还为农民的孩子开设 25 个托儿所。支持该项目的众多知识分子中就有蒙台梭利。由于师资缺乏，在开办的幼儿园中只有 14 所采用了儿童之家的教学方法。这些幼儿园位于泰拉齐纳，斯卡乌里，利利岛，在马尔西卡也有专门的建筑，虽然小巧但功能齐全，内部空间精心布置，并装饰有杜伊利奥·坎波罗蒂（Duilio Cambellotti）的自由主义装饰或贾科莫·巴拉（Giacomo Balla）的壁画。卡拉布里亚的小型 ANIMI 学校也是如此。

在前往拜访时，马尔库奇"被孩子们自发的优雅举止，活泼的活动，有序和整洁的习惯所折服，而这些孩子都是贫民以及农民、伐木工、牧羊人的孩子"。[1] 后来，马尔库奇再次陪同一位部长级高级官员前来，向他展示即使在恶劣的环境中蒙氏教育仍然能发挥作用，而非像人们普遍认为的该方法仅适用于那些舒适高雅的环境。当他们到达时，看到"孩子们坐在花园的长椅上，独自专注地把他们的餐具和一些厨房用具整理好，老师因为生病在室内休息，仅通过窗户关注学生们的工作"。来访者遗憾地离开了，他们认为因为鉴于老师生病，"无法见证任何蒙台梭利方法的应用！"

136　墨索里尼的模糊态度

20 世纪 20 年代初，墨索里尼大力支持疟疾流行地区的卫生和社会康复项目。但是，与逻辑上的预期相反，在"进军罗马"之前就在这些地区存在着的且与党派无关的小型学校，并没有接受到什么特别的资助，反而因为某种程度上不完全受控于法西斯政权并没得到当权者的青睐。但玛丽亚·何塞公主一直特别关注这些学校，众所周知，公主对法西斯主义并无好感。

同时，墨索里尼在 1926 年创立了"巴利拉青年团"（Opera Nazionale Balilla），一部分目的是想要将青年组织从教会中吸引过来，一部分目的是将极端民族主义的幻想强加给意大利的儿童们，让"古罗马精神处处闪耀"，马尔库奇回忆道。"书和步枪打造出完美的法西斯主义者"的座右铭及其所包含

---

[1]　A. Marcucci, *La scuola di Giovanni Cena*, cit., 1948, p.183.

的涵义，与蒙台梭利的理念肯定是完全不相容的。

1928 年在安杰立科大街 22 号（viale Angelico 22），蒙氏教育方法学校及附属的儿童之家终于开办起来。在培训期间，学生们从高处的阳台上观察工作中的孩子们，以免打扰他们。[1] 在蒙台梭利看来这是一个积极的信号，以为自己可以保持政治上的中立；与此同时她也在寻找一种不落入该政权掌控的方式。

马尔库奇还写道：

　　1926 年，经过多年的旅居和出国工作，蒙台梭利回到意大利并出版了新版的《方法》。她受到政府高层的欢迎，于是立即着手工作，在米兰开设了一个儿童之家和一次经教育部认可的课程。那时，针对蒙台梭利的所有批评，包括政治批评都还没有爆发。部长和前部长，现任和未来的领导层，虽然其中一些人转而旗帜鲜明地反对蒙台梭利，但在当时他们全都簇拥着她，让她感觉自己凯旋而归。该机构（农民学校）培训了一些符合蒙台梭利教学方法标准的教师，他们并不后悔，即使其他的意大利幼儿园采用的是完全相反的理念模式，后者也赢得了一些闹哄哄的赞誉。

在这里，马尔库奇可能指的是伦巴多·拉迪切（Lombardo Radice）及其追随者。在那时的文化领域，克罗齐和真蒂莱的唯心主义占主导地位，两者虽然不同，但都是对科学教育和实证主义特征的蒙台梭利学说进行正面攻击的推动者。1924 年开始了真蒂莱主导的学校改革，并在两年后由新任教育部长、历史学家彼得罗·费德勒（Pietro Fedele）继续和加强；再后来的教育部长是亚历山德罗·卡萨蒂（Alessandro Casati），他继任后又辞职，以抗议前述的墨索里尼 1 月 3 日的讲话。

最终，在 1926 年，阿格罗旁蒂诺地区（罗马附近农村）的改革开始了，持续 12 年才完成。1939 年初战争临近，乡村学校中不再有蒙台梭利的影子，而为

137

---

[1]　这个儿童之家正是作者 3 岁到 5 岁期间曾去上过的，即 1932 年至 1934 年。她隐约记得那些站在高处的人，他们构成了儿童之家的老师们的模糊背景。

"赤贫户"们（guitti）[1]带来了尊严和正义感的学校则在1943年完全废除了。

伦巴多·拉迪切的指控

　　基础教育的总负责人朱塞佩·伦巴多·拉迪切（Giuseppe Lombardo Radice），在20世纪10年代曾对儿童之家充满热情，1923年还曾明确表达过赞赏[2]，但同年晚些时候又对蒙台梭利提出了一系列严厉批评：指责她剽窃罗莎和卡罗琳娜·阿加齐的学说，认为只有这对来自布雷西亚的姐妹（其实学说的真正水平十分有限）[3]发展出的教学方法才是一种真正的意大利方法。那些追随墨索里尼的人为表忠心，甚至以此为借口拒绝了解国际主义。

138　　除了这些模糊不清的指责，伦巴多·拉迪切以及真蒂莱真正寻求的是德国新人类主义的原则，即"政治教育"（Bildung）。这是一种在柏林开展的教育模式，通过引用古希腊理性精神的典籍（被认为是克服二分法的成功典型），来训练人的直觉和理性，最终走向社会和谐之路。

　　因此我们会感觉到，当时的意大利官方给予蒙台梭利运动的支持似乎只是一种权宜之计，与蒙台梭利保持不温不火的联系更要紧的是有助于得到国际舆论的认可，塑造一个现代而宽容的意大利形象。但是实际上，这些批评者们希望遏制蒙台梭利教育法的精髓，消除其中最具突破性的力量。

　　在伦巴多·拉迪切之后，来自其他方面的猛烈批评也纷至沓来。蒙台梭

---

[1]　"guitti"一词指在罗马农村地区生活最为穷困的那些人。

[2]　在索尔杰基金会保留着一封写在公文抬头纸上的信，写于1923年5月20日《致蒙台梭利博士的秘书》，寄自伦敦市中心西2区贝德福德街20号，信中写道"作为意大利人和学界人士，我很自豪英国的教育同行们了解蒙台梭利博士，这使我与他们增加了许多共同语言。并且，我很高兴地告知您，在教育部长真蒂莱的推动下，中学教育中将很有可能把儿童之家教师的培训纳入到新师范教育中来。类似地，蒙台梭利方法学校也会被视为师范教育的一部分。我很荣幸向那些信服您的学说的英国教育者们致意。"后面签的是伦巴多·拉迪切的全名。

[3]　参见 M. Grazzini, *Sulle fonti del Metodo Pasquali-Agazzi e altre questioni*, cit., pp.51, 478, 543, 563.

利被称为"老练的骗子""虚伪的人"甚至"商人"。应该指出的是，此时她和儿子唯一的经济来源就是出版书籍和材料的版税。马里奥与妻子和 4 个孩子仍然一起住在母亲的房子里，经济来源除用于维持生计外，还用于旅行讲座、组织课程和举办会议并出版通讯刊物等。[1]

按照蒙台梭利一贯的风格，她决定不理会争议，让那些指控扑空，好像她全不关心一样。但她逐渐与法西斯主义势力谨慎地拉开距离，两者关系开始恶化。1930 年和 1931 年在罗马的国际课程以及一些国际会议结束后，特别是在日内瓦举行的引起国际共鸣的和平会议之后，两者之间的对立到了不再遮掩的地步：1934 年法西斯政权下令关闭所有的蒙台梭利学校，包括成人的和儿童的，仅有少数在半秘密的条件下幸存下来。[2]

原本在 ANIMI 支持下的那些农村学校迅速转为使用阿加齐姐妹的教学法，且利用了被关停的蒙台梭利学校腾空的土地进行规模的扩大。一个意味深长的细节是，尽管阿加齐姐妹有天主教背景，她们还是选择了向老师彼得罗·帕斯夸利（Pietro Pasquali）[3] 这样的非忏悔式立场靠近，其教育理念很快就被数百所教会管理的幼儿园采纳。[4] 原因其实很简单：儿童之家的科学教育方法已不再是单纯的家庭延伸，而是对儿童个性的关注和对儿童独立性的追求，与之相反，阿加齐幼儿园仍然"被认为是一个有秩序的家庭氛围，教师在其中的权威有利于儿童的能力发展"[5]。

139

---

[1]　M. Grazzini, *Sulle fonti del Metodo Pasquali-Agazzi e altre questioni*, cit., pp.496-497 e pp.501 及后续页。

[2]　仅剩 4 家还在开办：2 家在罗马，由科斯塔·诺奇主持的位于塔韦纳宫附近的小学校和玛丽亚·范切洛主持的旧桥附近的学校；第 3 家在曼托瓦的帕利达诺，由"玛丽亚女士"建立的儿童之家，第 4 家是开设于松布莱诺的幼儿园，由米利亚姆（Myriam Agliardi Gallarati Scotti）创办。不排除有其他未了解的情况。

[3]　他们是社会党人贾科莫·马泰奥蒂（Giacomo Matteotti）家庭的亲密朋友，并在青年马泰奥和贾科莫的社会主义思想形成的过程中产生过影响。

[4]　M. Grazzini, *Sulle fonti del Metodo Pasquali-Agazzi e altre questioni*, cit., pp.51, 481, 543-563.

[5]　同上 , p.397.

1926 年第 3 版《方法》的发行给伦巴多·拉迪切再次提供了指控的机会，他批评蒙台梭利删除了之前版本中"纪念爱丽丝·弗朗凯蒂的亲切回忆"的献词。但这件事有些蹊跷，尤其是因为明明有些书展示了这一页献词，还有其他一些书被莫名其妙地剪掉了该页。

此时再明显不过的事实就是，法西斯政权周围最忠心的那些知识分子已经将蒙台梭利孤立了，尽管她拥有巨大的声望，他们却毫不掩饰地将其视作某种怪异的教育方式的创造者，并且缺乏深厚的哲学涵养。

蒙台梭利在 1947 年返回意大利后，一些新闻记者前往罗马大饭店采访她，忆及当年遭受的批评她表示说：

> 我倡导的理念并不是一种教育方法，而是一种启示。您知道，我从未专门修习过教育学。（法西斯主义者）关闭了我的学校，因为它们基于国际化的思想；我拒绝教授关于战争的内容，所以我离开意大利去了西班牙。对我来说，总有自由存在之处（原文中保留了这些意大利语单词）。我按照自己的信仰行事。我不想被视为激烈的反法西斯主义者，对政治实在无甚兴趣；另一方面，他们也确实错了。我们必须建立一个新世界，用新的裁剪、新的面料，而不是今天看到的这些穿着绫罗绸缎的跳梁小丑。[1]

这是一次不寻常的回答，我们不知道这份报道的真实程度几何，但无论语言被如何重新表述，其真实含义都非常清楚：人们试图强加给孩子，进而强加给成年人的每一种有违自然的意识形态，短暂的成功后注定会露出真面目。也就是说，拙劣地模仿，人为的和不合适的剪裁只会破坏了优质的天然质地。但蒙台梭利太晚才看清和谴责法西斯政权的暴力，这一点确实难逃指摘。但在当时的欧洲，许多权威知识分子和国家元首都将墨索里尼视为新时代的领导者。

出乎意料的是，庇护十一世本人毫不犹豫地表示，为了以公正和明确的

---

[1] R. Kramer, *Maria Montessori. A Biography*, cit., p. 353. 章节翻译由格拉齐亚·奥涅格·弗雷斯科完成。

方式解决教会与国家之间长达数十年的权力争端，"我们需要一个像天意般将我们召集在一起的人；一个没有自由学派顾虑的人[1]（译注：此处指墨索里尼。1929 年庇护十一世与墨索里尼达成的历史性的《拉特兰条约》，结束了意大利和罗马天主教会长达数十年的敌对关系）。"仅仅两年后，同样是这位教皇，对所有不肯依附于法西斯主义的青年协会被突然解散和内政部组建的巴利拉组织（Balilla）（译注：又名国家青年组织，成立于 1926 年，旨在向意大利青年灌输全新的法西斯意识形态）发出抗议："这完全是对青年的垄断，从幼年到成年，完全为某一政党的排他性利益服务，这个政党的意识形态已经公然向着异教徒式的集权国家发展，与家庭的自然权利和教会的超自然权利为敌"[2]。教皇补充说，这项新政治事业的领导人"已经清楚展示了政治上的绝对无能和无知"，他最后总结说"这些最近发生的事必须让所有人都清楚看到"[3]。

当然，这也不足以替蒙台梭利辩护，但事实表明了她确实无法脱离时代思潮的影响。无论如何，墨索里尼虽然能使许多人屈服于自己的权势，但对蒙台梭利的威逼利诱都无济于事，即使他关闭了她的学校，禁止了她的出版物，并让秘密警察（OVRA）监视她和她的儿子。

141

1934 年，蒙台梭利一家离开意大利

从 1924 年到 1934 年间，除去在罗马度过的岁月[4]，蒙台梭利母子的工作安排得十分紧张：举办了两次重要的国际课程，建设蒙台梭利方法学校和在欧洲各地进行需要投入大量精力的活动。[5]

---

[1]　庇护十一世, *Vogliamo anzitutto*. 1929 年 2 月 13 日向米兰天主教圣心大学的师生们致辞。

[2]　Pio XI, *Non abbiamo bisogno*. Lettera enciclica sull'Azione Cattolica.

[3]　同上。

[4]　1923—1924 年在那不勒斯，1924—1926 年在罗马和米兰，1926—1927 年在伦敦，后来又回到巴塞罗那。

[5]　1934 年，希特勒下令关闭德国和奥地利的所有蒙台梭利学校。在纳粹占领的许多城市，蒙台梭利的著作也被烧掉。

蒙台梭利的性格是力求沿着自己的道路一直走到山穷水尽，到不能再前进时便决绝转身，朝着更有利的方向再去发展。她在人生中的许多艰难时刻都重复着这样的模式。如果 1924 年时她对周边所处的政治环境漠不关心，对自己所取得的成果过度得意，10 年后她将面临极难应对的挑战。她知道自己仍然可以做很多事，而且没有什么改变是不可能的。做出决定后，他们返回了巴塞罗那，那里某种程度上让她有家园的感觉。蒙台梭利一家人定居在优雅的甘杜塞尔大街（Calle Ganduxer）22 号旁一栋花园环绕的房子中。在加泰罗尼亚首府（译注：此处指巴塞罗那），另一位最忠实的学生玛丽亚·安东涅塔·帕奥利尼，被亲切地称为"帕奥"[1]，应蒙台梭利的要求在房子的另一边组织了一个很小的儿童之家。在重新寻得的宁静中，蒙台梭利继续与位于拉斯科尔特斯街（Calle de Las Cortes）392 号的出版商阿拉卢切（Araluce）合作，后者出版过许多蒙氏作品的西班牙语版本，并一直期待着她的新作。

142　　　1915 年《应用于儿童之家的科学教育学方法》（*El Método de la Pedagogía cientifica, aplicado a la educación de la infancia en las Case dei Bambini*）出版后立即成为畅销书，同年还出版了《蒙台梭利实践手册》（*Manual práctico del Método Montessori*）；《学校里的自我教育》（*La Auto-Educación en la escuela elemental*）出版于 1930 年，《为孩子们做弥撒》（*La Santa Misa vivida por lo niños*）出版于 1932 年，《教育人类学》（*Antropologia pedagógica*）出版于 1933 年，而 1934 年出版了已经等待 3 年的书，即专门研究第二童年期的《计算心理分析》（*Psico Aritmética*）和《几何心理分析》（*Psico Geométria*），另外还有《蒙台梭利速写》（*Cuaderno de dibujo Montessori*）和《和平与教育》（*Paz y educación*）。

---

[1]　参见玛丽亚·安东涅塔·帕奥利尼《il Quaderno Montessori》，VII, 1990, n. 26, pp.83-104. 在参加了 1930 年的罗马国际课程后，帕奥利尼又参加了 1931 年的课程来加深自己的理解，她是首批学生中最活跃的人物之一。追随蒙台梭利在西班牙和荷兰工作一段时间后，她在意大利佩鲁贾建立了蒙台梭利研究中心（Centro di Studi Montessori），得到 AMI 的认可，专门研究 3～6 岁儿童的教育，学员来自世界各地。

　　1936 年在德韦基（De Vecchi）部长的命令下，蒙台梭利方法学校也被关闭了。朱莉亚娜·索尔杰甚至被捕，她后来回忆道：

　　　　1936 年我以反法西斯主义者的身份被捕。学校被迫关闭后我曾想返回米兰，但他们禁止我离开罗马。蒙台梭利博士专门写信抗议，尽管她与真蒂莱曾有多年良好的关系，但也无济于事。[1]

　　索尔杰的遭遇，仅仅是之后几年艰难日子的开始。"法西斯文化"后来成为高中课程中的必修课，并由奥尔加·普里尼·贝尔西托（Olga Prini Belsito）授课，后来他被证实是一名秘密警察。

　　不幸的是，在巴塞罗那安静而繁忙的生活很快也失去了。当时蒙台梭利正在忙于撰写新书《心理语法》（*Psicogrammatica*）[2]，西班牙内战爆发了，她不得不又一次与热爱的工作、熟悉的环境和亲爱的朋友们分离，继续流浪不安的生活。所幸马里奥总是陪伴在母亲身边，儿子最终成了她唯一的家园。[3]

---

[1]　朱莉亚娜·索尔杰之后，蒙台梭利方法学校由安杰立科大街儿童之家的前任老师玛丽亚·费德里奇·阿甘本（Maria Federici Agamben）主持了一段时间。然而，费德里奇在不得法西斯青睐的同时也未受到蒙台梭利的认可。战后方法学校重新开放，由"皇家的"转为"国立的"，由蒙氏教育学者玛丽亚·特雷莎·阿达米·马尔凯蒂（Maria Teresa Adami Marchetti）主持多年，她有着充足的学识和能力，参见 G. Honegger Fresco, *Radici del futuro*, cit., pp.62–64, 81, 95.

[2]　最后这本书直到 2017 年才发行，FrancoAngeli, Milano, a cura di Clara Tornar e di Grazia Honegger Fresco.

[3]　在 M. Schwegman, *Maria Montessori*, cit., p. 109 引用的秘密警察的匿名记录，称马里奥曾"独立于母亲"，与内洛·罗塞利（Nello Rosselli）在西班牙韦斯卡省（Huesca）并肩战斗的说法是完全站不住脚的。同时，处在阿拉贡前线的是卡洛·罗塞利而不是内洛，卡洛还参了与蒙特·佩拉托（Monte Pelato）的战斗（1936 年 8 月 28 日）和韦斯卡省（1936 年 9 月中旬）的战斗。与此同时，马里奥正陪同母亲在牛津大学参加第五届蒙台梭利国际代表大会（1936 年 8 月 7 日至 17 日），9 月初到达荷兰在皮尔森家做客。

13. 在实证主义和精神信仰之间

人们一向将蒙台梭利视作实证主义科学家。有必要先弄清从哪个角度对"实证主义"进行理解，也就是说，应以其本身原有的含义来理解，还是应该进行必要的分辨以使其不仅仅是一个模糊概括的标签。毫无疑问，蒙台梭利所接受的学术训练深受渗透在罗马大学医学院里的实证主义思想的影响。

"说话之前先观察事实"

实证主义于 19 世纪开始发展，英法代表人物有奥古斯特·孔德（Auguste Comte）、约翰·斯图尔特·米尔（John Stuart Mill），尤其是进化主义哲学家赫伯特·斯宾塞（Herbert Spencer）。在意大利，最著名的代表人物是罗伯托·阿迪高（Roberto Ardigò）[1]。阿迪高热衷于阅读时新的科学文献，批评宗教教条对人性的消极看法，强调科学知识对人的教育价值，可以激发好奇心和创造力。在 1869 年在曼托瓦发表的《关于彼得罗·庞波拉齐（Pietro Pomponazzi）的讲话》中，阿迪高对实证主义者进行了定义：

> 首先，实证主义者正是哲学家，他想要独立于先验建立的任何形而上学系统……他倾向于安静地从事研究而不参与任何党派……

> 他对自己的期待是：真理，只有当我用可靠的观察和分析方法发现它时，我才会知道。同时，对于那些在一个领域内有截然相反的观

---

[1] 罗伯托·阿迪高于 1828 年出生于克雷莫纳省一个小镇上的贫民家庭，后进入神学院学习，并于 1851 年被任命为神父，但由于他的出版物中的一些言论而被暂停教职。在庇护九世于 1869 年 12 月宣布"教宗无谬误"的教义后，他彻底远离了宗教界。在脱下教袍后，他一直过着简朴、严谨和专心研究的生活。晚年全聋，生活痛苦，于 1920 年自杀。

点的学科，我不知道该如何处理。我所追寻的是对每个人来说都是真实而又确定的科学；这样人们就只需认识并接受了。[1]

这种对待现实的方式必定会对教育理论产生影响。[2] 根据阿迪高的观点，不仅科学概念，而且道德原则都可以通过经验获得：在学校里"需要具体性；不是言语，而是事物"。仅口头授课是不够的；需要实物，或者在没有这些实物的情况下需要图像和符号来辅助。即使教师的授课语言有其重要性，但只有通过具体的行为和实物，意识、习惯和有意识的行为才能得到发展。因此，勤奋、举止和纪律不应该是强加于人的结果，而是由老师耐心的帮助和做出的榜样而获得的知识的产物。同时，有必要训练儿童能抵抗疲劳、抵御寒冷，并严格遵守卫生习惯，就像尤文纳尔（Giovenale）的一句古老谚语说的那样，"身体健康，整个人就能健康"。[3]

因此，这种围绕着个人的观念，与任何形而上学的二元论和天主教思想都相冲突。尽管教会拒绝肯定这种科学的态度[4]，但这种思维模式最终在更大程度上肯定了自身，跨越了社会生活的所有领域，并由于拒绝任何教条主义而带来精神层面更完整的自治，以及对人权的新的认识。因此，实证主义"在那些年里，与文人和哲学家的浪漫主义并存""以积极的方式对研究的事实进行分析性的认识"。[5]

145

---

[1] R. Ardigò, *Discorso su Pietro Pomponazzi*, in Id., *Opere flosofche*, vol. I, Colli, Mantova 1882, pp.47—48. 在 1882 年至 1918 年间，阿迪高的作品分为 11 卷由帕多瓦编辑安杰洛·德拉吉（Angelo Draghi）出版。在 1869 年 3 月 17 日阿迪高在曼托瓦的维尔吉利奥高中科学礼堂发表了关于彼得罗·庞波拉齐的演讲后被耶稣会士举报，他被暂停教职，出版物也被列为禁书。

[2] 裴斯泰洛齐也曾确认过类似的观点，"如果不是通过个人经验，那么知识和道德都无法获得。"

[3] Giovenale, *Satire*, X, 356.

[4] 意大利在很长时期内都存在着教育的不平衡，偏向于人文学科。关于这一点可以参考 E. Bellone, *La scienza negata. Il caso italiano*, Codice Edizioni, 2005.

[5] F. Fresco, *La concezione pedagogica di Roberto Ardigò e il suo intimo valore formativo di coscienze libere*. 这是一篇写自 1923 年 6 月，为取得罗马皇家大学师范进修课程学位的答辩论文，未发表。

因为工业化发展带来的深刻思想变化，以鲜明的世俗方式和不可知论的态度影响了各个研究和活动领域，包括雅各布·莫列肖特（Jacob Moleschott）在医学领域的研究、朱塞佩·塞尔吉在人类学领域的研究、塞萨尔·隆布罗索（Cesare Lombroso）孕育了刑法学派的思想领域和恩里科·莫塞利（Enrico Morselli）的神经心理学，后者担任重要的《科学哲学杂志》负责人 10 年之久。

历史学家卡洛·卡塔尼奥（Carlo Cattaneo）参加了反对奥地利的"米兰五日"运动，创办了杂志《综合科技》（Il Politecnico）以传播科学和技术知识，该杂志被认为是社会进步的动力。1881 年时任教育部长巴切利任命阿迪高为帕多瓦大学哲学历史系教授，后者在那里执教将近 30 年。阿迪高的思想影响了一批马志尼派学者，诸如地理学科的推动者阿坎杰洛·吉斯勒里（Arcangelo Ghisleri）和教育学家阿里斯蒂德·加贝利（Aristide Gabelli）等。

玛丽亚·蒙台梭利的实证主义

到目前为止我们概述的情况，能差不多勾勒出蒙台梭利完成其学术训练以及在医学界早期发展时的文化认知框架。精神病学的研究作为难以摆脱偏见的一个医学分支，在当时处于宿命论和道德主义的夹缝之间，在人们认为没有客观和可验证数据就不算真实科学的偏见中处境艰难。但这种病症也让人们明白，科学本身并不拥有解答所有心灵问题的能力，科学本身也需要完善，有时甚至会做出错误的结论，需要与时俱进。作为女性平权的坚决支持者，蒙台梭利拒绝接受隆布罗索的理论，即女性大脑的重量低于男性因此低人一等。蒙台梭利作为充满战斗力的女权分子曾批评道，现代知识的海量增长并不意味着彻底克服了延续百年的偏见，这些偏见使妇女屈从于男性权力，并使她们无法充分参与社会生活。

当时知识界一些著名女性从时代的转变中汲取力量，公开宣称完全自决的权利：女权作家西比拉·阿莱拉姆（Sibilla Aleramo）毫不犹豫地与丈夫分开，以更松散的伴侣关系与其他知名人物如瓜耶姆·费利切·达米亚尼（Guglielmo Felice Damiani）、乔瓦尼·切纳（Giovanni Cena）或迪诺·坎帕纳

（Dino Campana）生活在一起。俄罗斯医生和社会主义活动家安娜·库利斯乔夫（Anna Kuliscioff）与生活伴侣和政治活动家安德里亚·科斯塔（Andrea Costa）的感情关系结束后，将两人的女儿安德烈娜（Andreina）养在身边并公之于众。

蒙台梭利并没有准备好这样昂首挺胸地面对世界，因为担心社会的流言和排斥，她隐瞒了儿子与朱塞佩·蒙特萨诺的关系。但从她发表的杂志文章或应邀进行的演讲来看，她也会公开批评普遍存在的男权主义，不惜成为天主教徒的攻击对象，以及后来因为蒙氏教学法受到耶稣会士的批评。[1]蒙台梭利的朋友圈中有些有争议的人物，上流社会女士们避之不及的那种。另一方面，她与犹太人、社会主义者、无神论者和共济会也保持着关系，例如马志尼派罗马市长埃内斯托·内森，以及其他反官僚主义的共和党人或做人道主义工作的人。

蒙台梭利因其世俗倾向得到了王后的信任，同时也得到了对她所提议的教育变革感兴趣的天主教贵族的支持：如博罗梅欧家族，加拉拉蒂·斯科蒂家族，阿格里迪家族和塔韦纳家族等——但这一切距离教皇在她诞辰百年之际隆重表彰她所做的工作还遥遥无期。[2]

除了反现代主义者们的指责，尽管耶稣会士也对她表现出厌恶，但出现过一位暂时支持她的教皇给予她对使徒的祝福，对她所做的工作表示赞赏。[3]

尽管现有的关于玛丽亚·蒙台梭利的书籍涵盖了她生活和学说的方方面面，但长期以来，她的个人信仰方面却一直被忽略了。这个问题直到最近才

147

[1]　当时影响较大的有天主教徒阿尔米达·巴莱利（Armida Barelli）和天主教行动青年女性组织的批评。M. Boneschi in *Di testa loro. Dieci italiane che hanno fatto il Novecento*, Mondadori, Milano 2002 一书中提到了这一点。该书中还有蒙台梭利的简短传记。

[2]　Cf. *Discours du pape Paul VI aux partecipants au Congrès international consacré à Marie Montessori et le problème de l'éducation dans le monde moderne*, Jeudi 17 septembre 1970.

[3]　在出版于 1926 年的第 3 版《方法》中，除了前文所述的对于爱丽丝·弗朗凯蒂的献词，还有本笃十五世给予的祝福："上帝的祝福给予亲爱的女儿玛丽亚·蒙台梭利，她值得那些感谢和支持，我们祝愿她应用于儿童之家的教育方法越来越好。来自梵蒂冈，1918 年 11 月 21 日，本笃十五世。"

引起学者们的关注，他们也表达了非常多样化的观点。有些人认为蒙台梭利与天主教自始至终保持着距离，有些人从神学的角度重新解读她的教育理念，还有人认定她是虔诚的，声称注意到了她的理论要素与天主教精神完全一致。在这方面进行任何深入研究之前，首先要认识到的一个事实就是：蒙台梭利将信仰视为私密的个人空间，不允许他人窥探，除非这个人"对精神生活足够尊重……表现出立誓向善"[1]。从这个角度讲，一般意义上的宗教信仰对她而言只是外在的，就像教会为证明自己的权威而做的狂热实验一样。

朱斯蒂路方济各修道院时期与蒙台梭利的精神信仰

因此，要勾勒出这位科学家的精神立场，谈论她的宗教信仰和教派归属并不容易。从前述的玛丽亚·伊莎贝拉修女（Maria Isabella）的回忆中可以看**148**到一些发生在朱斯蒂路的片段。[2]修女说，当蒙台梭利求助于圣方济各救世主修道院的院长玛丽亚·德·拉·雷当普蒂奥（Maria de la Rédemption），希望有一个房间能容纳一个她的课程和学生，后者非常乐意地给予了帮助，因为感受到她"追求真理和卓越才智的伟大心灵"。

作为交换，院长希望她

能将宗教内容融汇到教学方法中去。蒙台梭利起初有些难接受，但后来就意识到在科学的许多分支中，她以前完全忽略了宗教的重要性。因此，她同意去参加由格罗塔费拉塔[3]（Grottaferrata，罗马最后一个拜占庭式的修道院）的修女们在罗马举办的一个宗教课程。

当马凯罗尼于1915年移居巴塞罗那参与新建的儿童之家时，曾向蒙台梭利转述一些学生父母的请求，即寻求向儿童介绍宗教的最佳方式，不希望孩子在参加宗教仪式时对所做的事情一无所知，蒙台梭利对家长们的提议很有

---

[1] M. Montessori, *I Bambini Viventi nella Chiesa*, cit., p.10.

[2] 参见《il Quaderno Montessori》, XIII, 1996, n. 51, pp. 120 及后续页。

[3] 同上。

兴趣并立即着手具体实施。由此诞生了一个新的项目体系以研究儿童的宗教信仰，并为加泰罗尼亚新建的这个儿童之家开创了教理问答的学习方式。根据考斯坦扎·布达法瓦·马吉（Costanza Buttafava Maggi）从马凯罗尼的回忆进行的转述：

> 在她领导的儿童之家中，孩子们从最开始就"吸收"了浸润着宗教言语、手势和礼仪的气氛。[1]她认为孩子们需要适当而具体的答案：也就是说，有一个准备好的环境，通过经验，他们可以为他们提供"钥匙"，以同时感受礼拜仪式的感官经验。专门用于宗教教育的房间内有一个匹配孩子们身高的祭坛，及其他缩小版的教袍和圣器：孩子们没有"玩弄"这些物品，而是认真执行了（礼拜式的举动），并且在发自内心的肃静和做出准确的礼拜手势之后，他们在完全无需强制的情况下感受到神圣。[2]

绝对清楚的一点是，蒙台梭利并没有抗拒对儿童进行宗教教育，她热切地希望进行这种教育，就像她请巴塞罗那教会中称职的神职人员前来合作所证明的那样。如果有任何她想要避免发生的，便是在孩子们中造成道德的压迫和严谨教义的约束，这完全与真正的上帝意识相悖，会损害孩子的精神成长。

为此，蒙台梭利得到了一名加泰罗尼亚主教的全力支持，这名主教对教理问答的更新发展非常了解。教理问答的文本便诞生于那个时期巴塞罗那儿童之家的教学实验观察中。[3]

这种向儿童介绍宗教的经验也注定会传播到世界各地，虽然会根据当地

149

---

［1］　马凯罗尼继续回忆道："因为看到过大人们祈祷所以孩子们自发地开始祈祷……在祈祷和只是单纯地说出祈祷词之间是有区别的：我从孩子们身上学到了这一点。"参见 G. Honegger Fresco (a cura di), *Radici nel futuro. La vita di Adele Costa Gnocchi (1883—1967)*, cit., p.170.

［2］　根据考斯坦扎·布达法瓦·马吉的口述整理。

［3］　参见 M. Grifò, *Un contributo pedagogico al rinnovamento dell'educazione liturgica: Maria Montessori e l'esperienza di Barcellona*, in《Rivista Liturgica》, vol. 100 (3/2013), pp. 689-709. 根据本书作者通过朱莉娅娜·索尔杰了解到的，*I bambini viventi nella Chiesa e La Santa Messa spiegata ai bambini* 是"极少数我们收到后未经修改的文本之一"。

的具体情况做出调整，但始终是纯正的蒙台梭利理念。可敬的菲利普·梅达（Filippo Meda）（译注：意大利天主教社会活动家）于 1922 年在阿格斯蒂诺·杰迈利（Agostino Gemelli）创办的杂志《生活与思想》（Vita e Pensiero）中为蒙台梭利辩护，因为乌戈·斯比力托（Ugo Spirito）指责她为"自然主义"。[1]梅达还提到了其他受蒙台梭利教学法启发的宗教经历，例如耶稣会神父拉默斯在阿姆斯特丹进行的传教活动，圣方济各会传教士在中国和日本进行的传教经历等。[2]

　　简而言之，对蒙台梭利信仰的疑问似乎更多地来自当今学者而非她同时代的名人、朋友或反对者。熟识她的那些知识分子，例如唐·路易吉·斯图尔佐（don Luigi Sturzo）；"升天圣母玛丽亚"自由大学的创始人路易佳·廷卡尼（Luigia Tincani），与蒙台梭利有着亲切的关系；圣心传教团的维琴佐·切莱西（Vincenzo Ceresi）神父，与教宗蒙蒂尼关系密切，曾几次在蒙台梭利举办的会议上发言。即使是一直批评她的耶稣会中也有支持她的人——神父马里奥·巴贝拉（Mario Barbera）从来没有怀疑过蒙台梭利是否信仰天主教。保罗六世对巴塞罗那发展的蒙氏宗教教育的天主教性也给予权威地重申：

　　　　我们相信，蒙氏教学法在这方面的成果远不止于此。蒙台梭利女士深信礼仪中固有的教学法与她自己的世俗的教学法原则相同，因此她毅然走上了圣庇护十世的礼仪更新所开辟的新道路。正如学校是孩子们的家一样，教堂也应成为教徒的家。蒙台梭利方法的宗教教育学，作为她世俗教育学的延伸，在那里她找到了天然的支持，臻至最大的成就，并让孩子们充分发挥最大的潜能，和谐地实现个体的整体发展。[3]

150

---

［1］　F. Meda, *Il metodo Montessori*, in《Vita e pensiero》, 8 (1922), pp.666–677.

［2］　关于从 30 年代到现在蒙台梭利教育中的天主教研究，可参见 E. Butturini, *La pace giusta. Testimoni e maestri tra '800 e '900*, quarta ediz. ampliata, Casa Editrice Mazziana, Verona 2006, pp.135–142.

［3］　*Discours du pape Paul VI aux partecipants au Congrès international consacré à Marie Montessori et le problème de l'éducation dans le monde moderne*, cit.

与儿童和青少年建立非暴力的关系：精神历程

蒙台梭利的许多学生对这一学说建立的深厚信仰，在某种程度上是在与孩子们共同工作的过程中加深的。让我们记住[1]伦敦圣母升天姐妹组织的修女伊莎贝尔·尤金（Isabel Eugénie），她是对蒙氏方法各个方面了解最透彻的人之一；英国的埃德温·莫蒂默·斯坦丁（Edwin Mortimer Standing），第一本蒙台梭利传记的作者；荷兰人阿尔伯特·马克斯·乔斯滕（Albert Max Joosten），他在印度工作了数十年，并于 1949 年成为"印度蒙台梭利培训课程"的主管[2]；来自乌斯林姐妹会的卡罗琳娜·戈麦兹·德·瓦莱（Carolina Gomez del Valle）是墨西哥人，她在美国和中美洲的贫困社区中进行了不懈的工作；"慈幼会"修女玛丽亚·科迪埃（Maria Cordié）在佩夏开了一家儿童之家选择了蒙台梭利方法，而不是她所属的宗教团体一般选用的唐·博斯科（don Bosco）的教育方法；法国的伯纳德（Bernard）夫妇和兰特涅（Lanternier）夫妇[3]，以及意大利的学生如马凯罗尼，奥利维罗，帕奥利尼，科斯塔·诺奇，玛丽亚·特蕾莎·阿达米和弗拉米尼亚·圭蒂（Flaminia Guidi）。

值得一提的还有法籍波兰人海伦·卢比恩斯卡·德伦瓦尔（Hélène Lubienska de Lenval），她于 20 世纪 20 年代曾是蒙台梭利的学生，后来由于对教材的分歧而与老师分道扬镳。她在法国和瑞士的法语区因宗教教育而闻名，侧重于对他人的尊重，对真实自然的灵性的追寻，以及直接使用《圣经》作为教材。在个人层面上的这种教育活动使她遵循着类似于罗马的索菲

151

---

[1]　这份名单肯定是不完整的。

[2]　在蒙台梭利一家后来彻底搬回意大利之后，乔斯滕在印度排除万难，继续着蒙氏教育事业。他常常依靠宗教机构的力量，后者给予了他坚实的支持。得益于他坚持不懈的工作，在印度这个广大的国家里最终建立起对儿童更加尊重的意识和对教师们更好的培训体系。

[3]　二战后，迈克尔和法尼·兰特涅夫妇在法国利摩日（Limoges）为 3 至 11 岁的孩子建立了一所学校，后转移到雷恩（Rennes）。学校附属的还有一个小型教师培训中心，CRELAM。

亚·卡瓦莱蒂（Sofia Cavalletti）的路径，加深了对圣经原文的研究。

　　索菲亚·卡瓦莱蒂是《圣经》的学者和评注家，是罗马萨皮恩扎大学的前拉比（希伯来语的学者和犹太传统的专家）埃乌杰尼奥·佐利（Eugenio Zolli）的学生。1954 年索菲亚受到科斯塔·诺奇的邀请——科斯塔对当时枯燥无味的教理问答方式颇感愤怒[1]——与出色的儿童之家老师詹娜·戈比（Gianna Gobbi）一起寻找一条不同的教育道路。经过共同努力，卡瓦莱蒂[2]的圣经造诣和詹娜的蒙氏教育经验相结合，对 4 至 15 岁孩子的宗教教育产生了空前影响，吸引了世界各地的学者、教育家和牧师的注意。这种教学方式会经常引用精心选择出的圣经原文，并展示一些美丽的历史、地理甚至自然知识，使孩子们逐渐熟悉圣经，这种方式正是蒙台梭利原本想做但被西班牙内战打断的事。相关的协会成立起来支持这个项目，与孩子们的教理问答作品也被整理为《好牧人的教理问答》（Catechesi del Buon Pastore），标题取自马太福音的章节（Mt 18，12-14），孩子们给出了很多有趣的回答。[3]

　　宗教课以小组形式在"教堂中庭"举行，就位于努瓦教堂（Chiesa Nuova）后方奥尔西尼路 34 号索菲亚的家中。孩子们像在儿童之家中一样活跃，课程的特点也非常相似，给予孩子们选择的自由，个人支配时间，借助物品、条带、命名法和其他纸质材料的使用，根据不同的年龄发展阶段形式不同。[4]

152

---

[1]　关于蒙台梭利对传统宗教教育的批评可参考 M. Grifò, Un "rispetto professato con culto di carità": Maria Montessori e il bambino soggetto attivo della sua formazione religiosa, in "Orientamenti Pedagogici", vol. 63 (4/2016), pp.685-715.

[2]　关于卡瓦莱蒂的事迹可参考最近出版的书籍 A. Aluffi Pentini, Sofia Cavalletti. Strumento di incontro tra i bambini e Dio, Edizioni Anicia, Roma 2017.

[3]　参见 S. Cavalletti-G. Gobbi, Educazione religiosa, liturgia e metodo Montessori, Ed. Paoline, Roma 1961. 书中第一章说明了她们选择这种教育方式的理论前提和实践方式。关于戈比的生平还可以参见 G. Honegger Fresco e di C. Grazzini, Il cammino di una maestra Montessori di nome Gianna, ne "il Quaderno Montessori, XIX (2002), n. 73, pp.49-54. Su Sofia cf. C. Buttafava, Sofia Cavalletti, in "il Quaderno Montessori, XXXI (2014), n.121, pp.8-13.

[4]　在 G. Honegger Fresco (a cura di), Radici nel futuro, cit., pp.170-194 一书中讲述了他们最初的一些经历。

　　"好牧人教堂"的教学形式得到了教会当局的批准，教宗乔瓦尼·保罗二世甚至表达了想亲自拜访设置在索菲亚家中的"教堂中庭"[1]的愿望，代表着教会对蒙台梭利理念持续了近50年的矛盾和猜疑的终结。两位女性所做的工作得到的最美的赞许，也许是后来在詹娜葬礼上一位曾经的学生的母亲所表达的："詹娜把孩子们带到圣经面前，索菲亚把圣经带给孩子们。"[2]同样的话也可以作为索菲亚的墓志铭，她于2011年8月在罗马去世，享年94岁。

　　无意冒犯那些因所谓的"反基督教偏见"而反对蒙氏教育方法的人，但这个例子仍然表明该方法可以从教育角度上对儿童建立基督教信仰提供途径。唐·路易吉·斯图尔佐大约在70年前就了解了这一点，在蒙台梭利去世一个月后他曾回忆起1907年自己作为卡尔塔吉罗内市长首次访问圣洛伦佐的第一所儿童之家时的情形：

　　　　我知道对自然主义的怀疑阻碍了这一教育创新。经过与（她）的长时间交谈后，我决定亲自来了解一下学校的类型以及采用该方法的原因……我的兴趣逐渐增长，玛丽亚·蒙台梭利从未忘记最初鼓励她，肯定她的教学法基础中没有任何反基督教的偏见的牧师……我几次自问，为什么从四五十年前到今天，蒙氏教育仍然没有在意大利学校中普及开来，现在给出的仍然是相同的答案：这是我们教育体系中的有机缺陷，缺乏自由，总是想要寻求通过官僚强制来的整齐划一……或者还有更多原因，即我们对蒙台梭利教育基础中的精神自由和人格自治缺乏足够的自信。[3]

────────────

[１]　S. Cavalletti, *Il potenziale religioso del bambino. Descrizione di un'esperienza con bambini da 3 a 6 anni*, Città Nuova, Roma 1979 e *Ead., Il potenziale religioso tra i 6 e i 12 anni. Descrizione di una esperienza*, Città Nuova, Roma 1996.《好牧人的教理问答》现已传播到世界其他地区，各地建立起的儿童"教堂中庭"由罗马一大天主教历史学教师弗朗切斯卡·考奇尼（Francesca Cocchini）负责协调，她也是索菲亚和詹娜的学生。

[２]　参见"il Quaderno Montessori", XIX (2002), n. 73, p.52.

[３]　L. Sturzo, *Ricordando Maria Montessori*, in Opera Omnia, vol. XII, pp.243–245. 这篇文章是作者为杂志《大路》（La Via）所写的文章，纪念前一个月去世的蒙台梭利，发表于1952年6月17日。

与其他信仰的接触

　　在不同宗教之间进行对话仍然遥遥无期的年代，一位西方的和基督教文明的女性（如蒙台梭利）提出的教育建议，受到了来自相距遥远的文明代表的赞赏，具有十分重要的意义。由于学说的开放性和可延展性，以及根植于儿童本质的理论根源，对于蒙台梭利来说从孩子的需求和启蒙出发的立场无论何时何地都是相同的，因此，她能够与那些信仰完全不同的人建立默契和理解，像英国和印度的神学家、印度教徒、佛教徒、穆斯林等。该方法在基督教不同教派中都有无数仰慕者，在多样化的美国环境中也大受欢迎，因其理论中先天蕴含的对多元文化主义的追求，以及与在 1935 年至 1939 年之间研究的"教育与和平"两者间的建设性关系似乎很契合。[1]

154　　也许这种极端的悖论成为了个人信仰，对她主要作为科学家和教育家的清楚认识，对个人信仰的极端保护，构成了我们理解蒙台梭利最忠实的学生之一对她的信仰所作的解读的关键：

> 　　她更看重精神性，而不是宗教。毫无疑问她有着深厚的宗教信仰，人类神圣的意义；但从她的讲话中可以清楚地看出，她并不接受命运、原罪、善恶两分等概念，而是重视每个人的责任和尊严。巴斯德认为，科学界与宗教界不能混为一谈，我认为她的看法也是如此。无论走到哪里，她都深深尊重当地人的风俗习惯和信仰，不论是荷兰、印度、巴基斯坦或西班牙。她带着可以称为崇高的敬意来看待和倾听当地人的历史以及认知现实的方式。[2]

---

[1]　此处有一段相关的回忆：锡兰（今斯里兰卡）的蒙氏学者侨伊斯·古内塞克拉（Joyce Goonesekera）与我在 1949 年圣雷莫第 8 届蒙台梭利大会上相遇时，对我说道："没有什么比蒙台梭利的思想能更好地遵循修行之路了。"在 20 世纪 70 年代早期她曾有机会造访由瑞秋·戈丁（Rachel Gordin）开办于巴黎（14 Av. du Général Clavery, Paris XVI）的一个小巧美丽的儿童之家。那里摆放着一些描金的犹太字母，在法语字母旁边。儿童之家的气氛是一贯安静忙碌的，但女老师的语调却是温顺甚至哀伤的。她心中有怎样的过去？我没敢问。

[2]　这段文字是本书作者于 1994 年与苏莱亚·菲鲁在布加勒斯特的一次会面长谈中记录的。

当然，她对任何激进主义或兴奋狂热的事物都没有兴趣，认为这对人类的和平共处而言是危险的：

　　我曾经听她说过这样的话："我们人类好奇心很强。动物过着自然的生活，而人类过着不真实的幻觉生活，与天使、魔鬼和圣人共处。他们断言自己已经和上帝对话了，想想圣女贞德吧。"……值得一提的还有，蒙台梭利经常使用宗教里的比喻和用语，不是因为想布道，而是因为这样人们能更好地理解。在印度教书时她当然没有使用天主教的例子，只需阅读《儿童的思想》就可以让人们明白她了。[1]

我们也许可以用玛丽亚·安东涅塔·帕奥利尼的话来结束这段思考，她在简短的回忆文章中说：

　　她是一名科学家，同时对精神层面的研究也有着深厚的兴趣。这超出了当时的社会规则，人们对此提出批评，但她不在乎。凭借积极的参与和开放的态度，在西班牙的教育经历后，她就与马凯罗尼一起研究天主教教育的主题。现在（指1939年）她对印度的一些伟大的思想家产生了浓厚的兴趣，如圣雄甘地，诗人泰戈尔，后者开办了一个学校社区，从孩子到大学都有，可以练习圣舞和冥想，进行实践工作和室内研究[2]；克里希那穆提（Krishnamurti）[3]和其他印度神学家。与这些人物的会面带给她深刻的启发，因此她很自然地前往印度并在那里开拓了新的工作领域。[4]

155

---

[1]　这段文字是本书作者于1994年与苏莱亚·菲鲁在布加勒斯特的一次会面长谈中记录的。

[2]　拉宾德拉纳特·泰戈尔（Rabindranath Tagore），慷慨的和平主义活动家，1913年诺贝尔文学奖获得者，在1901年建立他的"学校社区"，距加尔各答135公里远；他还把Shanti Niketan称为"和平庇护所"。

[3]　在 J. Krishnamurti, *L'educazione e il significato della vita,* La Nuova Italia, Firenze 1958一书中，有许多关于蒙台梭利工作的思考。

[4]　G. Honegger Fresco (in collaborazione con M.A. Paolini), *Il Centro Internazionale di Studi Pedagogici e l' Asilo "Santa Croce" (Montessori) di Perugia,* in《il Quaderno Montessori》, VII (1990), n. 26, pp.92-93.

14. 教育作为和平手段

在较自由的欧洲国家，1925 年和 1926 年对于蒙台梭利运动的发展而言是成果丰硕的：蒙台梭利不断在整个欧洲范围内举办课程，去了都柏林和伦敦开办两年期的课程，还去了阿姆斯特丹、巴黎、维也纳，最后在柏林住了 2 个月。她在各个大学以及政府机构中获得了很高的荣誉，受到极大的关注。杜伦大学（Durham University）早在 1923 年 12 月 11 日就因其教育和社会功绩而授予蒙台梭利荣誉学位（文学博士学位）。考虑到那一时期在意大利遇到的困难[1]，这件事对她具有一定的意义。

在维也纳，蒙台梭利的学生莉莉·鲁比切克（Lili Roubiczek）于 1921 年与其他朋友一起建立了一个"工作社区"（Arbeitsgemeinschaft）和一个儿童之家（Haus der Kinder）[2]，取得了丰硕成果，受到该市社会主义政府的热情欢迎。在都柏林和沃特福德，那里的人们至今仍自豪地讲着爱尔兰和苏格兰的古老语言盖尔语，虽然是天主教社区但也很重视蒙台梭利的教育创新。[3] 还有一些宗教机构对儿童教育的新方向感兴趣，有利于蒙台梭利运动影响的扩大。在阿姆斯特丹，因为喜爱荷兰新教徒的朴实举止和严肃态度，在一群当地家长的帮助下，蒙台梭利于 1930 年充满热情地在这里开办了一所旨在延续

---

[1] 在致《博士女士》中回顾了蒙台梭利的职业生涯，包括作为精神科医生，精神缺陷儿童矫正学校主任，以及追随裴斯泰洛齐和福禄贝尔思想的人类学者和教育学者。参见 *A Centenary Anthology*, 1970, cit., pp.34–35.

[2] 安娜·弗洛伊德曾在这个儿童之家工作，在她后来作为精神分析师的生涯中仍保留着这段鲜活的记忆。参见 E. Young-Bruehl, *Anna Freud. Una biografia*, Bollati Boringhieri, Torino 1993.

[3] 蒙台梭利作品成套照片，参见 *The Child in the Church. Essays on the religious education of children and the training of the character*, edited by Edwin Mortimer Standing, Sands & Co., London 1929.

儿童之家和小学的中学。鹿特丹蒙台梭利高中随后于 1936 年开办。[1]

1926 年秋天，蒙台梭利受邀参加了在南美举行的一系列会议，那里的意大利移民社区正在显著扩大。她分别前往了拉普拉塔，科尔多巴和布宜诺斯艾利斯。后来，埃达·马尔戈纳里（Eda Margonari）和朱莉亚娜·索尔杰也去南美生活了一年以巩固刚刚开创的工作。他们还开办了一所儿童之家，这是一段非常有趣的经历。[2]

从 1926 年到 1927 年，克拉拉·格伦瓦尔德（Clara Grunwald）和艾尔莎·奥奇斯在柏林举行了为期数月的蒙氏教学法培训班：蒙台梭利在开幕式上的讲话在媒体中引起了强烈反响。她主持的各项活动持续不断，经常要回到旧大陆的中心，在那里她会获得丰富的经济资助从而可以继续维持众多的项目。蒙台梭利经常到维也纳、阿姆斯特丹和伦敦旅行讲学，并于 1927 年在白金汉宫被接待。同时她也设法在旅行日程中见缝插针地回过意大利。这些荣誉使她感到欣慰，但并没有忘记让成人世界反思儿童生活状况的目标。虽然与政治事件保持距离，但她也无法忽视欧洲天空下逐渐聚集的战争阴霾，民族主义崛起，种族优越理论的传播以及全球经济危机的严重后果。

仇恨的根源在哪里？

面对一个如此盲目和暴力的人类世界，我们该怎么办？这是蒙台梭利经常思考的棘手问题。新的教育策略作出了一些根本的贡献，它与当时使用的其他教育方法完全不同，能够改变传统印象中儿童反复无常、不听话、叛逆、懒惰、笨拙的形象，从而一步步"重建"新的形象，取代了过去成年人通过惩罚、称赞或敲诈来对待儿童的方式。

158

———————

[1] 战后，其他蒙台梭利中学也在荷兰开办起来，1945 年在泽伊斯特，1950 年在海牙。

[2] 关于这段经历可见 G. Honegger Fresco, *Eda Margonari e Giuliana Sorge, pioniere montessoriane in Argentina*, in "Il Quaderno Montessori", XXV (2008), n. 97, Doc. LII, pp.47-64. 根据埃达的侄女卢多维卡·保尔加齐（Ludovica Borgazzi）提供的资料和曾多年作为索尔杰课程助手的考斯坦扎·布达法瓦的回忆整理。

这种僵硬的方式贯穿儿童的童年经历中（简而言之，就是在他们的环境中），学者们就此已经反思了数十年。[1]

蒙台梭利感到惊讶的是，在确定这种仇恨的根源时人们存在着如此多的疑虑，全世界的成年人都在"对儿童慢性扼杀"，这种"扼杀"正是使成年人与儿童之间悲剧性斗争永续的根源。

她就这样开始用她的语言谈论和平问题。1932 年 3 月，蒙台梭利应国际联盟的邀请去日内瓦，国际联盟是 1920 年成立的第一个旨在实现各国和平与平衡发展的国际组织。她在会上所做的报告中，使用的一些语句充满了预言的意味：

> 我们目睹的危机……可以与新的生物或地质时代的开启相提并论，在这样的时期会出现新的进化更完美的生物，同时在地球上也出现了新的生命条件。如果我们忽视这种情况，就会发现自己陷入了普遍的灾难……如果为了消灭别人，人们在不知情的情况下盲目使用宇宙的力量，恶果将很快显现……今天的人类就像一个被遗弃的孩子，迷失在森林中，为黑夜的阴影和神秘的声音感到可怖。人们没有清楚地意识到是什么因素将他们拖入战争，以及由于什么原因他们对此无能为力。[2]

人类没有任何其他的救赎道路可走，除非以不同的方式来培养明天的成年人，以及在生命的初始阶段就开始进行非暴力教育。因此，有必要将儿童的教育视为走向和平的基本手段。

159　　蒙台梭利开始在欧洲大陆上的每个自由国家中宣传这一点，在法国、瑞士、丹麦、荷兰和英国都是如此。她的基本观点是，人类被战争的黑暗迷惑了双眼，是因为生命最初的几年在家庭和学校中，人们就经受了各种形式的

---

[1] 参见 M. Montessori, *Influenza delle condizioni di famiglia sul livello intellettuale degli scolari. Ricerche d'igiene e antropologia in rapporto all'educazione*, in 《Rivista di filosofia e scienze affini》, VI (1904) vol. II, 3-4, settembre-ottobre, pp.234-84.

[2] 在 E. Mortimer Standing, *Maria Montessori. Her Life and Work*, Hollis & Carter, London 1957, pp.80-81 一书中，斯坦丁评论道："只要想想原子弹的威胁，就不觉得她的话是一派空想了。"斯坦丁的写作可能是概括引用的蒙台梭利的话，因此可能并不完全忠于原文。翻译是格拉齐亚・奥涅格・弗雷斯科。

不耐烦和攻击。

自 20 世纪 30 年代初以来蒙台梭利就一再重申，这种对儿童的否认具有强大的能力，滋生出仇恨的人性正处于严重危险之中。当整个欧洲的法西斯主义和纳粹主义泛滥之时，蒙台梭利的呼吁已经给人们拉响了警报：墨索里尼和希特勒已经在各自的国家建立了铁腕独裁统治，类似的情况在西班牙有弗朗哥，葡萄牙有萨拉萨尔，匈牙利有霍西，希腊有梅塔克萨斯。法西斯主义的传播如此广泛，1934 年 12 月在瑞士的蒙特勒甚至举行了国际法西斯代表大会庆祝活动，并有 13 个国家的代表参加；还计划了次年四月在瑞士的同一地点举办第二次会议。几年之内，在美国、加拿大、澳大利亚、南非，5 个亚洲国家和 6 个拉丁美洲国家，类似组织的数量上升到 39 个。相对立的意识形态是斯大林主义，在俄罗斯压制了所有形式的自由。

给成人与儿童之间的斗争画上句号

1932 年，新教育协会（The New Education Fellowship，NEF）第四届代表大会在尼斯举行，欢迎教育学领域具有创新性的人物参加。许多蒙台梭利学说的追随者们参加了这次代表大会，好像这是他们自己的盛会：这是第二次发生这种情况了。[1]蒙台梭利以教育与和平之间的关系为主题发言，引起了热烈反响，日内瓦国际教育局（Bureau International d'Education，BIE）的创始人阿道夫·费里尔（Adolphe Ferrière）[2][与爱德华·克拉帕雷德（Édouard Claparède）和皮埃尔·博维（Pierre Bovet）共同创立]完整收集这些年的创新经验，决定将蒙台梭利的演讲内容纳入自己的出版物中。

160

---

[1]　NEF 之前的会议也都具有国际特征，1921 年在法国加莱，1925 年在赫尔辛基，1929 年在赫尔辛格。最后这次举办于埃尔西诺城堡的会议，前来参会的蒙台梭利学说追随者如此之多以至于他们自己都认为这是属于蒙氏学者的首次盛会，并借此成立了 AMI.

[2]　瑞士人费里尔从年轻时就开始在希尔斯堡和豪宾达的赫尔曼·利茨实验学校工作。在此期间，他对蒙台梭利的学说表现出巨大的兴趣，正如他的儿子所证明的那样。他的儿子在苏黎世的瑞士德语区 AMI 担任多年的主任。

蒙台梭利再次表现得"无礼"，就像当年还是一名年轻的女医生来教育弱势儿童或进行师资培训时一样。她在 BIE 发行的小册子中宣称自己：

> 在当今时代，邀请别人谈论和平问题似乎是不同寻常的现象，因为今天的人们认为除非是该问题的专家，否则没人有资格就特定主题发表演讲。对于重大的事情，习惯上只选择在这方面表现出特殊才能的发言人。谁会想着让数学家对现代艺术进行批判，或者要求一个文人讨论放射性理论？但是，如果将这些问题与和平相提并论，那么即使是最崇高的科学分支又可以具有什么价值呢？国家的发展有赖于和平；也许我们整个文明的进步或衰败都取决于是否和平。[1]

《教育与和平》一书中，有一个章节标题为"成人与儿童之间的斗争"，她在其中谴责了成年人对儿童原生力量的持续威胁[2]，将其定义为"一种亵渎神圣的奴隶制"，并重申教育与社会责任之间的联系：

> 从未学会独立行动、指导自我行为和控制自我意志的孩子很容易服从于命令，并且必须始终依靠他人。

在报告的最后，蒙台梭利希望国际联盟与那些和平协会成为人类新方向的中心。

尼斯的会议结束后，她应邀赴布鲁塞尔，于 1936 年 9 月上旬参加了由英国政治人物们组织的"欧洲和平大会"。蒙台梭利以《为了和平》为题发表演讲，又一次对帝国主义和随之而来的灾难性后果发出警告：

> 战败的民族已成为胜利者的危险、负担和障碍，他们不得不照顾和帮助败者复兴。被征服的民族已然是全人类的疾病，一个民族的贫穷并不能使另一个民族发财，而是所有人共同的堕落……我们大家形成了一个统一的有机体，一个共同体，这是人类灵魂的潜意识甚至宗教精神的追求。[3]

161

---

［1］ M. Montessori, *Educazione e pace*, Garzanti, Milano 1949, p. 13. 在这个版本中，概念与 BIE 册子的概念相同，但失去了其充满实例的直接风格。但是，这是已修改和批准的文本。

［2］ 同上，pp.14 及后续页。

［3］ 同上，p.30.

1937 年 5 月，蒙台梭利在丹麦首都哥本哈根做了一次演讲，主题与次年夏天举行的第六届蒙台梭利协会代表大会相同——"教育促进和平"：

> 我不想讨论军备的恰当性，也无意牵涉政治问题，我只是认为真正能保卫人类的方法不是依靠武器……为了使教育真正成为人类和文明的救赎，就不能将其局限于现在的范围和形式……当今人们所默认的教育只是鼓励个人孤立，并追求个人利益。[1]

这段演讲文字以及在哥本哈根大会上参加的其他 6 次会议的演讲，都收录在加尔赞第出版社（Garzanti)1949 年出版的《教育与和平》一书，当年蒙台梭利被提名为诺贝尔和平奖候选人。该书中还收录了 1937 年在荷兰阿默斯福特（Amersfoort）的国际哲学学院举行的 3 场关于"教育对实现和平的重要性"的会议，最后还有 1939 年"世界信仰协会"在伦敦附近的斯特兰德（Strand）举行的会议发言。蒙台梭利始终坚持相同的主题，仿佛在执行一道坚决的命令："教育促进和平"[2]。

第一次世界大战的疯狂屠杀给欧洲留下了久久不愈的深刻伤痕，而今人们又站在另一场后果无法预见的冲突爆发之际（人们对这场即将到来的恐怖战争还完全没有准备）。在介绍该演讲集时，出版社加上了明智的注解："这不是政治问题，而是遭受战争伤害的人类问题，正像人们在青年时期会被童年的问题袭扰一样。"[3]

在今天看来尤为有意义的是在阿默斯福特召开的第二次会议，演讲题为《超自然性和统一民族》(*La Supernatura e La Nazione Unica*)，其中提出了两个重要的指导概念：一方面，人类在五六千年的历史中逐步建立了现在的世

162

---

[1]　M. Montessori, *Educazione e pace*, Garzanti, Milano 1949, p.37.

[2]　蒙台梭利谈论的"教育与和平"实际上是"和平中的教育"，将和平的行为举止吸收到教育中，让人们在生命最初的几年沉浸在非暴力的自由气氛中。"为和平而教育"的涵义是不同的，对于个人来说是一种外部目标，是需要理解学习的"材料"。

[3]　我个人觉得这条注解（ivi, p. V-VII）从其鲜明自然的语调来看，应该来自编辑的妻子索菲亚·加尔赞第（Sofia Garzanti）：这是一位非常有学识的女性，和蒙台梭利也很熟悉。战后她参与了蒙氏作品再版的工作并亲自关注了编辑过程。另外，索菲亚还在米兰的米拉佐路 7 号开办了一家很大的蒙台梭利学校（面向 3—12 岁儿童），在当地非常受欢迎。

界，以生物圈和超自然的代价为基础；另一方面人类被视为"单一有机体"，尽管存在各种斗争、战争、压迫以及勇敢的努力，我们仍在朝着这个方向前进。我们尚未为之准备充分的人类团结将在下一代出现，这一信念总是坚定地支持着蒙台梭利。

整个人类的亲密统一是一个新的乌托邦式的观念，蒙台梭利在随后的演讲中多次重复这一点。同时，对于遍布全球的无数学员来说，几乎每年一届的大会都是一个进行比较、更新、讨论的良好机会，最重要的是，能听到蒙台梭利的现场演讲。会议通常在夏季举行，以便会员们能最大程度地参与。[1]

战后的诺贝尔奖提名

第二次人类浩劫以令人震惊的广岛和长崎的悲剧结束。

蒙台梭利于 1947 年 5 月随马里奥回到意大利，应政府邀请重建蒙台梭利国家项目（Montessori Opera）并重组学校。她受到制宪会议代表们的热烈欢迎，并在最高机构——议会中获得席位。她始终把新教育的推行放在第一位，致力于降低世界自我毁灭倾向的不懈努力已获得了公认：苏格兰教育学院授予她"荣誉院士"的称号，阿姆斯特丹大学授予她名誉博士学位。

163　　在巴黎她被授予法国荣誉军团勋章，荷兰女王朱莉安娜（Giuliana）则授予她奥兰治–拿骚（Orange-Nassau）勋章，瑞士裴斯泰洛齐（Pestalozzi）基金会授予她同名的世界奖，在纽约她获得了国际妇女博览会的金牌。祖国意大利则支持她成为诺贝尔和平奖候选人。推动这一提议的是蒙台梭利国家项

---

[1]　此处补充自 20 世纪 30 年代开始历次国际大会的时间和主题。1933 年在阿姆斯特丹第 3 次大会，主题为"人类精神的重生"；1934 年在罗马第 4 次大会（教育家皮亚杰也参加了此次会议），主题为"偏差与正常"；1936 年在牛津第 5 次大会，主题为"儿童与社会"；1937 年在哥本哈根第 6 次大会，主题为"为和平而教育"；1938 年在爱丁堡第 7 次大会，主题为"儿童教育是社会变革的关键"；1949 年战后的第 1 次暨第 8 次大会在圣雷莫，主题为"世界重建中的人类教育"；1951 年在伦敦举行了第 9 次大会，主题为"教育作为心理发展的辅助"，次年蒙台梭利去世。之后大会仍然继续举办着。

目的主管玛丽亚·杰沃利诺（Maria Jervolino）[1]以及外交领域的一些知识分子，例如外交部长卡洛·斯福尔扎（Carlo Sforza）和意大利驻伦敦大使汤玛索·加拉拉蒂·斯科蒂（Tommaso Gallarati Scotti）。但这一奖项强大的竞争对手还有红十字会和贝纳多特基金会，它们都受到英国的支持，此外，盛行的男权主义也没有被完全克服。主要的全国性报纸都就此发声以支持蒙台梭利。这些报纸的历史记载表明，尽管蒙台梭利长期不在意大利，但她开展的活动却始终有着深远的影响。1949 年《晚邮报》的权威记者维托里奥·戈雷西奥（Vittorio Goresio）在一篇文章中写道：

> 没有人忽略这两个机构的贡献（译注：此处指前文的红十字会和贝纳多特基金会），但这并不意味着他们的贡献是在和平事业方面；或者说两者的存在其实都是以战争为前提。而蒙台梭利的贡献来自于另外一个方向，（因为）她的理论"创造"了和平。[2]

《意大利日报》的记者詹皮耶罗·多莱（Giampietro Dore）在被问到"教育学家可以期待获得什么样的头衔"时回答说：

> 蒙台梭利不仅是一名教育家，还是一位促进了和平科学的科学家，她倡导人们从出生起就接受非暴力教育。

1949 年的诺贝尔和平奖最终授予了英国生理学家、营养专家和粮农组织第一任总干事约翰·博伊德-奥尔（John Boyd-Orr）。在接下来的两年中，蒙台梭利还陆续收到了其他的奖项和提名。她在给朱莉亚娜·索尔杰的信中写道，如果能获得诺贝尔奖她会很开心，那样的话人们会进一步关注儿童问题，

---

[1]　玛丽亚·杰沃利诺（Maria De Unterrichter Jervolino），天主教民主党人，从制宪时期开始就在议会工作，在文化领域传播蒙台梭利思想的工作中扮演了重要角色。

[2]　转载自 C. Grazzini, *Un'occasione perduta. Note in margine alla candidatura di Maria Montessori al Nobel per la pace*, ne《il Quaderno Montessori》, XIX (2002) n. 74, Doc. XXXVI, pp. 59 及后续页。卡米洛·格拉志尼（Camillo Grazzini）是马里奥·蒙台梭利最紧密的合作者之一，在马里奥创办贝尔加莫的蒙台梭利国际研究中心（CISM）时共同合作，该中心专为 6—12 岁的儿童教育培养师资。格拉志尼在该中心担任主任长达 50 年，在马里奥的指导下每年开办培训课程。他的工作现由英国人贝义巴·克鲁敏思·格拉志尼（Baiba Krumins Grazzini）接任。

对迫切需要改变的对待孩子的方式和学校制度进行变革。然而在接下来的
1950 年，诺贝尔和平奖颁给了美国政治家、联合国官员拉尔夫·约翰逊·本
克（Ralph Johnson Bunke），1951 年颁给了法国工会领导人、曾任国际联盟代
表的莱昂·乔豪（Léon Jouhaux）。但是两者也都没有"创造"和平，而只是
"弥合了战争的创伤"。获奖者都是男性的事实并不令人意外：在诺贝尔奖 100
年来颁发的大约 600 个奖项中，各个领域授予妇女的奖项加总都没有达到 50
个。另外蒙台梭利主要讨论儿童的问题，这个主题尽管充满温情和对权利的
主张，却从未得到真正的聆听。

蒙台梭利坚持"儿童的社会问题"并非偶然，她甚至还推动组建"儿童
社会党"[1] 和儿童部，这些项目起源于 1937 年第 6 届蒙台梭利大会，来自不
同国家和拥有不同的宗教信仰的蒙台梭利支持者们都参与了。蒙台梭利活动
的协调中心选择在海牙建立，其原因有三：一是因为荷兰面对国际局势作出
了和平中立的承诺，二是因为这里是国际法院的所在地，最后是荷兰的威廉
敏娜在母亲和女王的双重角色的驱使下愿意对儿童问题采取积极的行动。当
然，二战的爆发将一切想法和活动都化为泡影。

在 20 世纪 90 年代，厄苏拉·萨沙（Ursula Thrush）[2] 曾征集各国蒙台梭
利团体的签名，希望能追授给蒙台梭利诺贝尔奖。这一举动最终没有结果，
因为根据规定诺贝尔奖仅授予在世人员。

---

[1]　参见《Bulletin of the AMI》，I, 1.

[2]　厄苏拉·萨沙是匈牙利人，在英国取得了儿童之家的教师资格，1967 年又在贝尔加
莫的 CISM 取得蒙氏小学的教育资格。后来她前往美国生活，1972 年在旧金山开办"蒙
台梭利金门学校"，招收儿童和青少年进行学校教育，还有附属的"培训中心"。这是当时
唯一一家真正实现了"地球之子"理念的机构。1982 年她又建立了"Montessori Institute,
Childcare in Workplace"，与一群蒙台梭利教育者一起到全球讲学，展示如何用纸板和"故
事条"进行"宇宙教育"，"这些材料由儿童之家制作，能够帮助青少年在活跃的日常中寻
得平静，是一种非常有用的教具，简直值得颁发诺贝尔奖。"

15. 晚年时光

因内战爆发而被迫离开西班牙时，蒙台梭利已经 60 多岁了。小马里奥·蒙台梭利（Mario Montessori Jr，译注：即蒙台梭利的孙子）对当时的情况记得非常清楚：

> 1936 年我的祖母以及帕奥利尼、弟弟和我本人都在西班牙。他们称之为内战的战争爆发了，但其实已经是一场国际战争，是 3 年后开始的那场波及更广的战争的悲剧前奏。那年夏天在牛津大学召开了蒙台梭利大会（第 5 届），英国派遣了一艘军舰（"战争者号"）来接我祖母。而剩余我们 3 个人在法西斯当局的怀疑下，乘坐"绿色公爵号"逃回意大利热那亚。代表大会结束后我们想全部去伦敦，但英国人不太乐意。因此我们去了荷兰，那里的人们热情友好，并为祖母提供了在拉伦（Laren）的一所小学校继续她的研究工作的机会。[1]

如前所述，那时蒙台梭利的儿子马里奥（Mario Sr）已经移居牛津一段时间为第 5 届代表大会作准备。蕾尼尔德（Renilde）（译注：蒙台梭利的孙女）大约 8 岁，和母亲一起留在西班牙，并于 1939 年与兄弟们一起到了荷兰。拉伦是一座与乌特勒支和阿姆斯特丹等距的小城，阿姆斯特丹由于众多艺术家的到来已成为一个活跃的文化中心。接待蒙台梭利家族的是富有的皮尔森夫妇（Pierson）和他们的女儿艾达（Ada）[2]。蒙台梭利和帕奥利尼一起住在一栋

---

[1] 小马里奥的回忆之前已经引用过；关于帕奥利尼的段落摘自 *La Scuola di Laren*, in《il Quaderno Montessori》, VII (1990), n. 25, Doc. VII, pp. 107-119; e da G. Honegger Fresco in collaborazione con A. M. Paolini, *Il Centro Internazionale di Studi Pedagogici e l'Asilo "Santa Croce" di Perugia*, in《il Quaderno Montessori》, VII, 1990, n. 26, Doc. VIII, pp.83-104.

[2] 艾达·皮尔森，1934—1935 年曾在阿姆斯特丹参加了蒙台梭利课程，并于次年在伦敦举办的课程中认识了蒙台梭利和她的儿子。从那之后他们的关系就一直很熟络。

名为宾克霍斯特（De Binckhorst）[1]的房子里。

166 　精明能干、工作得力的"帕奥"也许是与蒙台梭利亲密相处时间最长的学生。对那段日子她回忆道：

> 我们是难民，但是尽管局势动荡不安，博士年事已高，她仍然没有失去从头开始的热情和勇气。不久，我们在房子的底楼开了一个儿童之家，但比较局促受限。经过一年的工作，在皮尔森先生的帮助下，我们在拉伦的纳德斯特拉特（Naarderstraat）街49号发现了一座美丽的别墅，尽管房屋和花园都不大。[2]

在拉伦的教育经历

格伦戴尔（Groenendaal）被安排为两层：最小的孩子们在一楼，上面一层是小学，还有几个残疾儿童和几个大孩子。当时宣传单上的照片显示了修整完好的整洁房间，宽敞的户外场所，观察植物和动物的池塘，菜园以及孩子们可以进行木工的实验室。帕奥利尼继续回忆道：

> 那里有大树、鸽子和山羊。我不懂荷兰语，但和孩子们还是可以交流，然后还有艾达的堂姐妹依达·沃勒（Ida Waller）帮忙，她可以和我讲法语。她也参与课程并可以帮助我。

蒙台梭利的想法是创建一个可以进行新教育实验的示范学校，同时也是一处"提供安静安全的住所，作为她参加会议、代表大会和访问欧洲各国家

---

[1] 在欧洲北部国家为一栋房子取名的事情较为常见。宾克霍斯特位于希尔弗森施韦格（Hilversumschweg）路29号，后因为周围道路和门牌号的变更，现位于博格米斯特·尼斯彭斯特拉特（Burgemeester van Nispenstraat）路49号。另一栋房子格伦戴尔（Groenendaal），作为蒙台梭利学校的校址在战争中曾被纳粹军官占领，在战后被拆除。

[2] 在拉伦的学校，参与较小孩子教育的还有玛格特（Margot R. Waltuch），她还曾在巴黎的儿童之家工作，前文已经叙述过。20世纪80年代玛格特被提名为AMI在纽约联合国教科文组织的代表。关于1933年在法国的这段经历可以参见她的文章 The casa of Savres, France, in《The NAMTA Journal》, 21 (3/1996), pp. 43-54. Realizzò un volume dal titolo A Montessori Album: Reminiscences of a Montessori Life, David Kahn, 1986.

的基地"。在 1936 年 11 月的一次采访中，帕奥利尼再次表示，蒙台梭利曾宣布要给拉伦的学校以她的名字直接命名（这是有史以来的第一次），目的是要使"教育作为人的成长的辅助手段"的概念更深入人心。[1]

在蒙台梭利的指导下，不久之后在格伦戴尔开设了"教师培训中心"。帕　**167**奥利尼最后总结道：

> 拉伦的学校是经验和思想的结晶。和孩子们一起工作，然后和她一起钻研，真是令人兴奋。每当我晚上回到家中（如果她当天没有去学校）她总是会问我很多，特别是关于孩子们发生了什么事情，我会一一告诉她……例如，我观察到有些孩子试图通过叠加嵌套圆柱来进行比较，但这种尝试因为圆柱上旋钮的存在而受挫。她说，"让我们尝试制作一个没有旋钮，没有硬块的类似教具。"这样，孩子们后来可以用新的方式探索圆柱体教具，将它们重叠来制造塔楼和楼梯，找到相同的东西……同样基于在拉伦进行的反复观察，在马里奥的帮助下，蒙台梭利又制作了一系列语言的语法符号，可以各个部分互锁的地球平面图，所有树叶的命名法等。从 1936 年到 1939 年的乱世之中，拉伦确实像是一个幸福的小岛。[2]

1937 年夏天第 6 次蒙台梭利代表大会之后，母子俩前往离阿姆斯特丹不远的小镇巴恩（Baarn）的皮尔森家作客，在这里认识了印度神学学会主席乔治·西德尼·阿伦代尔（George Sidney Arundale）以及他的妻子鲁克米尼·德维（Rukmini Devi）。[3]这位妻子是印度神圣舞蹈的杰出鉴赏家，同时也是一位出色的舞蹈演员，她在印度成立了著名的国际艺术中心卡拉克谢特拉（Kalakshetra），后来举办过蒙台梭利的会议并出版其作品。当时这对夫妇正在寻找一种尊重儿童的新教育方式，并能够结合神学的精神合一主义。这次会面以他们邀请蒙台梭利来年访问印度而结束。帕奥利尼回忆说，博士"无论哪里

---

[1]　由古斯塔维·乔普（Gustav Czopp）进行的这段采访整理发表在《Montessori-Werkbrief》，bollettino della sezione AMI della Svizzera tedesca, n. 27, 1989.

[2]　蒙台梭利教具中 4 个不同颜色系列的圆柱就是从这里诞生的。

[3]　*A Centenary Anthology*, 1970, cit., p.45.

召唤她，她都热情地愿意让人们看到孩子们身上的希望，接受了这项提议。"

1939 年 1 月 14 日，马里奥致信苏莱亚·菲鲁："3 月我们将去伦敦待 5 个月，然后去印度。我们将在明年 3 月回来。" 9 月在希特勒入侵波兰时，他们正客居在布列塔尼的洛吉维-拉梅尔，邀请他们来作客的让-雅克·伯纳德（Jean-Jacques Bernard）后来回忆道："我们和她一起度过了痛苦的时光。"[1]

168   1940 年 7 月 31 日，阿黛莱·科斯塔·诺奇（Adele Costa Gnocchi）通过红十字会给在印度的蒙台梭利寄亲笔签名信，那时战争已经爆发。（该文件由 AMI 的玛丽亚·蒙台梭利档案馆提供。文中 4 个孩子是指马里奥的孩子，"课程"由科斯塔·诺奇主持，在帕奥利尼的帮助下进行）

---

[1] M. Pignatari (a cura di), Maria Montessori, *cittadina del mondo, Comitato italiano dell'Omep*, Roma 1967, p.275.

前往印度

尽管时局紧张，蒙台梭利还是决定在十月份与儿子一起前往印度。帕奥陪同他们先来到那不勒斯登机，最终目的地是印度的阿贾尔（Adjar），这座城市位于神智学会（Società Teosofica）所在地马德拉斯附近。旅程持续了近 5 天，中途多次停靠：从那不勒斯到雅典，然后是埃及的亚历山大港，巴格达，伊拉克的巴士拉，伊朗的贾斯克（Jask），巴基斯坦的卡拉奇，印度的海得拉巴，最终到达阿贾尔。[1]像许多人一样，蒙台梭利母子也没有意识到纳粹 1 个月前对苏台德地区发动攻击背后隐藏的极端危险。

1940 年 5 月，荷兰被占，纳粹占领了美丽的格伦戴尔，在拉伦开始的所有教学活动被迫结束。战争期间荷兰的阿尔伯特·乔斯滕（被密友们称为"阿伯斯 Abs"）写给他的朋友苏莱亚·菲鲁的一些信件特别有意义，他的意大利语虽然语法上不是很准确但极富有表现力。他的母亲罗西·乔岑（Rosy Chotzen）与蒙台梭利有着多年的朋友关系，一直在阿姆斯特丹为教师培训工作作出努力，也为蒙氏教育在荷兰更广泛的传播作出了贡献。1994 年苏莱亚向我展示了一些信件，并允许我复制与战争时期有关的部分文章。苏莱亚的意大利语也很好，他在共产党执政的几年中通过反复阅读蒙台梭利的著作而进一步完善了自己的语言。

1940 年 2 月 11 日，"阿伯斯"在写了他在荷兰开展蒙氏运动的一些情况后，谈到了当时年近 70 的蒙台梭利的生活状况：

> 不幸的是，关于她过着舒适生活的故事传开了，（而不是）她被迫不停地从一个地方搬到另一个地方时所遭受的不幸，总是看着自己辛苦和慷慨建造的东西毁于一旦的过程一遍又一遍地重复。在人类历史上这段烽烟四起的动荡岁月，她（没有）可能安心于"人类

---

[1]　这段路线是卡罗琳娜·蒙台梭利根据手头的家族资料整理出来的。

福祉"的研究工作，还有人坚持认为她过着富有而无忧的生活。真相距离人们的想象太遥远了，我甚至不愿去揭露，整个世界都会感到惊讶……

170 1942 年 4 月 9 日，他在拉伦写道：

> 我为工作而活，独自住在之前蒙台梭利博士住的小房子里（宾克霍斯特）。我在（阿姆斯特丹）的课程中扮演着重要的角色，并借此努力保持着博士在这里重新开创的事业；4 个孩子（马里奥的孩子们）都和我们住在一起，我们组成了一个非常友好和慷慨的家庭，相互以自我克制和爱心彼此照顾着。

乔斯滕不顾当时的生活艰难，一直致力于蒙台梭利奉献精力最多的教师培训这一工作，在挽救生命都是奇迹的时代，这种奉献精神确实令人钦佩。直到战争结束，他一直住在宾克霍斯特的小别墅内，在拉伦和阿姆斯特丹之间不断往返以兼顾那里的课程，付出了很多努力。

当蒙台梭利来到印度时，她受到了周到备至的近乎皇家的礼遇。从写给朱莉亚娜·索尔杰的信中可以看出她觉得自己被推到了太崇高的地位。神智学会为她提供了一个舒适的住所，称为"奥科特花园"，并提供了环境所能允许的各种生活便利。[1] 蒙氏课程的开办引起了极大反响，毕竟自 1926 年以来蒙台梭利在印度已广为人知并成立了"印度蒙台梭利学会"，《方法》在孟买以印地语和古吉拉特语出版。

就像在别处一样，几所蒙台梭利学校迅速开张。实际上，印度讲究通过真我的意识和现实的连续轮回来实现个人解放，似乎与蒙台梭利的教育理念有一些内在联系，因为后者强调在自我意识的发展中实现儿童的自由解放。

---

[1] 蒙台梭利自 1899 年开始就是神智学会会员，同年她在伦敦参加女权主义大会。她在那次大会上可能遇到了贝桑特。参见 C. Wilson, *Montessori Was a Theosophist*, in《History of Education Society Bulletin》, 1985, vol. 36 (1985), pp. 52-54. 但没有证据证明此后她更新过自己的会员注册信息。

神学家

神学运动是由曾在西藏和印度长期居住的俄罗斯人海伦娜·彼得罗夫纳·布拉瓦茨基（Helena Petrovna Blavatskij）和美国人亨利·斯蒂尔·奥尔科特（Henry Steel Olcott）于 1875 年在纽约创立的。

两人都在寻找所有宗教的共同元素，对佛教和印度教特别感兴趣。因此 1879 年他们移居印度，并于 1905 年在阿迪亚尔建立了神智学会的总部。两人于 1907 年去世后，安妮·贝桑特（Annie Besant）接管学会。从欧洲左右两派政权到天主教会，尽管有无数反对者，这个学会仍迅速开枝散叶，尤其是在第一次世界大战之后其分支机构已在各个国家出现。[1] 如今，该学会在 50 多个国家拥有 30 000 多名成员和约 1 000 个办事处。总部仍然在阿迪亚尔（Adyar），每年在那里举行一次全体大会。[2]

神智思想以思想的最大开放性和对各种形式的精神研究的尊重为基础，渴望实现普遍的博爱，超越性别、肤色、种族、宗教或政治信仰的差异，并肯定非暴力是人类关系的基础。通过对宗教、哲学和人类学习的比较研究，神智学家认定本学会不是宗教，而是具有强烈精神志向的运动。

蒙台梭利在印度的课程地点选择了一个大而通风的凉亭，覆盖着棕榈叶屋顶。一些照片中显示，蒙台梭利坐在一张舒适藤椅上，面前有一张桌子，左边是负责英语翻译的马里奥。学生们坐在地板上的垫子上，全神贯注地聆听着。[3] 这些大多是已经工作或处于实习阶段的教师，应政府的要求而入学或者愿意付出巨大的牺牲自愿前来的。

[1]　在德国分部，鲁道夫·斯坦纳（Rudolf Steiner）发挥了重要作用，1913 年建立了智慧协会（Società Antroposofica）。

[2]　这段简短的介绍不足以清楚说明这个鱼龙混杂的协会思想的各个方面。尤其是贝桑特本身也是一个充满争议的人物，她反对印度的独立，并以自己的方式表达了出来。

[3]　参见 *A Centenary Anthology*, 1970, cit., p. 46. R. Kramer, *Maria Montessori. A Biography*, cit., p.342, 此处指 20 世纪 20 年代在印尼的加瓦岛（Giava）也开设了蒙台梭利学校。

在第一批学生中有古尔·明瓦拉（Gool Minwalla）、特米纳·瓦迪亚
（Tehmina Wadia）和库尔什德·塔拉波瓦拉（Khurshed Taraporewalla），后来
成为印度蒙台梭利运动中的著名人物。尽管授课的物质条件并不理想，但学
生们的参与是积极主动的，对大师传递给他们的知识产生深刻共鸣。另外，
只有一套教具材料使得教学计划中的个人练习难以实施，但学生们的努力弥
补了这一不足。

蒙台梭利会见甘地（fotopress，地点不详，1941 年？）

印度以其独特的魅力征服了这位欧洲老太太：千年的文化传统，美丽多
彩的自然风光，流传已久的习俗，生活的方方面面渗透的灵性，以及那里的
人民对命运的坦然接受，即使是其中像饥饿、种姓制度、对女性的暴力这样

痛苦的部分。

在印度停留期间，蒙台梭利与"圣雄"甘地会面，尽管两者的文化背景大相径庭，但彼此仍感到理解和亲切：莫罕达斯·卡拉姆昌德·甘地（Mohandas Karamchand Gandhi）曾于 1931 年参观过罗马的一所儿童之家，他以"非暴力不合作运动"（satyagraha）与各种形式的社会不公正现象进行非暴力斗争，与蒙台梭利的理念不谋而合；诗人和剧作家泰戈尔（1913 年诺贝尔文学奖获得者），虽然他自己娶了一位未成年妻子，但对儿童世界的议题非常关注。[1] 与蒙台梭利的思想形成了鲜明的共鸣是泰戈尔的诗歌中表达出的对卑微和被遗弃的命运的关怀，并从中确认上帝的存在。泰戈尔的祖父于 1828 年发起了一场有神论运动，诗人的父亲继续将其发展，他们从基督教和伊斯兰教精神中汲取团结与同情心的概念，但整体要追求的神学目标令人困惑。

除了阿迪亚尔，蒙台梭利还在艾哈迈达巴德（Ahmedabad）度过很多时光，住在"印度蒙台梭利学会"副主席、热情好客的萨拉拉德维·沙拉拜（Saraladevi Sarabhai）的"隐居别院"（"The Retreat"）里。在一张经常被转载的照片上，这位印度女士紧挨着蒙台梭利和马里奥，他们都身穿印度风格的白色衣服。[2] 自从 1922 年以来，这位一直很钦佩蒙台梭利的富有女士就选择莫蒂默·斯坦丁作为她 3 个孩子的家庭教师，斯坦丁被蒙台梭利称为"被保佑的"（Benedetto）。因为对蒙台梭利有一种崇高的敬意，沙拉拜甚至称她为"母亲"，并请求她将自己的家人视为一家人。两位女性都具有极强的人格魅力，在接下来的几年里她们建立了成果丰硕的合作，沙拉拜在女儿和儿媳的帮助下开设了一所面向儿童和少年的学校。

意大利于 1940 年 6 月 10 日宣布参战后，在英属诸岛和英属殖民地的所有意大利人都被拘捕了。蒙台梭利被允许留在奥尔科特花园，而马里奥则被关押起来。英国蒙台梭利协会的会员们马上向英国当局进行了抗议。好在马

---

[1] 相比起甘地，泰戈尔在西方世界更受欢迎，可参见 E. Butturini, *La pace giusta. Testimoni e maestri tra '800 e '900*.

[2] *A Centenary Anthology*, 1970, cit., p. 51.

里奥的关押并没有持续很久：8月31日，印度总督为庆祝蒙台梭利的70岁生日而释放了她的儿子，并发来一封亲切的电报。这是马里奥第一次被正式承认为蒙台梭利的儿子。一张照片显示，他们在奥尔科特花园住宅前并排坐着，脸上挂着微笑。蒙台梭利的额头上有一个提拉卡（tilaka），这是印度风俗中特有的红色标记，她脖子上还有一个特殊的节日装饰品。[1]

174

在科代卡纳尔

当炎热的夏季到来时，神智学会将蒙台梭利送到印度南部的丘陵地区避暑，其他欧洲人也迁徙到这里：科代卡纳尔（Kodaikanal），也称为科代，位于丁迪古尔地区的泰米尔那都州。

在印度度过的这段时期十分富有成效，以至于战争结束后蒙台梭利母子又继续在那里待了一年：他们与才华横溢的莱娜·维克拉玛拉特娜（Lena Wikramaratne），这位参与了1940年阿迪亚尔课程的学生一起实践了许多想法。这些想法对第二童年期的研究十分重要，莱娜在前文引用的访谈中也提到了这一点。[2] 参加阿迪亚尔的课程后，出于对加深所学知识的渴望，莱娜搬到了科代。在父亲的经济资助下，她在神智学会安置蒙台梭利的住处附近住了下来。这个地方非常美丽：离湖泊不太远，植被茂盛，动物繁多，最重要的是有许多儿童住在附近。这里有深受母亲呵护的印度婴儿，也有学龄儿童；还有一些欧洲人的孩子，他们已经拥有非凡的独立性和在自己生活的环境中冒险的探索欲望。

蒙台梭利在这里重新开始思考和观察，由于条件所限，无法像人们期望的那样组织起正式课程，因此她向她的学生、附近住的另一位印度女士和一位欧洲女士提议，向她们讲解教具的用法。由于莱娜学过拉丁语，更容易理

---

[1] *A Centenary Anthology*, 1970, cit., p.47.

[2] 关于莱娜的这段完整的访谈参见 G. Honegger Fresco (a cura di), *Montessori: perché no?*, cit., pp.171-178.

解意大利语，因此担任翻译。由于两位女士各自有两个孩子，她们一起创办了一所小学校，学校也逐渐扩大，并成为后来被称为"宇宙教育"的项目实验场所。 **175**

对科代卡纳尔的这段经历，莱娜总结道：

> 1944 年 3 月，（针对意大利）战争结束了，英国政府允许蒙台梭利自由行动了……也许她对自己被束缚太久感到厌倦，想去我的祖国锡兰看看（现在是斯里兰卡）。她告诉我，她一直想看看年轻时读过的《水手辛巴达》生活的地方。因此，我们着手开始一项新工作，再次在儿童研究中合作——自然界的儿童和锡兰的孩子，并再次取得了成功；科代卡纳尔的研究结果得到了进一步的验证。

每当面对新的现实环境和不同文化背景的孩子，蒙台梭利似乎都能恢复活力和能量。最重要的是，她永远保持着好奇心，兴趣和热情。在印度度过的岁月确实硕果累累。她在马德拉斯、孟买、普那（Poona）的鲁克米尼·德维的卡拉克谢特拉中心分别开设了课程，战后紧接着又在锡兰和巴基斯坦举办了课程，之后终于返回了欧洲。

1946 年，蒙台梭利母子回到欧洲

渴望见到许多在旧大陆等待他们的亲人的愿望是迫切的，但是要告别生活了多年的印度也很艰难。蒙台梭利很可能当时就觉得这并不是最终的告别，而只是一次暂时的离别，并计划着以后还要返回她的学说深深扎根的那些地方。

母子俩首先在荷兰停留与孩子们团聚[1]，并对战争期间照顾他们的皮尔森一家表示感谢。随后，他们立即前往伦敦，提出在小学中扩展蒙氏教育的计划；然后前往爱丁堡，声望颇高的苏格兰教育学会向蒙台梭利颁发了名誉研

---

[1] 1946 年长孙女玛丽莱娜已经结婚，小马里奥在战争期间担任英国空军飞行员穿越占领区直到比利时的边界，战后很快又继续开始了心理分析师的培训学习。另外两个孩子还比较年幼。

究员证书。

176　　因为总是在不断地旅行，有人问蒙台梭利觉得自己是什么国籍时，她回答说："我的祖国是一颗绕太阳旋转的恒星，被称为地球。"她这么说绝不是哗众取宠。长久以来，蒙台梭利确实克服了国籍的限制；在印度取得的丰富成果和二战对全世界造成的巨大动荡进一步证明，人们真正的故乡是和相似的人生活在一起的地方。欧洲各地都邀请她前往开课和演讲，她也继续不懈地前进，更加激发了人们对这位女士生命力的真诚敬佩——虽然已经年近八旬，她仍然觉得自己还有很多事情要做。

　　1947 年 7 月，马里奥在与海伦长期分居后与艾达·皮尔森（Ada Pierson）结婚。艾达是一位阳光的女性，有着很好的幽默感，她对这位特别的婆婆充满钦佩和温情，多年来这对重新团聚的母子过着几乎共生的生活。她并不嫉妒这种关系，并且对孩子们有着同样亲切的感情，在战争最残酷的岁月中皮尔森一家一直将他们视为己出。[1]

　　1948 年，莱昂·布鲁姆（Leon Blum）代表法国政府向蒙台梭利授予荣誉军团勋章。东柏林向她提供了大学教席，但她拒绝了；10 月，蒙台梭利与马里奥再次一起去阿迪亚尔和艾哈迈达巴德，然后又去了斯里兰卡。但不同的是，这次他们由艾达和年轻的蕾尼尔德陪伴。同样面对的是数不清的会议和对新开办的学校的访问。1949 年初他们在卡拉奇工作了几个月，这个巴基斯坦的新首都刚从印度分裂出来，并顺路又去科代卡纳尔，在凉爽的天气中重新度过了愉快的时光。

战后在意大利举行的第一次大型会议

　　8 月，蒙台梭利一家返回意大利参加在圣雷莫举行的第八届蒙台梭利大会。根据会议记录，与会者来自奥地利、智利、希腊、危地马拉、锡兰、印

---

[1] *A Centenary Anthology*, 1970, cit., pp.48-49. 艾达为蒙台梭利运动提供了慷慨无私的支持，并在扩大阿姆斯特丹的总部中作出贡献。马里奥去世后，艾达继续在 AMI 工作，贡献自己的智慧。

度、伊朗、墨西哥、巴拿马和瑞典等许多国家，还包括众多官方代表，仅意　177
大利本国的会员就有 400 多人。其中，早期的朋友玛丽亚·马拉伊尼一直与
蒙台梭利保持着密切的联系。

　　由日内瓦建筑师埃米尔·雷维尔丹（Émile Réverdin）在汉伯里花园设计
的奥蒙德别墅（Villa Ormond）中，一个来自世界各地的教具材料和儿童作品
展览被组织起来。作为惯例，一间小教室放置在别墅房间的中央，由大约一
米高的简单木隔板与参观者隔开。

1949 年 8 月，圣雷莫：每次蒙台梭利大会上都会例行建造一个小教室，以展示自由选
择的价值和儿童集中注意力的能力，孩子们都是随机邀请来的。站在中间的是老师詹
娜·戈比（Gianna Gobbi）。（图片来自大会官方摄影，Pubblifoto）

　　蒙台梭利所做的 4 次大会演讲像往常一样引起了极大反响。在沟通一致
后，由科斯塔·诺奇和她的合作者首次将新生儿的一些教养经历介绍给蒙台
梭利学界。

　　就像 1915 年在旧金山建立的玻璃屋或牛津大会上设立的玻璃屋一样，在
圣雷莫这座教室里的各个年龄段的孩子，有蒙台梭利会员的孩子或别墅看护

178 人的孩子，或者只是偶然地经过那里的孩子，他们完全被手中的活动和教具所吸引，好像周围没有人一样。

自加利福尼亚的博览会以来，这种不寻常的现象几乎在每届蒙台梭利大会上重现，表明儿童可以表现出与我们通常所看到的大不相同的状态。即使战后的经济艰难，但那些年充满了希望。蒙台梭利看上去比平时要瘦一些，穿着长而柔软的黑色连衣裙，头发全白，发髻梳在右边；虽然刚刚过完 79 岁的生日，但她还是完成了计划的 4 次会议演讲，一如既往地吸引人。

1949 年 8 月在圣雷莫度过之后，蒙台梭利同意在罗马波罗米尼礼拜堂（Sala Borromini）举办一系列演讲。1950 年 4 月，她受荷兰学生的邀请去阿姆斯特丹参加了一次充满感情的会面，由于参加的人员广泛，这次会议成为名副其实的"全球"教育会议。同时，蒙台梭利在罗马又举办了另一门课程，于 1 月至 6 月举行：这是她的最后一次全国性课程，有 200 多名学员（包括该书的作者）参加。除了马里奥之外，还有几个最好的意大利老师作为助手一起进行课程的练习讲解，包括圭蒂、马尔凯蒂、戈比和索尔杰。同年夏天，帕奥利尼于佩鲁贾举办了第 29 届国际课程，报名的人数依然众多，佩鲁贾外国人大学特此开设"蒙台梭利国际中心"，以培训儿童之家的师资。这个中心的成立使晚年的她感到欣慰——1909 年，人们正是在佩鲁贾庆祝第一届蒙台梭利全国课程的开始，这对于蒙台梭利早期的学生们来说是一次令人激动的回归。

蒙台梭利表示那些珍贵的岁月始终在她心中，她现在仍不懈地向各种听众呼吁解放儿童；现在已经有来自不同国家、信仰不同宗教和抱有不同政治理想的人们聚集在她身边，聆听她的和平讯息。

1949 年 9 月，佩鲁贾外国人大学校长卡洛·斯福尔扎（Carlo Sforza）参议员向她提供了教授职位并邀请她参加在佩鲁贾举行的 3 场会议。蒙台梭利以一贯的热情态度接受了邀请。能干的帕奥利尼也再次陪伴在她身边，并设法将历史悠久的圣十字幼儿园（Asilo Santa Croce）改造成了一所美丽的学校，这所幼儿园在战争期间曾因流民的占领而几乎被毁。她向我们叙述道：

在圣十字幼儿园和地方当局的支持下，我加入了这个项目。当 **179**
时的佩鲁贾研究主管萨尔瓦多·瓦里图蒂（Salvatore Valitutti）给了
我很大帮助。在夏季我组织了一次国际课程，这是战后在意大利的
首次（开课）。蒙台梭利博士的课程在大学所在地加伦加宫（Palazzo
Gallenga）举行，而"粉红房间"则布置在"圣十字幼儿园"（与20
世纪30年代初期在安杰立科大街22号的学校一样，允许学生观察
工作中的儿童而不会打扰他们），高处设有一个阳台。8月31日是玛
丽亚·蒙台梭利80岁生日，我们在这间教室里挂上匾额献给了她，
同一天佩鲁贾在古老的律法协会大厅（Sala dei Notai）举行了隆重的
颁奖仪式，授予她荣誉市民的称号。同年，我们在博士的直接指导
下开设了"国际中心"[1]。

同年夏天，蒙台梭利在奥地利因斯布鲁克举行了最后一系列会议；秋天
来到荷兰，进行的眼睛手术（可能做得不好）使她失明了一段时间：她仍然
没有灰心，而是借机对自己的经历进行了一些反思。[2]

1950—1951 年在罗马的最后一次全国课程

一恢复健康，蒙台梭利便继续踏上旅程：1951年4月至6月在罗马举办
了一次全国性课程，部分在博罗米尼礼拜堂举行，部分在威尼斯宫底层的房
间举行。除了马里奥，蒙台梭利最器重的学生们从罗马赶来（马尔凯蒂，戈
比，圭蒂，马凯罗尼负责音乐部分，索尔杰从米兰赶来）也提供了许多内容
实用的演讲。夏季在佩鲁贾又开设新的国际课程时，所有人又都赶到帕奥利
尼那里（最后的这次课程为与会人员提供了非常彻底的准备，三个月的课程
始终非常紧张，并且在最后还进行了严格的理论—实践考试）。

---

[1] 关于这一点参见 *Il Centro Internazionale di Studi Pedagogici e l'Asilo "Santa Croce" di Perugia*, ne《il Quaderno Montessori》, VII (1990) n. 26, pp.83-104, Doc. VIII.

[2] 1950年秋天蒙台梭利寄给索尔杰的信可参见本书第20章。同时该信也收录在《il Quaderno Montessori》, A. XXIII, 2006, n. 92, 标题为《教育的基础：精确性》。

180

蒙台梭利和儿子马里奥在最后一次全国课程中，
罗马（1950/51）

　　在此期间，蒙台梭利于 5 月
15 日至 19 日前往伦敦参加第 9
届蒙台梭利国际大会。在最后几
年夏天之中，她还在科尔蒂纳丹
佩佐（Cortina d'Ampezzo）做了
短暂停留：米苏里纳湖岸边的
阿尔卑斯酒店（Hotel des Alpes）
的女主人盖蒂娜（Oreste Ghedina
Jr）[1]在回忆录中提到蒙台梭利，
曾与四五位印度女士一起住在
这里。盖蒂娜说，她在酒店遇
到的众多人物中，"最重要和最
有意义的一次会议是蒙台梭利
博士举行的会议""她正在和学
生一起实验她的方法，我感到敬佩不已，后来对我也非常有帮助……她使用
了一些不同颜色的几何图形，赋予了精确的含义。"她最后略带讽刺地评论
道："由于生前没有给予她足够充分的荣誉，因此在一千里拉的钞票上才画出
她的形象以防被人们遗忘。"

181　"海边的房子"

　　蒙台梭利为了自己的事业毕生奉献，但也付出了许多代价，忍受了许多
痛苦——例如有时人们没有在认真地倾听，遭遇言论的攻击，反对改变教育
关系。她的孙辈马里奥（Mario Jr）和蕾尼尔德都记得祖母时不时会沮丧地喃
喃地说："他们什么都不懂"，抱怨人们将自己视为明星，却没有认真地思考

---

[1] O. Ghedina, *Ra Ciàsa de i Pupe: saga di una famiglia ampezzana dall'Austria all'Italia*,
Edizioni La Cooperativa di Cortina, Cortina d'Ampezzo, 1999, pp.175–176.

和体会她充满希望的愿景。

在 1952 年 4 月的最后几天，蒙台梭利计划和马里奥一起去非洲（象牙海岸或加纳），并讨论在伦敦的下一次课程。那时他们住在位于荷兰南部地区莱顿附近的诺德韦克·阿恩·兹（Noordwijk aan Zee），又是皮尔森家再次提供了住所"海边的房子"（Het Huis aan Zee）。那时她每天长时间卧床，沉浸在自己的思绪中，望着窗外的北海想念着地中海的祖国。马里奥和艾达一直在家中陪伴她，也会有亲爱的罗马老朋友来访：丽娜·埃吉迪·塔伦蒂（Lina Egidi Talenti）。孙辈们也经常来探望她，玛丽莱娜（Marilena）带着丈夫和孩子，小马里奥还有蕾尼尔德也会来。[1] 蒙台梭利某天曾向她的意大利朋友吐露心声："我希望能够默默离开，不必与任何人说再见。"[2]

1952 年 5 月 6 日上午，蒙台梭利因脑部出血安静离世。按照她葬礼从简的遗愿，在简单的天主教仪式后埋葬在诺德韦克公墓。墓碑是一圈半圆形的大理石，装饰着植物和珊瑚，刻着意大利语的铭文："我邀请亲爱的孩子们和我一起，为人类与世界的和平建设而努力"。这句特意选定并加以改编的碑文，呼应着一战时期教皇本笃十五世在 1916 年 7 月 30 日会见罗马的孩子们时所说的话。[3]

---

[1]　1965 年曾有电影在海边的这栋房子里取景，马丁·里特（Martin Ritt）的《柏林谍影》（*La spia che venne dal freddo*），由 理查德·伯顿（Richard Burton）和克拉拉·布鲁姆（Claire Bloom）主演。

[2]　感谢蒙特贝鲁纳的彼得罗（Pietro Vangesten）寄给我的材料，这是马里奥在母亲去世第二天写下的一些感人文字，记录了母亲的一些话。

[3]　根据蒙台梭利的说法，在所有教堂里都张贴有一张教宗的训令"我邀请亲爱的孩子都向我伸出手，我们一起走向祭坛。"（M. Montessori, *I bambini viventi nella Chiesa, La vita in Cristo, La Santa Messa spiegata ai bambini*, Garzanti, Milano 1970, p. 102.）实际上，在 1916 年 7 月教宗与孩子们的会面中说的是："亲爱的万能的孩子们，请你们向基督代理人伸出手，用你们珍贵的祈祷安慰那些不能逃避的誓愿。"这些话在当时或许深深触动了蒙台梭利的内心，或者是她在一些宣传单上看到这段话，于是决定收录到《向孩子们讲解神圣弥撒》的书中，但引用的更加简洁概括，也就是常被其他书引用的出处。后来蕾尼尔德和玛丽莱娜确认，所刻的这句墓志铭是全家人在蒙台梭利一生践行的事业基础上改编的。关于引用的教宗这段话可参见 L. Grassi, *La rosa gialla e i coralli. Anche dalla tomba Maria Montessori ci impartisce una lezione di vita*, ne《il Quaderno Montessori》, XXIV (aut. 2007), pp.20–21 (M.G.).

182　　虽然蒙台梭利去世了，她领导的教育运动并没有停止。这首先要归功于 AMI 的行动，该机构承担着保护蒙氏教育理念不被篡改和玷污的重担。在全球范围内，内容深入的年度或两年期课程从未停止。其他一些地方或地区间组织，包括 AMI 的几个附属机构，也都在朝着同一方向努力。最重要的是，马里奥从 20 世纪 20 年代到蒙台梭利去世后的 30 年间所做的卓有成效的工作为 AMI 提供了巨大支持。他最紧密的合作者卡米洛·格拉志尼（Camillo Grazzini）证明了他对研究和传播母亲的思想作出的持续不懈的努力。[1]

确保蒙台梭利事业的继续

1949—1950 年，师从朱莉亚娜·索尔杰的埃莉奥诺拉·卡普罗蒂·奥涅格（Eleonora Caprotti Honegger）毕业后在贝尔加莫开设了一所美丽的大型蒙台梭利学校，招收学生年龄在 3 至 12 岁之间，朋友们在这一过程中提供了很多帮助，包括米利亚姆（Myriam Agliardi）、蒂尔达（Tilde Tschudi）和敏感而勇敢的牧师阿格斯蒂诺（don Agostino Vismara），后者在被驱逐到达豪后幸存。培训小学教师的迫切需要和马里奥提供的帮助，促使了年度国际课程的开办：首次课程于 1959—1960 年举行。贝尔加莫的 CISM 至今仍然很活跃，由贝依巴·克鲁敏思（Baiba Krumins）主持。

183　　作为 AMI 的会长，马里奥为培训 6 至 12 岁的儿童的师资设立了多个培训中心，除贝尔加莫外，还有伦敦、都柏林和华盛顿。他在各个国家组织研讨会，以便从心理学和方法论的角度全面界定蒙台梭利方法对当代文化各个方面的影响。通过这种方式使在印度科代卡纳尔建立的宇宙教育中的"世界统一视野"具备了可操作性。马里奥为教学材料开发和修订作出了重要贡献，不仅在与母亲不断对话的岁月中，在母亲去世后也是如此，尤其是高中生的高级算术、生物学和化学领域的材料。他在贝尔加莫住了很长时间，与合作

---

[1]　关于马里奥的更多回忆可以参见 C. Grazzini, *Il contributo di Mario M. Montessori per la fascia 6–12 anni*, ne "il Quaderno Montessori, XXI (2004), n. 83, pp.56–64, Doc. XLIII.

者和学生们分享了他丰富的知识和经验。[1]

　　马里奥去世后，艾达专心于 AMI 的内部事务，孩子们也继续贡献着自己的力量：小马里奥以及后来的蕾尼尔德，在加拿大创建了一个培训中心并工作了很长时间，她自 1995 年到 2000 年担任 AMI 秘书长；2000 年到 2004 年担任会长。

　　蒙台梭利教育活动多如繁星的合作者、课程负责人、杂志、学校、教师、父母、材料制造商等难以尽数，如今都已经发展到第三代人。[2]

　　尽管到目前为止已经取得了叹为观止的成就，要做的工作仍有很多——有各个层次的幼儿中心和学校使用了蒙台梭利的名字，但他们所采用的实际教学方法仍然无法达到蒙氏思想精髓所要求的目标。对儿童的信任仍然缺失；人们对孩子抱有很多期望，但是给予的爱却不够。

184

　　然而，正如蕾尼尔德指出的：

　　　　人类的普遍特征在每个孩子身上都可以得到体现，向我们展示了对所有孩子进行教育时应明确坚持的方针：教育者的任务是在不带偏见或情绪的情况下发现孩子们的内心自我，并进行严谨准确的追踪。教育的艺术是在尊重、坚定和幽默感的基础上完成的。[3]

---

[1]　关于马里奥可参考 Mario M. Montessori (Sr) ne "il Quaderno Montessori", XXI, (2004), n. 92, Doc. XLII; 关于 CISM 可参考 G. Honegger Fresco (a cura di), *Fondazione "Centro Internazionale Studi Montessoriani" — Bergamo*, ne "il Quaderno Montessori", XVII (2000), n. 65, pp. 65-66. 以及 C. Grazzini, *Ricordando Eleonora Caprotti Grazzini*, ne "il Quaderno Montessori", XIX (2002), n.75 Doc. XXXVII, pp.67-80.

[2]　教具材料制造商对蒙台梭利运动的发展也一直作出贡献。在意大利，二战后由切萨莱·巴罗尼（Cesare Baroni）和朱塞佩·马拉贡（Giuseppe Marangon）在冈萨加创办了一家公司，以及后来的木匠联合会。在长达约 50 年的时间里，他们为意大利和国外的蒙氏教育机构制作质量上乘的家具和教具，蒙台梭利会定期进行监督。得益于马拉贡的勤劳智慧，家具公司现已发展成为一家知名企业冈萨加家具（Gonzagarredi），在中国和韩国均有分支机构。教具制造商中还有英国公司 "Philip & Tacey"，在二战前非常活跃；以及穆勒在一战前建立的德国公司。遗憾的是，现在蒙氏教具的制造商众多，材料本身的精确细节反而难以保证了。

[3]　R. Montessori, *Éducateurs sans Frontières*, Desclée De Brouwer, Paris 2000, pp.87-91. 法语翻译由本书作者完成。

16. 与天主教世界的关系：错失的机缘

作者：马尔切洛·格里佛（Marcello Grifò）[1]

　　不可知论者、神学家、共济会员，对基督教精神漠不关心或保持距离，实证主义者和优生学的大力倡导者——这似乎是人们通过对蒙台梭利的思想和活动重建而为她勾勒出的越来越清晰的肖像。但她本人的内心信仰和在儿童教育方面通过教理问答和礼拜仪式的研究创新，始终在人们对她一生事业的研究中处于边缘的位置。

　　即使是在巴塞罗那教育实验室开启 100 周年后的今天，即使该实验室在宗教领域进行了丰富的研究、开创了新颖的形式，这部分研究仍然是蒙台梭利事业中并不引人注目的一章，仅有的那些记述根本无法揭示其重要性。然而，在巴塞罗那时期对于蒙台梭利构建的教育范式来说是一个真正的转折点，即使得所谓的"儿童教育方法"引向对儿童"超然性"意义的反思，以及寻觅更适合儿童敏感性的传递和抱持信仰的方式。

　　关于蒙台梭利，马尔切洛认真研究了她的精神信仰世界以便重现蒙氏在巴塞罗那进行宗教教育的思考和对孩子们进行宗教教育的实验路径。

186　　众所周知，直到朱斯蒂路的儿童之家成立之前，宗教教育都未曾出现在蒙台梭利设想的实验研究中；即便在那所儿童之家建立之初，正如她本人稍

---

[1]　马尔切洛·格里佛（1968 年生于巴勒莫）主要在巴勒莫圣乔瓦尼西西里神学院的晚古和宗教早期著作研究所（l'Istituto di Studi Patristici e Tardoantichi "J.H. Newman"）开展工作。他负责编校了一些从欧洲其他语言翻译过来的基督教灵性的文本，以及涵盖了近百位西西里文化和神学名人的百科全书 Dizionario enciclopedico dei pensatori e dei teologi di Sicilia (sec. XIX–XX) (Sciascia editore, 2010)。他还进行了很多关于教父神学、符号语言学、古代语言教学以及基督教和教会历史的研究写作。

后指出，宗教教育也并不适用常规的方法进行研究和观察。[1] 尽管如此，这种"相遇"（译注：指蒙台梭利和修道院修女们的相遇及合作）进一步打开了蒙台梭利的视野，使她发现在科学框架下仍有很多领域亟待探索，正是常规方法的不适用促使她与罗马的同事们一起进行"平行的和补充的"研究调查。在那个宗教教育主要由教会负责进行的时期，这种做法属于绝对的创新，但"仅限于针对非宗教家庭的一些儿童，他们尚未受到任何宗教影响"[2]，同时这也是一个宝贵的机会，可以实验性地验证关于上帝的天赋观念论及其在幼童的意识中逐渐出现的过程。

从个人的信念来看，很明显，蒙台梭利接受了与宗教机构的合作（这一选择可能使她在自己所处的圈子中作为一名严格的世俗科学家的形象有些受损），但也表明蒙台梭利对天主教的接受程度比人们通常认为的更大。这种接受很快成为更加深刻的感情，当蒙台梭利和同事们在新的环境中（译注：此处指在朱斯蒂路开办的儿童之家）工作，他们开始认识到自己长期追寻的事业正是完成神圣使命的道路。

关于这段内心历程，蒙台梭利在犹疑中重新认识了自己的信仰，她在一封写给圣方济各修道院院长玛丽亚·德·拉·雷当普蒂奥的信中宣称："我不是生来就属于主，但我想在主的引领下成长。"[3]

蒙台梭利和她的追随者们将这些更新的教育理念写成一组"规则"，大概是在 1910 年前后，在她们参加圣方济各修道院培训课程并立誓时开始起草的。[4]　187

仿佛是跟随上帝的指示，她们认为教会教育针对最弱势群体所能更新和

---

[1] *L'Autoeducazione nelle scuole elementari*, cit., p.259.

[2] 此处很可能指的是那些"对蒙台梭利方法本来就感兴趣的人士"的子女们。参见 A.M. Maccheroni, *Come conobbi Maria Montessori*, Edizioni Vita dell'Infanzia, Roma 1956, p.84.

[3] *Lettera di M. Montessori a Madre Maria della Redenzione*，1912 年 8 月 12 日。Archivio Generale F. M. M., Roma.

[4] 这份文件全文可见于 F. De Giorgi (a cura di), *Montessori. Dio e il bambino e altri scritti inediti*, La Scuola, Brescia 2013, pp.316-354. 关于事情的整个来龙去脉可见 M. Grifò, *Un'identità incompiuta: Maria Montessori nel carteggio di Mère Marie de la Rédemption*, in "Orientamenti Pedagogici", vol. 64 (3/2017), pp.475-498.

改善的方向是建立小型的教育社区，这些社区从外部看起来应该像"居住在大城市，出于经济考虑而选择共同生活的女学者们的家"[1]。参与该项目的成员是真正的城市传教士，他们在大批工薪阶层聚居的地方安家，甚至在必要时独自生活，目的是教育生活在那里的孩子，同时也能够对他们的家庭产生直接有益的影响。[2]不应该有任何外在的迹象"将这位善良的老师与她所教育的孩子们和共同生活的孩子们区别开来"[3]。

带着福音派激进主义的勇气，蒙台梭利往往顾不上自己的家庭，而将围绕在她身边的众人看作家人[4]，将自己的学说以同样的教育原则散播出去，"学习者，而不是教学者；依赖者，而不是命令者"，其方式完全符合"方法，即教师向儿童学习的方法以及对儿童进行的教育，以及上帝藏在人类灵魂中的秘密"[5]。因此，这种革命性的宗教教育形式的出现被视作"依靠儿童，他们在精神上的自由展现了上帝的旨意，而老师则需严格遵守在每一个人身上所揭示的上帝的律法"[6]。

188

1910年11月10日，也许是在蒙台梭利居住的公寓附近的小礼拜堂里举行了一场私人性质的仪式，所有在场的人都留下了生动深刻的回忆，即使他们的叙述略有差别。[7]那个场合所说的话[8]和科恩（Cohen）的回忆[9]（直接从

---

[1] 参见 *Progetto di Unione*, in F. De Giorgi (a cura di), Montessori. Dio e il bambino e altri scritti inediti, cit., p.324.

[2] 同上。

[3] 同上。

[4] 同上。

[5] *Progetto di Unione*, cit., p.325.

[6] 同上，p.326。

[7] 参见 A.M. Maccheroni, *Come conobbi Maria Montessori*, cit., p. 79; 以及 *Ead., 10 Novembre 1910*, in《Vita dell'Infanzia》, II, 30 novembre 1953, p.13.

[8] 参见 *Progetto di Unione*, cit., p. 352 的附录。

[9] S. Cohen, *Maria Montessori, Priestess or Pedagogue*, in F.A. Stone (ed.), *The New Word of Educational Thought*, MSS Information Corporation, New York 1973, p.172. 为证实自己的说法，科恩还引述了1968年6月5日马里奥的一段采访。

马里奥那里了解到的信息）都毫无疑问地证明那是一场宗教仪式。蒙台梭利在那个时期的论文空白处写的随手笔记也证实了这一点："1910 年平安夜，耶稣诞生并和我们在一起"[1]。这是建立了新学校后的第一个圣诞节。

从修道院院长与她熟识的修女拉斐尔·德拉尔布雷（P. Raphaël Delarbre）之间的通信内容，我们可以知晓蒙台梭利在那几个月逐步采取步骤以便与教皇联系。[2] 受到教皇对儿童问题的特别关注以及八月初颁布的"基督之爱何其独特"（何其独特基督之爱）训令的鼓舞，蒙台梭利很可能将她的教学倡议呈交给庇护十世，期待获得罗马教廷的官方认可。

在教廷中，蒙台梭利似乎得到了弗朗切斯科·法贝基（Francesco Faberj）[3] 的支持（当时他是罗马教区的副主教，她曾建议他来听自己的演讲，甚至讨论在教会赞助的学校中开设蒙台梭利幼儿园的可能性）；当然在教廷中也不乏反对的声音。

在反对者中肯定有西西里主教马里亚诺·廷达罗（Mariano Rampolla del 　189 Tindaro），教廷办公室的秘书，曾经差点当选教皇；主教毕斯塔迪（Bistati），也许还有教皇的私人秘书乔万尼·布雷桑（Giovanni Bressan）。毫无疑问，蒙台梭利过去的种种行为影响了教会可能给予她的支持，包括她坚定的女权观念，对两性平等主张的支持，对性道德的立场[4] 以及参加诸如 1908 年 4 月下旬在罗马举行的"意大利妇女全国代表大会"等活动。在活动中她曾经对呼

---

［1］ F. De Giorgi (a cura di), *Montessori. Dio e il bambino e altri scritti inediti*, cit., p.352.

［2］ 参见 *Lettre de M. Marie de la Rédemption au P. Raphaël Delarbre, O. F .M.* del 28 dicembre 1910. Archivio Generale F. M. M., Roma.

［3］ 法贝基，1869 年生于罗马，1931 年 1 月 4 日在此去世。与乔瓦尼·塞梅里亚（Giovanni Semeria）神父和朱里奥·萨尔瓦多利（Giulio Salvadori）神父共同组成现代主义派的圣赛巴斯蒂诺（《S. Sebastiano》）罗马协会。关于他的故事可见 G. Carillo, *Mons. Francesco Faberj. Profilo della sua vita e della sua spiritualità*, Libreria Editrice Vaticana, Città del Vaticano 1976.

［4］ M. Montessori, *La morale sessuale nell'educazione*, in《Atti del I Congresso Nazionale delle Donne Italiane》, Roma 24–30 aprile 1908, Stabilimento Tipografico della Società Editrice Laziale, Roma, 1912, pp.272–281. 以及《Vita dell'Infanzia》, VII, n. 8–9, agosto-settembre 1958, pp.3–7.

吁取消学校宗教教学的提案表示支持。

简而言之，蒙台梭利似乎与基督教期望的女性形象相去甚远，即致力于奉献和慈善，对等级制度充满敬畏，就像埃莱娜·达·博尔斯科（Elena Da Persico）伯爵夫人[1]那样，反对女性在社会政治领域提出要求并积极参与反对现代主义的斗争。这些新的教学理论在信仰天主教的资产阶级中也引起了广泛的争议，争议的焦点在于新教育理念与社会主义和无政府主义者的理念相似，对无产阶级的儿童进行这样的教育，导致与资产阶级文化的对立。[2]

因此，人们对抛弃以纪律、牺牲精神和严格等级制度为核心的传统教育模式可能引发的社会紧张感到不安。这些传统价值观都是耶稣会（Compagnia di Gesù）灌输给一代中产阶级的价值观，那么耶稣会所办的杂志发表文章[3]对蒙台梭利教学方法进行批评也就并非偶然了。

另一方面，蒙台梭利在朱斯蒂路儿童之家开办后得到了阿格斯蒂诺·杰梅利（Agostino Gemelli）神父的公开赞许，这位神父兼具科学家的扎实技能与虔诚的宗教信仰（译注：杰梅利于 1921 年创办了米兰圣心天主教大学并任终身校长）。杰梅利还热情支持在米兰开设儿童之家，并确保管理权由圣方济各修道院接管；1912 年 4 月，他在米兰举行的一次会议上还对蒙台梭利的方法再次颂扬。

---

[1]　埃莱娜·达·博尔斯科 1869 年出生于维罗纳，作家、翻译家，1892 年开始与女性杂志《Vittoria Colonna》和《Azione muliebre》合作，并几乎终身担任后者的主编。1903 年开始她献身慈善和人道事业，并努力推广教会事业。1921 年她建立了一家世俗机构 "Filiae Reginae Apostolorum"，致力于慈善和宗教修行。1948 年去世于阿菲（Affi）。参见 M. Ricci Curbastro, *Elena da Persico operaia di Cristo*, Verona 1956. 更详实的介绍参见 T. Piccari, Da Persico Elena, in G. Pelliccia, G. Rocca (a cura di),《Dizionario degli Istituti di Perfezione》, Edizioni Paoline, Roma 1976, vol. III, coll. 386–87.

[2]　参见 E. Catarsi, *I socialisti e Maria Montessori*, in E. Catarsi, G. Genovesi (a cura di), *Educazione e socialismo in cento anni di storia d'Italia (1892—1992). Atti del VII Convegno Nazionale del CIRSE*, Ferrara 5–7 novembre 1992, Corso Editore, Ferrara 1993, pp.63–72.

[3]　关于《天主教文明》对于蒙台梭利方法的反对，具体细节可见 1910/1911 双年刊，以及天主教反对实证主义教育方式的文章可见 M. Barbera, *L'Educazione Nuova e il Metodo Montessori*, Editrice Àncora, Brescia 1946.

　　然而，这种认可激起了《天主教团结报》（*L'Unità Cattolica*）和《反现代主义者前哨》（Sentinella Antimodernista）等报刊的迅速反应，这些原教旨主义报纸被认为是庇护十世的传声筒，字里行间对蒙台梭利进行了粗暴的攻击。[1] 而这一次恰恰是来自天主教体系的杰梅利神父和圣方济各修道院的修女们促进了蒙台梭利教育体系的传播。[2] 很显然，蒙台梭利被明确指控犯有"现代主义"的罪名。[3] 几年前，杰梅利本人曾在多态性问题和为奥地利耶稣会神父埃里希·瓦斯曼（Erich Wasmann）的进化论思想辩护时遭遇过同样的指责。这些事件随后引发了漫长而恼人的争论。

　　但后来杰梅利神父的态度突然发生了变化，他在次年 9 月写给玛丽亚·德·拉·雷当普蒂奥的信中表现出了退缩。[4] 他声称自己只是过于迟滞地了解到蒙台梭利教育学的理论前提，轻信了一位合作者的判断，并最终认为蒙台梭利的作品"科学性不足，而且对抱持信仰的人有害"[5]。他在同年的蒙台梭利大会召开之前出版了关于《方法》的批判性评论，而大会由于宗教问题的原因和其他一些未指明的原因暂时推迟了。[6] 这样我们就不难理解玛丽亚·德·拉·雷当普蒂奥对这样轰动的立场转变会使蒙台梭利大会蒙羞，并可能在梵蒂冈引起进一步争议而担忧了。

　　同时，早在 1912 年开始蒙台梭利就没有亲自参与圣埃莱娜[7] 修道院附属

[1] Alca (i.e. Alessandro Cavallanti), *A zonzo. Il Metodo Montessori*, in l'《Unità Cattolica》, 12 maggio 1912, p.1.

[2] S.A.C [avallanti], *P. Gemelli, il metodo Montessori e le Francescane Missionarie a Milano*, in《Sentinella Antimodernista》, 6 (1912), pp.74-169.

[3] 关于论述蒙台梭利的现代主义思想可参见 F. De Giorgi, *Maria Montessori modernista*, in《Annali di storia dell'educazione e delle istituzione scolastiche》, 15 (2009), pp.199-216.

[4] *Lettera di P. Agostino Gemelli*, O.F.M. a M. Marie de la Rédemption del 5 settembre 1912, Archivio Generale F.M.M., Roma.

[5] 同上。

[6] 同上。

[7] 1913—1914 年在罗马举行的国际课程中，这个幼儿园曾作为一个主要的展示中心。参见 Cf. R. Kramer, *Maria Montessori. A Biography*, cit., p.146.

学校的工作，她在越来越多的事务中分身乏术，其中也包括由罗马市政府赞助的一些课程。1913 年蒙台梭利与朱斯蒂路修道院的联系已经非常少，以至于 1914 年修道院觉得没有必要告知她蒙氏幼儿园因战争征用而关闭的事。在给修道院院长玛丽亚·德·拉·雷当普蒂奥的信中，蒙台梭利没有掩饰自己感觉遭到背叛的痛苦："当我们得知幼儿园被关闭时心内一沉！这所幼儿园是

192　我们事业的支点之一，是面向公众展现教会公开认可的唯一标志……在一言不发的情况下就被关闭了，这真令我们感到失落和迷茫。"[1] 这些话所表达的不仅仅是对一个消失的幼儿园的遗憾，更是因为这个曾经投注了许多精力的项目的突然终结，让蒙台梭利感到自己失去了教会的认可。

　　从这封信开始，玛丽亚·德·拉·雷当普蒂奥选择了长久的沉默。她没有回答整件事中最重要的问题：为什么在更高的层次上选择了放弃"转化"这位国际知名的科学家的机会。答案可能超出蒙台梭利个人经历的范畴，但可以肯定地在《方法》中找到。事实表明，蒙台梭利自身融入教会或许并不困难，但她的学术成果即儿童教育方法却并非如此，这套方法具有强烈鲜明的特征，而且传播广泛，无法进行宗教性质的变革。对于蒙台梭利的反对者们来说，这套方法代表着实证主义、乐观主义、康德主义、不真实的自决力：简而言之，其中许多因素催生了现代主义的"异端"。

---

[1]　这封信保管在 F. M. M 档案馆，因引用在 Catherine Bazin, *Maria Montessori incontra il Cattolicesimo dalle Suore Francescane Missionarie di Maria*, 以及 L. De Sanctis (a cura di), *La cura dell'anima in Maria Montessori. L'educazione morale, spirituale e religiosa dell'infanzia*, Fefè editore, Roma 2011, pp.57–58 一书中而知名。

17. 儿童之家和巴塞罗那的宗教教育实验室

作者：马尔切洛·格里佛

　　巴塞罗那家长委员会的请求，促使蒙台梭利在这个加泰罗尼亚首府开设了儿童之家；实际上，蒙氏教学方法自 1913 年 11 月[1]开始就在这里传播了。巴塞罗那儿童之家的开办为蒙台梭利提供了机会，使其能够继续充满热情地进行教育实验，即从罗马就开始的关于儿童的精神生活及宗教教育的研究。在加泰罗尼亚进行的密集的研究成果最后整理成 3 篇文章，但这些文章在很多年后才公诸于世，也许是蒙台梭利著作中最隐秘的：《住在教堂里的孩子》《神圣的生活》和《写给孩子们的圣灵解释》。[2]

　　根据蒙台梭利的明确声明和马凯罗尼的证实[3]，一段时间以来整个团队一直在就这一主题包含的不同方面进行共同的思考，包括宗教仪式、音乐和教理问答等，研究了通俗易懂的费迪南多·鲁道夫（Ferdinando Rodolfi）[4]最新版六卷本的教义以及庇护十世的规范文本。此外，教皇训令"基督之爱何其独特"允许儿童在达到懂事的年龄后就可参与圣餐仪式，更坚定了蒙台梭利要继续这方面研究的决心。

---

[1] J. Palau i Vera, *Un assaig d'aplicació del mètode Montessori a la Casa de Maternitat de Barcelona*, in《Quaderns d'Estudi》, XI, n. 39, abril 1920, pp.1-17.

[2] 分别是：Alberto Morano Editore, Napoli 1922; Stabilimento Tipolitografico V. Ferri, Roma 1931; Garzanti, Milano 1949 (trad. it. dell'originale inglese *The Mass explained to Children*, Sheed & Ward, London 1932).

[3] A. Maccheroni, *Instrucció i Preparació del Fidels a les Escoles per Prendre Part en la Liturgia*, in《Quaderns d'Estudi》, (1915), I, n. 1, pp.8-16.

[4] 1914 年由维琴察的主教修订，之前一年的 7 月 6 日已经由教宗签署同意。

194　　　　教宗的选择是将对教义的充分理解放在比抽象神秘的宗教学说更重要的位置，认可孩子们天然而深刻的感知上帝的能力，将年龄视为与精神成熟相比的次要要素。所有这些理念，都与在学校教育中克服了年龄—能力的刻板认识的蒙氏理论相呼应，证明了孩子们的智力成熟程度远远优于他们进行某些实践活动时所表现出的水平。

　　　　正是由于这些前提，于前一年3月开始在巴塞罗那生活的马凯罗尼意外被邀参加1915年7月5日至10日在古老的本笃修道院举行的蒙塞拉特礼拜大会，标志着巴塞罗那天主教界对蒙氏教育的态度转变。在2 000多名宗教人士[1]（包括近500名长老会教徒，整个加泰罗尼亚主教团和罗马教皇派驻西班牙的使团）面前，年轻的马凯罗尼介绍了蒙台梭利思想和方法[2]以及刚在巴塞罗那开展不久的宗教教育创新实验。在加泰罗尼亚语的讲话中，马凯罗尼坦率地评估了使用传统方式进行宗教教育得出的遗憾结果，与蒙氏团队在当地神职人员帮助下应用新教学法的成功。其中，神父美斯特莱（Antoni Battle i Mestre）[3]是蒙台梭利实验室的第一位助手，参与帮助的还有神父昂格莱（Higini Anglés）[4]。

195　　　　巴塞罗那儿童之家散发出的浓郁的宗教气息使工作人员们都感受强烈，四十年后马凯罗尼回忆道：“谁能准确说出那种使我们生机勃勃的感觉？那所小学校就是依靠信仰而建立的。”[5]深知巴塞罗那所进行的教育实验的重要性，

---

［1］　关于这次盛会的更多介绍和主要讲话可参见《Rivista Liturgica》，II（1915–16），pp.181–84.

［2］　《Revista Montserratina》，II，1915，p.357.

［3］　神父美斯特莱是哲学和神学博士，是加泰罗尼亚天主教童子军运动的先锋。他对积极教育的学说很感兴趣，与亚历山大·加利（Alexandre Galí）和亚瑟·马尔多瑞（Artur Martorell）合作，最终与蒙台梭利合作。在西班牙内战期间，因为政治立场问题不得不去外国避难。1945年他创作了《Minyons Escoltes》和《Guies Sant Jordi》。1955年去世于巴塞罗那。

［4］　作为加泰罗尼亚童子军运动的灵魂人物和致力于田园音乐的音乐家，神父昂格莱（Higini Anglès i Pàmies）还是加泰罗尼亚图书馆音乐部的主管，在巴塞罗那大学教授音乐史以及担任西班牙音乐学研究所主任。1947年调任罗马，管理教廷的圣乐研究所。

［5］　A. M. Maccheroni, *Come conobbi Maria Montessori*, cit., p.113.

蒙台梭利于 1915 年圣诞节从加利福尼亚之旅回来后，紧接着不辞辛劳前往巴塞罗那，并决定待在那里亲自指导教学活动。

除了采用已经在整个欧洲推广的现代"实验教育学方法"和严格的观察原则之外，新的蒙台梭利学校还尝试了罗马尼亚东正教教育家弗拉基米尔·吉迪奥内斯库（Vladimir Ghidionescu）的课程，他对培养儿童的道德和宗教意识的过程进行了重要研究。

在这所儿童之家[1]经过深思熟虑设想的许多教育路径中，要求应以圣礼仪式为中心并最终汇聚在仪式中，同时不能忽略儿童根据时空的象征性来获得对仪式的理解。这是儿童之家在宗教教育的创新中一个非常重要的方面，该提案大胆地尝试了将神职人员的枯燥动作变得通俗化的可能性。

通过将天文学和宗教结合的办法，使儿童通过直接经验对礼拜仪式熟悉起来：如果地球绕太阳旋转的过程指引着人类生活的节律，那么在礼拜仪式中围绕着基督的"公义之日"展开，就是因为他指引着信徒的精神生活。

因此，又诞生了一系列原创设计的教具，例如被称为圆形日历的一个大圆环，孩子们在上面用不同颜色的小立方体排列出连续的几个星期，形成了特定的礼拜仪式时间段。[2]针对年龄较大的孩子有一个圆形的铰接式版本，在时间盘上有三个大的"指针"，用以指示圣诞节的日期（固定的）、复活节和五旬节的日期（均可以移动）。这样，孩子们很容易明白圣诞节与太阳年有关，是不变的；而另外两个节日是由阴历确定的，日期会发生变化而且相互关联。他们以经验的方式了解到，尽管圣诞节和复活节之间的时间间隔发生了变化，但复活节和五旬节之间的时间间隔保持不变。还有其他较小的叠加木盘能显示季节、月份和 13 个月节，将在学校学习到的天文学概念与在宗教教育实验室学习的礼拜时间概念结合在一个视角内。

196

---

[1] 关于巴塞罗那儿童之家的更多活动细节，参见 M. Grifò, *Un contributo pedagogico al rinnovamento dell'educazione liturgica: Maria Montessori e l'esperienza di Barcellona*, in 《*Rivista Liturgica*》, cit.

[2] 例如，先用 4 个四色的方块代表基督降临节（圣诞节前四星期），然后加 1 个白色方块代表圣诞节，之后再加 6 个绿色方块代表主显节，以此类推等。

为了让孩子们更深入地感受圣礼仪式的活力，教育者们想了各种办法。对于圣餐仪式的准备工作，专门辟出学校外面 2 个矩形的地块用来播种特定品种的速生小麦和一些葡萄树苗。孩子们自己制作了小镰刀，可以在没有受伤风险的情况下使用它们来劳动，收集一捆小麦和一些葡萄，用特殊的机器生产仪式活动所需的葡萄酒。[1] 开展小规模的农业活动还为教育工作者们提供了机会，向儿童逐步解释这些元素在艺术和象征语言中的隐喻含义。

这些活动获得的积极反馈，促进了后来建立起每年 2 次的田园派对，分别在学年的开始和结束的时候举办：第一个派对对应植物收获期，另外一个对应植物播种期。这是对圣经中农业节庆的一次有说服力的直观呈现，特别是与谷物生长有关的逾越节，五旬节以及伴随收获和农业年末的住棚节。

在这些活动进行的时候会伴随着孩子们在简单的乐器上演奏音乐，通过音乐，相关的氛围和纪律的建立，农业节庆和礼拜仪式之间的紧密联系再次浮现，而这正是被特伦托宗教会议之后的教义淡化的。

为了达到蒙台梭利愉快地称为"孩子们的教堂之家"的意图，团队对教室也进行了着意的重新布置。一方面仍然跟学校环境类似，一方面又类似一个小教堂，但内部的布置能够使孩子们感觉放松和熟悉，尤其是经过精心选择悬挂的圣像和其他设施，符合小信徒们的理解能力。每个孩子的手中都有一个小"传教士"，做弥撒时的种种祈祷词都在老师带领下逐步地解释和学习。通过这种方式，孩子们建立起对整个仪式的完整印象。

孩子们在"儿童之家"度过的一个非常特别的时刻，就是为第一次圣礼作准备：以往枯燥无味的"教义"讲授如今已被一种充满智慧的方式取代，通过各种象征性的教具对孩子们进行培育，引导自省。在 7 岁（庇护十世法令中所指的懂事年龄）时，孩子们可以"参加第一次圣礼"，从而成为了"上帝的选民"，同时也都参与"候选人的选择"。他们的名字印在小卡片上，在儿童之家中几乎无处不在，被选中的人代表选民们参加圣体仪式的各个环

---

[1] 这项活动的提议来自于教会机构，在同年的圣体节可以使用小块的圣体饼。（参见 *I Bambini viventi nella Chiesa*, cit., p.23 ）

节[1]，从而营造出一种众人同享一份默契的虔诚的氛围。

整个过程中所使用的词汇和在儿童之家中营造的精神氛围，都令人回忆起基督教早期新教徒入教的过程，就像蒙台梭利明确指出的那样。

在 5 个星期的时间里，孩子们经历了紧张的准备过程。该过程从星期六早上开始，在全体同学、老师和工作人员的见证下在礼拜堂举行仪式：参与准备的孩子都将拿到一张卡片，写着本周将要深入研究的宗教内容。《信经》《十诫》《三圣》《圣母荣耀》《告解》，最后是《圣体圣事》，都将陆续进行学习。每个星期结束时，候选人都在祭坛前当着大家的面叙述自己学到的知识。但在最后一个星期，蒙台梭利会安排孩子们与社区其他成员完全隔离，引导他们进行反思与回忆。然后在期待已久的一天，孩子们穿着白袍，手指上戴着戒指（象征着他们所庆祝的神秘事物与洗礼的结合）进行一次快乐的宗教游行，并最终在欢呼声中奔向朋友、家人和老师们的怀抱。

教理问答的方式现在已经几乎被完全遗忘，它是蒙塞拉特历史性会议最初的一些成果，对在巴塞罗那进行的宗教教育实验的教学思想的发展产生了巨大影响。由于内战和随后西班牙国内的政治恐怖，该实验持续的时间并不长，使它无法在蒙氏教学法中占有一席之地。然而在 20 世纪的儿童教育史上，这仍是一个极其重要的阶段，与蒙台梭利息息相关。巴塞罗那的实验还展示了"儿童学习方法"的极端灵活性，以及能适应儿童生活发展过程中种种历史、文化和精神因素变量的天然能力。

当然，正是在巴塞罗那取得的教育成果使该方法在随后的几年中受到犹太教徒、穆斯林、印度教徒、佛教徒、锡克教徒和巴哈教派的欢迎。

在世间万物都随历史的消逝而湮灭时，上帝基督无条件的大爱守护着每一个人，也正是蒙台梭利宗教教育的精神："在教堂里的我们沐浴在奇迹之中，因为我们相信自己与神同在。"[2]

---

[1] *I Bambini viventi nella Chiesa*, cit., p.24.

[2] La Santa Messa spiegata ai bambini, cit., p.115.

18. 蒙台梭利教育理念的具体内容

在勾勒出玛丽亚·蒙台梭利的人生轮廓后，我们再来简要探究 1907 年以后她的研究重点是有意义的：一方面是研究儿童的发育阶段（或用她更偏好的术语，"层次"）；另一方面，寻找合适的手段和方式以促进个人的充分发展，同时完成社会化，建立对他人的责任感。

凡是在蒙氏学校工作的人，只要立场上不曾妥协，都很清楚这种教育模式是切实可行的并且能大规模铺开的，尤其是在当今的社会环境中——传统学校实质性的弱点显现，学童们所承受的暴力和压迫令人担忧地蔓延。

A- 对于"漫长的童年"的回应

为了建立一个更加公正和团结的世界，迫切需要进行本书的引言中提到的"哥白尼革命"——这种教育革命始于一种不同的教育，不再锚定课本知识，而是与生活感知联结紧密。蒙台梭利学校采用的"持续培训"方法，即在实践中不断完善和验证，在这一理论问题上提供了很多内容。

若干年前，都灵大学教育学教授弗朗切斯科·德·巴尔多洛梅斯（Francesco De Bartolomèis）曾评价蒙台梭利为"坚强的科学家头脑"。蒙台梭利本人不喜欢被称为"教育者"，尤其是照以往人们理解的涵义。

孙女蕾尼尔德着力重申过这一点，强调她的祖母是"科学女性，而不是发明教育孩子方法的慈爱女士"[1]。甚至对蒙台梭利教学法不甚赞同的皮亚杰，

---

[1] G. Honegger Fresco, *Montessori perché no?*, cit., p.340.

也正是因为蒙氏的科学功底[1]承认了其学说的可靠性。

在她的一生中，蒙台梭利用学者的眼光观察着健康或有缺陷的儿童，婴儿和少年，但一直克制着不去进行干预，就是为了避免改变孩子们天生的活力。

"她像法布尔研究昆虫一样观察孩子们。"塞缪尔·麦克卢尔曾这样评价道。蒙台梭利的观察不带任何个人感情和偏见，也不抱有获得某些结果的愿望。她所受的学术训练使她能够充分珍视"观察"这一过程作为所有学科基础的价值：从事实到观点，反之亦然。

自从 20 世纪 30 年代以来，蒙台梭利就一直在确定她所称的"漫长的童年"的连续阶段，从而逐步区分出四个"层次"，每一个层次都是 6 年（0 至6 岁，6 至 12 岁，12 至 18 岁，18 至 24 岁），都有对应的教学项目相匹配。蒙台梭利认为每个人的独特个性对整个人类而言都是有价值的，正如每个人对家庭或学校集体的成长都作出了不可或缺的贡献一样。面对孩子的每一个成长阶段，成年人都必须有一套与之相对应的尽可能充分的应对方案，尽可能用间接的形式：不要做孩子成长阶段的支撑，而要成为刺激他们个体自我建设能力发展的动力。

这种模式指明了教育任务是需要多方面共同进行的。首先，应当使成年人通过不干预的观察来产生对每个人类个体发展的生命过程的尊重，可以理解为持续关注另一个生命的过程。第二个步骤是为每个年龄段的孩子准备合适的环境，安排合适的家具和物品，儿童或青少年可以借助它们来"自我成长"并逐步建立与他人的关系。

这个阶段与正确获取有关自由的概念相联系，与独断任性相去甚远，由此培养出个人理智的生活安排和对自己及他人不完美之处的宽容。精心准备好的环境就像一个"间接老师"：如果孩子犯了错误，可以自我反思并重新开始。即使是 1 岁的孩子也可以按照自己的方式去做。第三个任务旨在应对不

201

---

[1]　参见皮亚杰编纂的条目 *La méthode Montessori*, in C. Bouglé (dir.), *L'Encyclopédie Française*, vol. XV, *Education et Instruction*, Paris, Société de gestion de l'Encyclopédie française, 1939.

同成长阶段的典型现象。[1] 对儿童生活的研究表明，每个年龄段都会对特定的学习方式表现出特殊的敏感性：例如，幼儿需要的连贯性；第二童年期固有的对正义不可抗拒的需求；渴望改变和冒险的青春期等。这些表现不是许多人认为的儿童的任性顽皮，而是必须予以尊重的深切需求，这些需求经常会遇到障碍而得不到回应，然后会在深层次上造成破坏。

感官教育的培养价值

蒙台梭利从 19 世纪末就开始提倡"感官教育"[2]。她通过设计"能表达"的教具来作用于孩子们机敏的感官，即使那些有缺陷的孩子也得以对一些基本概念有具体认识，例如长 / 短，大 / 小，重 / 轻，将抽象概念具体化。这种策略的有效之处在于，制造的教具能够一次专注于灌输一个概念。这个标准定义为"性质的隔离"。她观察到孩子们经常把相同的东西放在一起，因此设计了双重系列的物体以适应儿童这种倾向。

感官材料的另一个创新特征是让儿童独自使用，出现错误时也能进行自我纠正。相似的游戏[3] 引起孩子们的好奇和给他们带来的满足令蒙台梭利感到震惊，同时她也对孩子们"极致的专注力"和表现出来的"自我纠错"能力印象深刻。

蒙台梭利研究认为这个过程对于个人的逐步完善并走向有意识的独立是

---

[1]　1967 年伟大的奥地利人类行为学家艾瑞瑙斯·埃伯尔-埃贝斯费尔德（Irenäus Eibl-Eibesfeldt）也赞赏了蒙台梭利在人类发育阶段中识别出"敏感期"的研究，就像其他物种一样。参见 *I fondamenti dell'etologia: il comportamento degli animali e dell'uomo*, Adelphi, Milano 1976, p.291.

[2]　在提倡感官教育的文本中有些取得了小小的成功，比如 C. Delhez, *La ginnastica de' sensi per l'educazione di bambini*, Bertolotti, Intra (VB) 1881. 我非常感谢马西莫·格拉志尼（Massimo Grazzini）提供的文本，否则我将无处可寻。参见 M. Grazzini, *Sulle fonti del Metodo Pasquali-Agazzi e altre questioni*, cit., p.289.

[3]　很明显这些游戏对应着这个年龄段的"思维模式"（forma mentis），相隔百年之久，在世界的不同地方，引起的孩子们的兴趣都是一样的。

必不可少的，成人不需要不断指出并纠正孩子的错误。她清楚地看到，成年人武断的态度使孩子对自己的力量失去信心，从这种意义上说，对空间和物体的安排组织有利于孩子控制自己的错误，从而减少了成年人干预的需要。

从这个角度来看，这些材料"不是老师进行讲解的帮助"，不是"教学工具"，而是选择它们然后根据自己的需求使用的孩子们来进行发现和学习的工具："这样材料就成为孩子自我发展的手段"[1]。在必要的情况下成年人可以简要介绍其用法，然后让儿童（或青少年）以自己的方式尝试。从这个意义上说，"教育"一词重新体现了"抽出"的古老含义，承认了自新生儿时期就已经存在的个体潜力（今天我们所说的"技能"）。

B-"儿童之家"的组织

蒙氏教育的教学环境完全不像那些传统的教室。其中没有成排摆放的桌椅，也没有讲台；桌子和椅子以需要的方式来布置，并不死板，可以随时移动它们来做其他事情。桌椅通常有两到三种不同的高度，这样处于身体发育不同阶段的孩子们都可以舒适地学习。即使是高级班，也会在地上铺着大大小小的地毯，方便孩子们在地上工作。教具材料排列在低矮的架子上，挂在墙壁上或者排列在房间的中间，以便构建分割的空间来进行个人的活动或小组活动。

根据对象是小学生还是大孩子，在教室角落里放置一些学习书籍或图片，还有几个垫子或舒适扶手椅，形成了一个小型图书馆。由于大小孩子在一起学习，因此一切布置都需要考虑多样性。但这种模式受到了很多批评，因为传统学校一般根据学生年龄进行明显的区分，根据并不真实的同质条件，夸张了年龄之间的对比。蒙台梭利学校的事实证明，在游戏中儿童或青少年会

203

---

[1] M. Montessori, *La scoperta del bambino*, cit., pp.164–165. 这篇文章中作者推荐了一份广为传播的所有教具的说明，包括让儿童初步认识数量和数字；植物学和地理学有关的拼图，以感官教育的方式为他们奠定初步的文化基础；一些绘画活动以及针对大孩子的多样的"手工"活动。

自发地互相帮助，在共同的兴趣和分享快乐的基础上达成默契，而这正是我们成人无法做到的。

蒙台梭利还要求老师们精心对待自己的衣着外貌，"嗓音应当使孩子们着迷"，并像"为舞台场景作准备的伟大戏剧艺术家那样，认真对待自己的举止以充满活力和优雅"[1]。不要向孩子们大吼一些命令或者讲授冗长的课程：当需要向孩子说些什么时，老师应当接近那个孩子身边去说，并尽可能少地打扰他。老师（通常是女老师）不再是一个严厉的批评者，而是令学生感到放心的支援者，对每个人都一样；老师在小组中工作的能力对于实现这一目标起着非常重要的作用。老师是最重要的引导者，可以帮助每个孩子积极地"管理"自

一位教师坐在小女孩身边进行单独地讲解，这种建立起来的成人—儿童的个人关系使得孩子们能独立地工作，并代替了之前集体授课的形式。（保罗·利达拍摄，1974 年）

己的热情，并优雅地记住同伴们共处的一些规则。"追随孩子"是新的关键词，但是"追随"一词此时具有了新的特定含义，即识别孩子隐藏的潜能，定义孩子们活动的"自由空间"，因为没有正确的边界便无法建立真正的自由。如果误解了这个基本概念，将会导致混乱和毫无益处的纵容。

自由选择、专注和自我控制成为了蒙台梭利和她的学生们的基本指导思想。曾经有一位访客问初级班的小男孩："在这所学校，你们想做什么就做什么，对吗？""不，女士，"一个小男孩回答，"我们正在做

---

[1]　M. Montessori, *Il Metodo*, cit., p.43. 蒙台梭利回忆说，塞甘在这方面要求也很高。

的就是我们想做的事。"苏莱亚·菲鲁始终记得蒙台梭利的话："我们不是教书的老师。我们努力的方向是让孩子们与事物建立关系，我们开辟了道路，但是孩子们才是在道路上行动和发现的人。这不是乌托邦，而是日常的现实。" 204

C-"请你们帮我，让我能自己做"

这里有个例子说明我们刚才讲的内容：谈到教授几何，我们脑海中会立即浮现出小学生坐在课桌前，面前摆着一个笔记本，一动不动地听着老师在黑板上进行关于几何的解释。而蒙台梭利的教学法则是针对 3 岁的孩子，在没有给出抽象说明的情况下为他们提供一个带有 3 个颜色相同但形状不同（圆形，正方形，等边三角形）的"插块"的托盘，可以将木块取出来再放回相应的凹槽中。

一个孩子面对这样的物件会做什么？他伸出手摸一摸，然后开始行动。 205蒙台梭利从孩子动手开始，全程都在鼓励他。小家伙触摸着托盘，取出 3 个木块又放回原处，重复了好几次。最终，每个木块都放置在合适的位置上。这个过程中，蒙台梭利带着鼓励的微笑一直待在孩子旁边，从未进行干预，因为是没有必要的——这些教具可以发出无声的语言，对孩子的干预意味着"从孩子那里窃取经验"[1]。

这条规则适用于所有感官教育材料的使用或"促进发展"的材料使用，以及家庭活动、个人照护和照看 3—6 岁儿童（水和肥皂，食物），照看动物或植物的情况。同样也适用于具有构建性或创造性的经验（使用纸张、纸板、羊毛、棉花、木材、绉纱、织物等），这些活动可以逐步改善手工技能和心理素质。感官教具和日常活动相互交替和补充。前者和后者之间的区别正如同需要使用精确调查仪器（如显微镜）和日常生活工具之间的区别，最重要的还是孩子可以自由表达出兴趣。至于广为讨论的"读写爆发"现象，也是在孩子们触摸了许多次字母，并以多种方式使小手作好准备后自发出现的结果，

---

[１]　这个精彩的表述来自英国心理学家埃莉诺·戈德施密德（Elinor Goldschmied）。

毫无勉强，充分尊重了每个孩子的发展节奏。反观许多成年人，从竞争的角度出发让孩子"提前"阅读和写作以获得竞争中的最优，从而完全改变了这种原本可以自然发展出的行为。[1]但是，也有人对"强迫"幼童学习带来的害处大声疾呼。[2]而蒙台梭利认为，基于在许多不同的地方经过多次验证的事实表明，如果一些孩子在 6 岁之前未接受过任何训练就自发出现这一行为，只能意味着他们自己已作好这样的准备。

恰恰是要突出教育过程中的"自发"部分，蒙台梭利在几年后放弃了使用"方法"一词，更重要的是，"方法"一词不再适用于定义不是由某种思想而是由某些经验引领的路径。从这个意义上说，"发现"一词在她的著作中也经常出现，该词使人想起了"掀开毯子"的动作，这块"毯子"原本阻挡了人的视线。实际上，蒙台梭利自己已经看到了儿童巨大的潜力，并且将其展示给世人，这是以往的任何人都没有注意到的。这要归功于使用科学方法来进行系统观察和反复验证。蒙台梭利并没有发明一种方法，但在与儿童和青少年一起工作时，她发现了看待他们的"不同"的方式。[3]

因此我们有必要重读蒙台梭利为儿童之家的老师们准备的一页指南，这

---

[1] 从 5 岁半入读小学开始，这种提前的训练对所有孩子成了一种常规模式，这正是蒙台梭利一直反对的。

[2] 在 20 世纪 10 至 20 年代，《教育杂志》发表了很多关于蒙台梭利方法的批评文章：圭多·德拉·瓦莱（Guido della Valle）的抨击文章 Le《Case dei Bambini》e la《Pedagogia scientifica》di Maria Montessori（《Rivista Pedagogica》, IV, gennaio-luglio 1911, pp.67–80）；还有乌戈·斯比力托的学生卡洛·赞吉（Carlo Zanzi），社会学家，亚历山德里亚小学的校长，发表文章 Le Case dei Bambini della Montessori（《Rivista Pedagogica》, XI, fasc. 1–2 gennaio-febbraio e 3–4 marzo-aprile 1918, pp.1–27 e 157–182）；最后还有斯比力托本人的访谈 L'errore fondamentale del metodo Montessori（《Rivista Pedagogica》, XIV, fasc. 1–2, gennaio-febbraio 1921, pp.37–47）。对于后两位学者的批评，维琴吉娜·巴蒂斯戴利（Vincenzina Battistelli）分别通过 pamphlet Le Case dei Bambini della Montessori (P. Maglione & C. Strini, Roma 1918) 和 L'altro aspetto della critica di Ugo Spirito al metodo Montessori（《Rivista Pedagogica》, XIV, fasc. 5–6 maggio-giugno, pp.300–304) 给予回应。另一方面，也有一些关于"敏感期"的实践推广开来，比如有些德语国家在 7 岁之前不教孩子读写，以免使孩子感到困难和没有兴趣，也正是因为 7 岁之前还没到书写的"敏感期"。

[3]《童年的秘密》德语版本 Kinder sind anders (Ernst Klett Verlag, Stuttgart 1952) 也提到，"儿童是不同的"。

页指南也会在蒙氏教育方法学校的学生们毕业的时候庄严地交给他们，名为《我的指南》。

我的指南

I　细心维护环境，使其保持整洁有序，使用后进行整理，并摆放一些吸引人的装饰品，就像仆人在等待主人的时候那样将房间收拾好。

II　教授教具如何使用时应通过演示的方式，在实际中动作是如何用的。态度温和，动作准确，确保孩子们都知道自己选择的教具应该如何使用。

III　积极地促使孩子与环境建立联系，一旦建立后则教师应保持相对被动的状态。

IV　观察儿童，以免他们白费力气去寻找隐藏的物品或焦虑地需要帮助。

V　在有孩子求助时快速过去。

VI　在接到孩子的邀请时倾听，给予回应。

VII　尊重孩子们的工作，永远不要打断他们。

VIII　尊重孩子们所犯的错误，不要纠正他们。

IX　尊重那些正在休息或看别人工作的孩子们，不要叫回他们并强迫他们工作。

X　应当不厌其烦地尝试向拒绝教具的孩子，没有工作的孩子和犯错误的孩子提供新的教具，通过自己的耐心、沉默、只言片语和陪伴来营造气氛。

XI　对找寻老师的孩子应让其感觉到自身的存在，对发现了老师的孩子应隐藏自身的存在。

XII　当看到孩子完成他手上的工作并且自由地进行了探索，那么（教师）可以轻声地给孩子提供符合他心智精神发展的工作建议。

---

208 D- 蒙台梭利学校的音乐教育

得益于蒙台梭利教学法专家和天才的音乐家安娜·玛丽亚·马凯罗尼的重要贡献，来自"美声唱法"之乡的灰姑娘，在 20 世纪二三十年代的蒙台梭利基础教育中占有很大比重。我们在前文中也已经多次提到马凯罗尼的名字。在感官教育领域（3—6 岁）蒙台梭利曾经做过一套声音盒，两个盒子中各装有几个密封良好的木制圆筒，圆筒内装有不同的物体：摇晃不同的圆筒，产生的声音从最强到最轻。6 对圆筒，6 种声音的渐变。但音乐就是另一回事了，蒙台梭利也明确表示自己并不擅长。

在《自我教育》（1916 年）中，她写道：

> 马凯罗尼小姐定居在罗马，与我一起继续小学教育的实验，她能够广泛地进行尝试（用她的乐器），这样逐渐构建起这一重要部分的第一步。我们选了特隆奇的工厂（Tronci di Pistoia）[1] 作为合作伙伴，他们精心制作出的感官教育材料没有辜负我们的努力。[2]

经过各种测试，马凯罗尼发明了铃铛组（campanelli）。以钢琴的中央八度音阶为基础，这些各自独立的铃铛共有 13 个，每个都安装在木制支架上：白色为 8 个，代表 C 大调音阶；5 个为黑色，代表升降半音。中音 C 的铃铛最大，然后铃铛也逐渐缩小至第 8 个铃铛高音 C，即八度音阶。起初马凯罗尼只准备了一组铃铛，后来她意识到正如对于颜色和形状一样，孩子们很喜欢用搭配的形式学习。因此，她又准备了第二组铃铛，大小相同但材质厚度不同，可以发出同样的音阶。

这样的构造方式允许孩子们进行音符的配对，理解音符的渐变，而无需借助任何无关的元素如颜色、花朵、木偶或其他。这项教具也体现了蒙台梭

---

[1] 特隆奇是一家非常有名的制造排钟、锣和其他金属乐器的工厂。正是由于他们的精湛工艺，"铃铛组"就像乐器一样精巧；但今天制造的铃铛只是近似的，就像把长方形拉宽些就当作正方形一样。教具的精确性在感官教育中绝对是不可或缺的因素。

[2] M. Montessori, *L'Autoeducazione nelle scuole elementari*, cit., p.476.

利教具的"性质隔离"（isolamento della qualità）的原则，确保孩子们获得的
印象清晰、独立，对可能出现的错误进行自我纠正。

209

重要的是，要能正确地敲响它们，不是像锤子一样敲，而是用拇指和食
指像悬摆一样捏住铃铛再松手，木质撞针轻轻敲击铃铛底部。《自我教育》
（1916 年）TAV. LVIII 版以及《手册》的英语和意大利语版本（1921 年）中都
刊印了这组教具的照片。

认识音符以后，孩子们不是将音符读出来，而是唱出音符的唱名。还可
以唱出孩子们的名字，用其他单词甚至短语来构成简短的旋律。最终这些音
符可以用黑色的小棒来表示，排列在一些刻在绿色木板的线条上：这就是真
正的乐谱了。

发掘声音的潜力，写下名字……孩子们一起发明、歌唱，所有这些美好
发现都发生在这群刚刚 6 岁的孩子身上。

在具有完整的音阶知识（13 音）的小学，儿童很容易发现大音程和小音
程之间的区别，全音和半音之间的差异——首先是听觉识别——以及在两个
四音音列中的音阶组成：

Do-Re-Mi.Fa 和 Sol-La-Si.Do，这是 C 大调音阶的基础，整体上由两个全
音，一个半音，三个全音，一个半音组成（众所周知，旋律和和声小调在其
他位置带有半音）。

如果不是从 Do 开始，而是从 Re 或 Mi 开始，则必须经过"黑色"铃铛
（即升降半音），以获得相同的音阶结构。

这些经历使孩子们可以迅速看出 13 个铃铛是不够的：至少需要 2 个八
度。为此，马凯罗尼与蒙台梭利一起创造了另一种乐器：作曲机，由 25 个金
属片组成，音符范围从下加一线的 C（中音 C）到上加二线的 C。

最初的设计是每个金属片都插入一个细长的木制棱柱中，棱柱内部是空
心的，用作音箱。后来出于经济考虑，将金属片放置在简单的木制支架上，
即使声音效果大不相同：15 个白键和 10 个黑键，又一次像真正的钢琴键盘一
样了。

作曲机在《自我教育》一书 479—522 页的表 LII, LIII, LIV 中出现并描

述了其用法。我们提醒那些声称这种陌生的教具对孩子来说是困难的和苛刻
210 的人们，只需要付出耐心，有尝试的愿望，这款教具就可以为儿童提供与基
本的数字、动物或地球上的河流一样基础的音乐知识。

1	我们与旋律同行	21	音乐段落分析
2	第一阶段的旋律	22	声音的波形
3	第二阶段的旋律	23	莫扎特的八秒
*4	耳朵，声音，眼睛，手	24	重复
*5	孩子的第一本书	25	模仿
*6	音符的时值	26	四章节的音乐叙事
*7	节奏设计	27	我们唱的歌
*8	音符值	28	一些注意事项及其价值
*9	我来建音符楼梯	29	我们的答案
10	音符楼梯	30	音高
11	音符楼梯的渐进	31	如何谱写音乐
12	音符楼梯家族	32	声部或声音
13	音阶的度	33	同调，和弦，和声
14	旋律的度	34	音乐图书馆／儿童音乐会
15	移调	35	声音
16	调式	36	报告
17	音程	37	分类读物的收集
18	和弦	38	旋律中的七个音符
19	最高调	39	读谱
20	节拍（或小节）		

这些是马凯罗尼在她的一生中准备做的专题研究的标题。虽然是为儿童
准备的内容，但对成年人来说也是非常有趣的渐进式的工作指南。在 20 世纪
50 年代只有其中 6 本出版（标有星号），其余手稿现已散失了。

前面两个专题列举了一些可以让孩子们跟随钢琴伴奏律动的例子。（部分内容已经发表在《自我教育》上）。马凯罗尼一直建议尽可能地弹好，不要勉强地踩或敲打节奏。"音乐不言自明，孩子们听得越多，理解得也会越来越好"。她总是以令人愉悦的托斯卡纳语调（她出生在利沃诺）说："要么弹奏要么发出指令；我们从不会向孩子发出指令，因此……"

孩子们听着音乐自发地做出动作，有的很快就发现了适合散步的音乐和 211 适合跑步的音乐之间的区别，其他人则需要更长的时间。与往常一样，老师们避免干预、教授或纠正。每个人都有时间自己来体会到这种不同：这种幸福的成就具有巨大的价值。

维多利亚·弗雷斯科（Vittoria Fresco，1934—1992 年）忠实地收集着这位伟大老师的作品并一直陪伴至她生命最后的日子，尽心尽力地保留着这位最初就是蒙台梭利忠实伙伴的音乐家的记忆，以及她所有的专题研究。[1] 她在战后重建利文扎路的蒙台梭利方法学校，与来自各个学校的儿童和青少年学生在一起，通过教学验证着音乐教育的有效性。马凯罗尼根据不同年龄和兴趣的需要来教授歌唱方法，但最重要的是，她追求通过具体经验、音乐律动、竖笛的合奏音乐等手段来达到对音乐的真正认识。

E- 小学生

蒙台梭利小学的 5 年学习结束时该怎么办？马拉依尼是第一个将这个问题抛给蒙台梭利的人，当时她的孩子们完成了小学阶段的学习，正好面临这个问题。在经历了个性独立和自由做事的乐趣之后，孩子们能接受回到被无聊的功课、成绩和惩罚包围的中学去吗？对于蒙台梭利来说这是一个新的挑战：她毫不怀疑可以为第二童年期的孩子们提供同样积极的氛围，但从儿童成长发展的规律可以知道，后者有着不同的需求和好奇心。

---

[1] 38 张唱片集（最后三张不太完整）交由西尔维斯特罗·via Col di Lana 加纳西（Sylvestro Ganassi）音乐学校的"甜美笛声"协会图书馆保存。该校位于罗马 00195. E-mail: info@scuolaganassi.it。

212

两个六七岁的孩子正在摆弄数字 5 的珠链（平方数与立方数珠链），在他们身后的小柜子里，摆着所有从 1 到 10 的倍数珠链。（保罗·利达拍摄，1974 年）

蒙台梭利认为，"小孩子是用'双手'思考的，青少年是用'双腿'思考的。"前者以家庭和家人为中心尝试许多活动；表现出对准确性和秩序的具体需求，生活中以强烈的无意识为主导。后者则试图了解他们是谁，来自哪里，可以创造什么；他们想知道事件和行为的原因，更喜欢同性朋友。他们恪守正义，对遭受的不公会保有持久的记忆。最重要的是，他们开始知道如何设定目标、实现目标，具有强大的追根究底的动力。

每一项知识获取都必须以具体经验为基础，因此，蒙台梭利认为这一阶段的教具应当能呈现出"具体化概念"。就算术而言，在儿童之家以感官学习方式打好一些基础后，得益于教具的进步，有的孩子在六七岁时就能发现几何与算术之间的关系，并分析正方形和立方体的相关数值；从倍数到乘法、幂和小数，直到八九岁时可以理解平方根和代数。每一步都有发现的机会，使得这个过程非常吸引人，因此无需老师来推动或敦促学生进行抽象记忆：可以以多种方式实现这一目标，尤其是通过双手和肢体运动的帮助完成的成熟自然的过程。这是蒙台梭利在她的所有创新的教育理念中认为应该最大程度利用的基本学习能力。

为了使"心理算术"（算术作为对心理秩序的帮助）的概念具体化，正是蒙台梭利借助于自己清晰的"数学思想"，将概念转化为有助于理解的物品。以同样的方式，她又一步一步地发展了"心理几何学"和"心理图形学"，后者与安娜·费德利合作进行，仍然从感官教育出发（谈话语言的各个组成部分用硬纸板或木头制成的符号表示，形状和颜色各不相同）。一切都可以交给孩子自己进行，取决于不同发展层次如何利用的具体方法。[1]

但在与小学生最初的接触中蒙台梭利就意识到，需要准备更多的内容来　214
回答孩子们成长的第二阶段感兴趣的问题，尤其是 8 到 12 岁之间的孩子处在一个新的敏感时期，她将其称为"文化敏感期"。什么样的答案能解决他们的问题？童话和神话固然对儿童大脑具有丰富的刺激作用，但仍不足以满足这一阶段的孩子们对知识的"渴望"——有必要将整个世界的奇妙呈现在他们眼前。因此蒙台梭利借助于地质学家斯托帕尼及其将生命视为"电磁力量"的理念[2]：电磁场作为生物圈运转的重要原动力，包括风、水、火山、岩石和沙漠的运动，共同维护着地球的平衡。蒙台梭利将自己的见解与现代科学研

---

[1]　此处我想提到杰奎琳·勒弗朗索瓦（Jacqueline Lefrançois），一位出色的小学教师，她在法国南部的公共学校工作多年，因为应用蒙台梭利的方法使得班级中有缺陷的孩子也取得了意料之外的不错的学习成果。退休后，她仍然想要传播自己的教育经历（*Montessori: perché no?*, 2017, cit., pp.203-232）促使人们做出改变，并坚持认为"蒙台梭利教育方法应该应用于所有孩子，而不是像今天这样成为富裕阶层的特权"。在长达十几年间，她无偿地推广这份事业，通过阅读和见面会等方式建立起传播蒙台梭利方法的网络。她的工作目标是努力"还原蒙台梭利方法的大众化教育原则"，而今已经逐渐偏离到了精英化的路线。在她的学生中有阿维翁的妮可·劳伦特（Nicole Laurent）。

[2]　A. Stoppani, *Acqua e aria*, cit.

究进行比较，发现了非凡的联系：她在 20 世纪 30 年代写道："生物圈或生命圈是地球的一部分，就像毛皮是动物的一部分那样紧密"，她补充说："生命是世界的创造性力量之一"[1]。

在她看来，这就是应该呈现给孩子们的宏伟愿景：地球秩序与宇宙秩序相联系，对他们而言，这是一个具有深远教育意义的背景。从太阳系和地质时代开始，继而进行生物物种的进化，动植物的生活与其生存环境的关系，然后自然延伸到人类生活的地域和历史，人类的发现和发明。

蒙台梭利和儿子马里奥以及莱娜·维克拉玛特娜在科代卡纳尔开设的一所小学校里探讨了这些问题。当莱娜抱怨材料匮乏时，蒙台梭利回答："你已经拥有了最好的书，这世界上最好的书就是自然界。为了训练阅读和写作可以去找杰出的英语书籍，其余方面只需看看我们周围就足够了。"多年以后莱娜回忆道："我们每天与马里奥一起去收集苔藓和水生植物，然后在学校制作玻璃展示瓶和水族馆。我们在其中放置了不同的标本，以使孩子们发现生命形式之间的差异。"

215　　"我们会提出问题：'为什么自然创造了这么多种形式？'"这也正是孩子们想知道的："为什么有些动物只吃腐肉而另一些只吃昆虫呢？"因此，通过一连串的问题我们开始理解生物多样性的含义，每个物种与它所处的生活环境以及与其他动植物的关系交织在一起的紧密联系：一个复杂生物网络会利用空气、水和太阳能将地球上的每个栖息地加以保护，从而保护了地球上的生命。

在这种框架下，人类的历史也从进化的角度来看待，根据生存需求的紧迫性逐步发展而来：从最初的行为和任务例如进食、防御、繁殖和寻求庇护

---

[1] M. Montessori, *Come educare il potenziale umano*, Garzanti, Milano 1970, pp.47–48. 弗拉基米尔·伊万诺维奇·韦尔纳斯基（Vladimir Ivanovič Vernadskij），"地球生态学"的天才先驱者（蒙台梭利并不认识这位科学家，因为他的作品一直到 1967 年才翻译出来），他认为"生物圈是宇宙能量转化的区域"，并且"生命与物质之间存在非常密切的关系"。韦尔纳斯基曾写过一本所有学校老师都应该读一读的书：*La biosfera e la noosfera*, Sellerio, Palermo 1999.

（与动物差不多），再到典型的人类行为和需求如心理、精神、情感、仪式、交往和投机活动等。

将历史在时空的维度上用长条来表示，并突出标明了重要的变化、发现和发明出现的时刻。写作和数学，这两个最重要的人类学科的演进也标志着人类历史的发展。整个项目被称为"宇宙教育"，旧金山金门蒙台梭利学校的创办人厄苏拉·萨沙认为这是一种"既具体的又令人充满热情的达到和平的办法"。

在小学阶段，除了教学内容以外，班级的氛围也是至关重要的：学习兴趣能否得到满足，班级成员性别和年龄的混合构成，鼓励孩子与一个或多个同伴一起工作。没有了成年人的语言评判[1]，信任的氛围建立起来，孩子们消除对错误的恐惧，渴望做得更好。最重要的是确认了这种教育所基于的道德基础：尊重和正义感，准确性，教具材料和环境的有序，转化为与他人共同行动时严谨和明确的态度。

孩子们学会平和地给予意见，听取他人的建议，并逐步尝试最合理和实际的解决方案。正如哲学家罗曼诺·马德拉（Romano Madera）的重要观点，他认为"对欲望的洞察力教育"是青春期的最佳护照。在大卫·卡恩·马里奥（David Kahn Mario）对蒙台梭利进行的一次采访中她说："在印度，我们有了一个全新的非常重要的发现，所有的一切都发生在科代卡纳尔的山丘上，我们的实践和想法在那里创造出事业的新视野。"[2]在访谈中她还提到欧洲的蒙氏教育老师们对从印度的经历中涌现的新领域的抗拒："我们很惊讶地听到在我们学校工作的人们声称已经了解了小学教育的一切。"

216

最后值得一提的是：在儿童之家中获得的感官教育准备，手工技能，独立性以及对他人的尊重给每一个要进入蒙台梭利小学的孩子打下了不可替代

---

[1]　但同时老师们会记录每个学生的成功和不成功之处，以便能更好地帮助他们，并以书面记录的形式与家长沟通。一种是进行评估，一种是表达判断（批评或表扬）。在这个年龄，孩子的自我评价和小团体的评价已经变得很重要。

[2]　这段卡恩（D. Kahn）对马里奥的采访发生在科代卡纳尔，收录在 *Montessori, perché no?*, cit., pp.171 及后续页。

的基础。人们不能认为之前没有受过蒙台梭利训练的孩子自 6 岁直接进入蒙台梭利小学会有一样的效果。蒙台梭利国家项目应该首先推荐选择儿童之家，这样孩子进入小学后就不会出现严重的不适应现象。

F- 大小孩子在一起：蒙台梭利学校的基本要素之一

任何想要开办一家蒙台梭利学校的人，都必须首先摆脱脑海中的一些刻板印象：教室封闭，禁止不同年龄段的孩子接触，目的在于促进学习的刻意练习。通常经过儿童之家的阶段后，蒙台梭利学校应当是一个讲求合作的社区，气氛友好，每个人的需求都得到充分尊重。

这方面的典范是弗拉米尼亚·圭蒂（Flaminia Guidi）于 20 世纪 50 年代中期在罗马托斯卡诺区斯巴达科路（viale Spartaco）创立的学校，最初是由蒙台梭利国家项目管理的私人机构，后来被国有化，转移到同一区的莱莫尼亚路（via Lemonia）。我带着愉快的心情多次造访，看到学校不断发展，儿童的独立性日渐增强，学校充满生动活泼的文化氛围。[1]

在 20 世纪 80 年代，我有机会与弗拉米尼亚长谈并记录了下来，在此进行部分摘录。

格拉齐亚：在我看来，学校最美好的方面之一是大孩子和小孩子之间的联系。

弗拉米尼亚：事实上，这里就像一个大家庭：孩子们之间有自由和尊重，相处是完全自然的。

格拉齐亚：这一切是如何发生的？

弗拉米尼亚：孩子们是来去自由的。前几天，一个很小的男孩，也许就两岁，和他的母亲一起来学校接他的哥哥。过了一会儿，我发现他坐在第五

---

[1]《对一所国立蒙台梭利小学的访问》一书，2016 年由国家项目编辑出版，讲述了一所非常活跃的学校，学校中的很多事务都由孩子们管理。这是一本精彩的书，由学校教师劳拉·梅耶（Laura Mayer）参与编辑，为书中的很多细节加了插图。

级台阶上，三四个大孩子正在很有兴趣地看某个东西，他们全都半跪在地上，而这个小孩子正坐在他们中间看着他们。

大孩子在对待小孩子的时候非常有分寸，表现出自发的保护弱小的意识。

格拉齐亚：在许多学校中，也包括一些蒙台梭利学校在内，都有一个默认的约束的声音："你要去哪里？""你为什么不坐下？"孩子们收到的信息实际上是："不许出去！"因此他们不敢乱走，或者出于叛逆与成年人发生冲突。

弗拉米尼亚：这样不好。教育需要一致性：独立性不是零零碎碎地建立起来的。小孩子走出教室的情况少一些，但是我看到大孩子会有一个两个在教室里来来往往，有时甚至太多人，我就会说："现在你们得注意了！"但这是一个限制，绝不是禁止。大孩子会把小孩子用不到的教学材料归位。另一方面，小孩子则通过观察大孩子们的课堂活动来吸收很多东西。他们是非常活跃的孩子。也许这是因为我们的学校现在在工人阶级住宅区附近，不像学校头几年那样的环境。

格拉齐亚：但是您是如何设法阻止老师的呢？随时准备说："您别这样做！""现在不能出去！""您在做什么？"……

弗拉米尼亚：这样的情况还真的没有发生过。开始时拆除了墙壁后，我们用家具在各个侧面摆成围墙的样子，但是没有门。然后，大孩子和小孩子逐渐习惯共同生活。现在他们完全混在一起了，并且为此感到开心，各个班级之间的交流都更加丰富了。楼下是三四五年级，楼上是一二年级：更理想的做法是将整个小学都设在相同的宽敞楼层上。

有时，我还看到儿童之家的小孩子们在教室之间走来走去，到处观察，然后又回到他们自己的"家"中。[1]孩子们会相互请教知识，四年级的孩子去请教五年级，五年级的孩子就做四年级孩子的老师。同时大孩子们看到有些小孩子正在进行的工作，会主动参与进来帮助做一些讲解。我们从中看到了对知识的渴望。在 6 到 12 岁的这个阶段，吸收性心智面对各种文化知识

218

---

[1] 此处指的是斯巴达科路的校区。现在莱莫尼亚路，所有孩子都在一个空间内，人们也看到了这样做的有益结果。遗憾的是，附属的儿童之家现在就无法像之前那样参与学校的集体活动了。现在，儿童之家与小学隔离开来，不像原来那样开放和自由了。

都照单全收。没有什么能逃脱他们的思考："他为什么这样做？这是什么意思？""为什么树叶有这么多不同的形状？"

他们关注一切，积极思考，寻找原因，求知欲旺盛。

格拉齐亚：当然了，如果孩子们感到自由，他们会充分表达出发现事物的愿望：这是他们接近成人世界的方式。为此，营造一种真正的社区氛围是至关重要的，就像在您的学校里看到的那种氛围。

弗拉米尼亚：事实上，在这里，儿童之间以及他们与成年人之间的关系非常融洽。如果有话要说，我会毫无保留地说出来，在必要的情况下我也会很严肃。孩子们也一样，如果他们不同意某件事就会直接告诉我，有时甚至也会跟老师争执。我总是告诉老师们不必与孩子讨价还价：说出自己想说或必须说的话，无需生气，仅此而已。不要留给孩子太多反驳的空间，他们还没有能力真正与成年人争吵。他们还没有足够的逻辑，只能盲目地胡乱反对同时又让自己感到难过。

格拉齐亚：只会使自己蒙羞，这是最糟糕的事情；大人也从中得不到什么益处。您是否会建议教师们的干预要有一定限度？

弗拉米尼亚：我告诉老师们，他们的干预或者指令必须始终非常谨慎，简短，不要逾越界限。老师们必须学会观察，而不是经常干预。做完讲解后，即使周围有其他人，他们也不必停在孩子的桌旁——应该整理好教具材料并离开，否则会造成孩子的依赖心理。老师们必须信任所有孩子，并对所有人一视同仁。如果一个成年人为某个孩子做了某件事，其他孩子立刻会问（或想）："为什么没有对我这样呢？""什么时候轮到我呢？"我们必须注意这个年纪对公平的强烈需求：当存在明显的不公时，儿童的心理就会感到折磨。

格拉齐亚：因此在讲解的时候需要技巧。如果讲解是建立成人—儿童关系的机会，那么每个孩子都必须获得相同的待遇。在我看来，成人在这方面的技巧有时不足，我们对细微差别不够察觉，而孩子对此很敏感。

弗拉米尼亚：当然，这一点非常重要。另一方面，对于需要建立边界感的孩子，老师的态度要坚定。学校里有一个大约 7 岁的孩子，他无法安静坐着，总是打扰他的同学，为所欲为。有一天我们一起去教堂，孩子们都在安静地坐着，他突然起身朝别处走去。我追过去拉住他问："你是否有可能哪怕一次跟同学们安静地待在一起？"他回答说，是别的老师要他做点事情，然后哭了起来。我不知道有这么一件事。我对待他的行为非常不公！我很抱歉，并告诉他，向他道歉。但是我没有安慰他，正是通过自己的哭泣和痛苦，他才意识到自己的行为在多大程度上一直困扰着他人。实际上，在那件事之后他比之前稍微安静了一些。此外，躁动是8—9岁年龄段孩子的特点，很难完全改正。

孩子们必须意识到老师们所做的一切都是对他们的帮助，而不是任意地命令或取得什么对老师有益的结果。如果是后者的情况，孩子们会以非常精确的方式感知到。如果成年人知道如何以公平的方式进行干预，同时防止对孩子们造成伤害，包括内心的伤害，那么孩子们一样会感觉到并且不会反抗。他们对此非常了解。小学是巩固道德良知的时期，因此我们必须非常警觉和用心。在建立孩子们的相处规则并要求遵守规则时，老师们也可以表现得严格，但同时也应当是公正而明确的。

有一天，一个孩子来找我抱怨："老师告诉我应该……""我也告诉你好多次了啊！"我试图反对他的话，他回答："是的，我知道她是对的！"我的内心感到这些话是对我们工作的称赞，但我为这个老师感到难过。他是一个非常聪明但很调皮的孩子，经常挑战我们的承受能力。当他惹了大麻烦时我就毫不留情地批评他，但不上升到道德高度；另一方面，我又以他知道该怎么做好来表扬他。可怜的孩子！他需要的是帮助，而不是讨论，也不是不断的指责。

对这个年纪的孩子来说，只有温柔的态度已经不够了：我们当然必须爱孩子，但不能软弱。在第一童年期，必须更加谨慎；在这一时期儿童建立起了自己的认知路径，完成了两种语言之间的过渡，即无意识和有意识的过渡（弗洛伊德称之为"主要过程"和"次要过程"，简单起见我们可以将其称为"非语言形式"和"语言形式"），这样就可以以更直接的方式进行干预而无需保持沉默，必要时提出异议和观察。

另一方面，这种方式不适用于小孩子们。老师不必计划任何项目或迫使他们练习什么，他当然可以提出一些建议，但绝不能要求活动准时进行。学

220

年末，尤其是在五年级，是让孩子们面对现实的合适时机："如果你们打算要去念中学，必须能够解决一些问题。"因此，当孩子们自己萌发出愿望，最重要的是，当他们真正地受到自己要实现目标的激励时便会自觉自愿地付出。

有一天，一位老师向我请教，尽管采取了这些措施，但一些学生似乎仍在面对任务时表现出困难。该怎么办？我们尝试着建立了一些简单的和复杂的目标，发现孩子们对他们眼中最困难的目标表现出更大的挑战倾向。简而言之，我们从中学课本中选取了30个问题分配给孩子们去解决，注意到他们以同样的热情接受了这些问题。我们一致认为，如果是老师强加给他们的，那么这个孩子有可能不会取得任何成绩；而在那种情况下，即使平时不那么积极的人也要为超越自己而努力解决分配的问题。

这是自然竞争的时期，是儿童经历的"第三阶段"[1]。这一时期的发展是非凡的！从历史阶段或地理分布看都是如此。五年级已经进入了成长的第三阶段。他们想知道自己对这个世界到底了解多少，他们准备好了面对挑战和发问；因此，老师们也要准备更有趣更复杂的题目了。

221　　其余方面并不像他们以为的那么重要，但关于获取知识这一点，即他们经受考验时的愉悦感：孩子们会意识到自己所做的重要工作会将知识的各个方面概括在内。之后他们面对学习的各个科目就明白自己需要全面掌握，迅速且详细。

格拉齐亚：实际上，在这个年龄段，提前学习没有多大意义。重要的是掌握学习和研究的方法；探索感兴趣的问题的求知欲……

弗拉米尼亚：就是这样。有些问题他们钻研得很深入，另一些问题可能就蜻蜓点水，每个人的兴趣和方式彼此不同。有的孩子对爬行动物表现出更多的兴趣，别的孩子对宇宙表现出更多的关注，还有人可能喜欢研究古罗马。这没关系，开放的气氛更有利于知识的传播交流。在青春期，当孩子们对学习产生真正的兴趣时，他们能够以更系统和更有意识的方式开展学习。在儿童时期，这些心态尚未成型。布置的作业如果有严格的时间和空间限制（例

[1] 从广义上理解，此处引用的是蒙台梭利"三个学习阶段"的理念。

如家庭作业或限时的班级测验）或统一的数据处理方式，小孩子们还无法达到这些要求。不是他们不想，而是不能。通过与孩子们的多年相处，我充分了解了这一点。你想让他们做作业吗？那么，你必须亲近、引导、鼓励并支持他们，但不能强迫或者扔下他们独自完成。这种勉强的提前学习会让孩子们非常辛苦，且得不偿失：他们原本能够以另一种更愉快的方式达到同样的目标。另一方面，提前强加于低龄孩子的学习有可能伤害他们后续学习的兴趣。

格拉齐亚：这种提前的"助推"甚至从孩子一岁的时候就开始了，让他们在发育到合适的能力之前就站起来，向他们展示一些"以这种方式学习"的视频，幼儿园中也是这样，剥夺了孩子们真正的成长时间。在小学中就更是如此，成年人不断提出直接的学习要求，给孩子留下的印象就是永远也做不到。

弗拉米尼亚：这真的令人遗憾。这个年龄段并不是学习和理解的时期，学习行为是在遵循特定外部建议的情况下进行的。另一方面，在童年时代，兴趣是由内在产生的，原因多种多样，通常是情感上的自然触动。通过跟随这种触动和刺激（这个机制对我们来说是神秘的），孩子们可以平和地面对任何问题：算术运算、几何定理、地理或科学发现、语法、诗歌、概念图表，等。 222

如果他们对这个问题感兴趣，就会连续几天专注地研究这个问题，在学校或在家里都一样，无需成人来命令。在这个过程中，孩子们整体的知识基础在感受到乐趣的同时会得到加强。另一方面，如果我们想提前让孩子学习一些国家教育体系中必不可少的知识概念，那么同时必须牢记孩子们此时还缺乏实现这些目标的"精神器官"。他们的确能够学习，但是随着时间的流逝，这部分知识只会记住的很少。

格拉齐亚：每个年龄段都有自己的需求。例如，我观察到18—20个月大的孩子不需要任何真正意义上的讲解，就像我们在儿童之家做的那样。他们更需要以自己的方式探索，将物体和本质建立联系，以多种方式进行尝试。不同的是，3岁以后的孩子突然萌发出对准确性的需求：他们想要以成人的模式准确地行事。首先是发现，其次是构建。最小的孩子们虽然会看着成年人的演示，但是实际上他们似乎忽略了成年人在做什么；然而长大一些之后便萌发出新的需求，虽然还几乎不可能做到。

弗拉米尼亚：是的，观察到儿童的这些差异并见证性质上的明显飞跃是一件很棒的事情。孩子们心中逐渐产生服从成年人要求的愿望，可以说他们感到了真正的满足。否则，当他们还很小时，就不会受到成年人影响。有时我们有一些2岁半到3岁的孩子仍处于第一阶段：如果我提议进行任何集体活动，他们会继续做自己想做的事，对周围发生的事情无动于衷，好像无法融入任何集体中一样。可能几个月后巨大的变化就发生了，意味着他们的"精神器官"已经准备好了！在小学阶段情况也是一样：当孩子们学习到的知识开始成型，自我系统化，组成一面多彩的马赛克时，就诞生了寻找书籍的活跃渴望。在我们学校这是绝对优先考虑的方面，而对普通课程的亦步亦趋的教授是次要的。

格拉齐亚：目前的国家教育体制对此非常重视，因为它要求对孩子们习得的技能水平不断进行评估以制定下一步的教学计划。

223 　　**弗拉米尼亚：**是的，从某种意义上说，这是导致该年龄段儿童内在生命失去活力的原因。与3岁以下的儿童进行比较可以说明这个问题：应该放手让他去对周围的世界进行发现和探索。对小学生来说也是一样。

G- 零到三岁："新生儿教育是对生命的帮助"

　　在探究3到12岁之间那些健康或有缺陷的儿童的潜力之时，蒙台梭利也始终关注着新生儿的状况。[1] 1921年，蒙台梭利与儿子马里奥一家在西班牙生活时，孙子小马里奥出生了，被大家宠爱地称为"马乌里奇诺"，这是她的长孙。这件事激发了蒙台梭利关注生命最初阶段的新的兴趣。小马里奥回忆道：

　　　　我出生后，她就有机会从一开始就密切观察孩子在家庭环境中的自发行为。从这些观察中得出了《童年的秘密》一书引用的各种

---

[1] 在第4章我们提到的《小学阶段的自我教育》一书中，谈到小学教师的知识储备时，蒙台梭利强调了他们也应当具备对新生儿阶段的了解。

例子，例如那句著名的"请你们帮助我自己做"：这就是我小时候提出的要求。[1]

在巴塞罗纳度过的这段时间，蒙台梭利经常去"母婴室"观察只有几个月大的新生儿，并注意到他们对生理—心理学层次的高度敏感性和多样性，那时这些方面处在一个被完全忽略的状态。她意识到婴儿作为"无声的/成人的建设者/代际联系/过去的继承人/以及未来的新人"，需要经过严格培训的成年人来照看，不仅是出于情感或道德原因，还出于对人类种族的保护。

10月22日蒙台梭利在比利时为一群父母举办了一些有关幼童行为的讲座。[2]

在2岁之后儿童会表现出"原始潜力"、好奇心，经常给出出乎意料的回答以及3个"敏感期"的丰富需求：秩序，运动，语言。第一个敏感期对应对感官印象的连续性和一对一关系的稳定性需求，这对于新生儿，至少在2岁之前，是必不可少的。第二个敏感期与运动发展需求相吻合。第三个敏感期是人类的典型需求，对应语言的吸收性学习。

224

新生儿的特殊需求一直处在被忽视的状态，直到第二次世界大战后蒙台梭利与她最早的学生之一科斯塔·诺奇一起构思了一个旨在培训年轻女性的项目"研究新生儿及2岁以前的幼儿"，并随之创建了"蒙台梭利幼儿辅助学校"（AIM）。该学校于1947—1948年在罗马开办，并于1949年8月在圣雷莫举办的蒙台梭利大会上向学界进行了正式介绍。AIM的任务是前往家庭（或在医院），从孩子出生起对新手母亲进行指导和帮助。经过严格训练和大量实习后从这所学校毕业的毕业生，与孕妇事先建立联系，从孩子出生后就开始进行辅助工作，在刚出生的第一天就守在孩子身边，跟母亲也保持亲密

---

[1] M. Montessori Jr, *Maria Montessori, mia nonna*, ne《il Quaderno Montessori》, 5, (1988), n.19, pp.52–62.

[2] 讲座内容以法语刊登在1922年的杂志"La Femme Belge"上。1923年维也纳蒙台梭利协会将这篇内容收录在小册子《Das Kind in der Familie und andere Vorträge》中，于1936年由Tipografia Tuderte（Todi）在意大利出版，没引起太大反响。

的关系，发挥着"消除孕产妇焦虑"的功能。[1]他们帮助新手母亲面对初次喂养的问题，照顾新生儿的同时不忽略任何需求的信号（可能很微弱），并向母亲展示如果除了卫生方面之外也密切关注新生儿的感官信号，就可以轻松把握孩子的需求和节奏。这样，每个新生儿都将能够获得一个情绪稳定的环境，从而有利于与父母建立起亲密的关系。

该项目立即取得了非常明显的成果。人们注意到孩子们更加安宁，生理行为更规律，与成人的相处更和谐，以及家庭成员共享的安全感与平和感。因此，该项目受到了极大的欢迎，引起人们浓厚的兴趣。

225　　战争结束后的几年，人们对国外的研究了解甚少，该领域唯一的参考文献是《家庭中的儿童》[2]。该书在 20 世纪 30 年代中期出版时没有引起太大反响，这本仅有 100 多页的小书一直被认为不那么重要，因此也不为蒙台梭利的追随者们所熟悉。但对于 AIM 的学员来说该书是不可替代的指南，内容简明具体，随后随着时间的推移后来又添加了格赛尔（Gesell）、约翰·鲍比（Bowlby）、斯特恩（Stern）等人的书目和其他教科书。

20 世纪 60 年代，AIM 学校改为国有，诺奇成立了蒙台梭利新生儿中心（Centro Nascite Montessori），以继续开展研究和家庭支持计划。20 世纪 70 年代开办的这个中心配备了高素质的员工，专门为满足婴幼儿在生理和心理生活方面的敏感需求而提供帮助。[3]

尽管该中心从 1947 年到今天已经有 70 多年历史，但在一些棘手的具体问题如分娩、出生和婴儿期等，我们似乎仍处在问题的初期阶段。除了蒙台梭利的研究外，还有很多其他学者的声音没有被大众听到：英国的埃丽诺·戈

---

[1]　这一表述来自埃莱娜·贾尼尼·贝洛蒂（Elena Gianini Belotti）。1968 年至 1980 年间她担任罗马蒙台梭利新生儿中心的主任。参见 E. Gianini Belotti e G. Honegger Fresco, *Educazione dalla nascita. L'esperienza del Centro Nascita Montessori*, Emme Editore, Milano1983.

[2]　Tipografia Tuderte, Todi 1936.

[3]　若想了解进一步的信息请参考 L'Associazione "Centro Nascita Montessori" di Roma: un'idea, una storia dal 1947 a oggi, Associazione Centro Nascita Montessori, Roma 1995. 我很乐意在此转述诺奇的呼吁，尽可能地传播 AIM 的经验，认真对待新生儿和 2 岁以内的婴幼儿的生活。

德施米德（Elinor Goldschmied）、匈牙利的艾米·皮克勒（Emmi Pikler）（布达佩斯著名的洛奇研究所所长）、法国的心理分析学家米里亚姆·大卫（Myriam David）和临床心理学家吉娜维芙·阿佩尔（Geneviève Appell）。同样，法国CEMEA（Centri di Esercitazione ai Metodi dell'Educazione Attiva，积极教育方法训练中心）的研究结果以及伦敦"塔维斯托克人际关系研究所"和"塔维斯托克诊所"的心理分析人员的应用经验也被忽略了。生育的医学化（至少在意大利）、在家中进行自然分娩的障碍以及当前幼儿园侧重过早学习的教养模式，完全不关注孩子们集中注意力、个人主动性和独立性方面。

　　我们避免对儿童进行任何形式的训练，只是在合理的自由特别是选择自由的氛围中观察他们持续的探索活动，我喜欢称之为"人类工作的字母表"：认识内部和外部，拿起和放下，填满和排空，收集和散落，推动和拉动以及许多其他二元动作组合，孩子们在精力非常集中的情况下饶有兴味地重复这些动作。

　　有必要创造条件来观察所有这些情况，而不是将小孩子视作成年人提议的游戏的表演者。仔细思考会发觉这个令人钦佩的行为"字母表"也是我们人类这一物种相对于地球的宇宙任务的根源，这个项目直到最近才开始被人们有意识地进行系统研究。

　　该方法已在 2017 年 7 月底在布拉格举行的 AMI 国际会议上提出，并于新一期杂志《子午线》（La meridiana）中以《蒙台梭利 0—3 岁：新生儿教育是对生命的帮助》为题的文章进行充分介绍。

H- 另一所青少年学校

　　1989 年 5 月我去旧金山探望厄苏拉[1]，参观了那里第一所也是唯一一所蒙

---

[1]　引用摘自 U. Thrush, *Erdkinder, i figli della Terra. Alla scoperta dell'adolescente in una Farm School americana*，该书致辞中纪念 Eleonora Caprotti Honegger，后者是 20 世纪六七十年代贝尔加莫 CISM 的合作创办者。参见《il Quaderno Montessori》，VIII, (1991-1992) n. 31-32, pp.79-81, Doc. XI.

台梭利梦寐以求的真正的"地球之子"（Erdkinder）学校。厄苏拉于 1969 年为 2 岁至 12 岁的儿童开设了一所学校，并于 1977 年开始"地球之子"计划。得到了经费并选定了地点（半月湾，这是旧金山附近圣马特奥县沿太平洋的一个海湾）之后，接下来要解决的最难的问题之一就是选择合适的老师：他们不仅要是不同领域内的专家，而且能"和谐相处，与教学环境融为一体，性格开朗稳定，愿意分享参与，和孩子们打成一片，帮助他们认识到自己的非凡之处"[1]。经过多年艰苦的工作后，厄苏拉证明了蒙台梭利的这一教育提议也是正确可行的。

这不是一所偶尔组织孩子们去访问农庄的学校，而是一种沉浸在生产经验中的现实，远离城市环境和紧密的家庭联系，但不排除与城市进行各种接触。这所学校里的学习和生活都是集体进行的，个人责任和共同责任相伴而生。经过 10 年的辉煌发展，由于经济困难和地区其他蒙台梭利学校的敌视，该校不得不在 1987 年关闭。

227

近年来，美国已经出现了其他类似的尝试。其中值得一提的是俄亥俄州的赫尔歇·蒙台梭利（Hershey Montessori）农场学校。在大卫·卡恩（David Kahn）编辑的书《卡米洛·格拉志尼：庆祝蒙台梭利学校成立 50 周年》中回忆了一些出现在"地球之子"学校之前的非蒙台梭利教育的例子："少年共和国"（La Repubblica dei Ragazzi）和米兰"弟兄友爱团体"（Nomadelfia），以忏悔精神为主导；由英格兰的塞西尔·雷迪（Cecil Reddie）创办于 1889 年的英国阿伯茨霍尔姆学校（Abbotscholme）和已经提到的 1901 年由德国赫尔曼·利兹（Hermann Liedz）创建的乡村学校。

我认为，最接近"地球之子"的是奥登瓦尔德寄宿学校（Oden waldschule），也许也是蒙台梭利本人的灵感来源。由伊迪丝（Edith）和保罗·格海布（Paul Geheeb）基于世俗生活的构想在 1910 年开办于德国黑森，1934 年由于担心纳粹进军而移居瑞士。1937 年时这所学校仍然活跃，并以人文学院（Ecole d'Humanité）的名字广受欢迎，现位于伯尔尼高地的哈斯利伯格。

---

[1] 《il Quaderno Montessori》, VIII, (1991-1992) n. 31-32, pp.79-81, Doc. XI.

蒙台梭利开办的一系列从儿童之家到高中的教育机构中，我们想到了 1936 年 4 月由父母协会（包括伯纳德夫妇）在巴黎附近的鲁伊（Rueil）开办的勒·昂热尔勒学校（Le Collège de la Jonchère）。这座学校是玛德琳·雷蒙德·伯恩海姆（Madeleine Raymond Bernheim）在塞夫尔（Sèvres）开办的儿童之家的延续和扩展，不幸的是存留的时间很短。学校曾经坐落在被绿树环绕的一栋古老建筑中，方便孩子们在大自然中进行各种活动和体育锻炼，并特别注意孩子们的饮食营养方面，在之后的拉伦蒙台梭利学校中也是如此。正如这所儿童之家的结局一样，昂热尔勒学校也因纳粹占领而消失了。[1]

这些学校尽管都具有确定无疑的价值，但仍然是一个个孤立的乌托邦。近年来，人们根据马里奥提出的 "城市妥协"（compromesso urbano）的概念在俄亥俄州进行进一步的教育实验，也就是在城市环境中的中学也可以尝试其他形式的生产性工作（例如在印刷厂工作）。

涉及到中学教育的还有苏黎世湖附近加尔盖能（Galgenen）的维拉蒙特学校；巴伐利亚州的斯坦伯格学校，由家长协会和西奥多·赫尔布吕格（Theodore Hellbrügge）在慕尼黑前奥林匹克村建立的一所学校资助。在 1939 年 AMI 发布的《公告》介绍 "地球之子" 学校时，有句令人折服的话不容忘记： "仅有一件事是教育应引以为肯定的指导，即受教育儿童的个性。"

位于施维茨州（Schwytz）的维拉蒙特学校（拼写为 Villa Monte 或 Villamonte）具有独特的魅力。该校是由罗斯玛瑞·舒厄（Rosmarie Scheu）创办的一所私立学院，但得到州政府的定期授权，表明即使在这所基于孩子们的自由选择、个人责任感和成年人给予充分信任的学校中，也可以获得国家认可的文凭。在这所学校中，成绩、成绩单和考试已被完全废除。20 世纪 90 年代后期当我到学校参观时，惊讶地看到儿童之家的孩子们自己准备意大利调味饭；小孩子们在没有老师帮助的情况下进行长时间的手工操作，进行

228

---

[1]　G. Honegger Fresco (a cura di), La "Jonchère": un'esperienza Montessori della Francia degli anni Trenta, ne "il Quaderno Montessori" XXIII, (2006/7), n. 92, Doc. XLVII, pp.55–64.

复杂的几何计算；青少年们在筹备经典电影的舞台演出，在没有任何人帮助的情况下准备剧本、剪裁和缝制衣服以及绘制背景等。

维拉蒙特学校与瑞贝卡·瓦尔德（Rebeca Wild）进行了建设性的交流，后者在厄瓜多尔的基多创办了一所类似的大型学校。

在一群致力于改变教学方式的教师发起之下，2008 年米兰的里卡多·马萨（Riccardo Massa）研究所选择了一所国立中学的一个班级进行蒙台梭利教育的尝试，得到了家长们和校长的大力支持。该学校与位于附近加伦吉路的国立"蒙台梭利"小学建立了联系。[1]

老师们调整了教学空间的安排（说实话并没有调整到最佳，但在大多数情况下的教学楼确实缺乏适合活动的环境），调整了教学计划，将"做事"和"思考"的教育方式相结合，研究了自我评估的形式，在原本一味迎合国家教育体系的方面做出一些变化。最终取得的成果十分喜人，因此第二期教育实验很快就开始了。

原本那些不守纪律，躁动不安的孩子们逐渐转变为自我负责、性格平和的学生，他们对学习很感兴趣，甚至有能力在户外进行数天的自我管理课程。

> 我们的方式是一种在研究中前进的道路，正是因为我们无法为这一年龄段的孩子实施蒙台梭利理论中的学校社区（地球之子）模型，因此必须找到其他方式，逐步应用在仍然有很多背景限制的情况下。

在安东奈拉·帕加诺（Antonella Pagano）教授的协调下，该教育实验小组（具体管理人是米莱娜·皮斯科佐）今天已经成为其他走在类似研究途径上的研究所的"向导"。经过 8 年的努力后，研究所获得了重要的认可：2016年 12 月 13 日时任教育部长加尼尼签署 898 号法令，授权米兰的里卡多·马萨研究所和巴尔萨摩（MI）的帕加内利（Paganelli）研究所"以蒙台梭利教

---

[1] 这所国立蒙台梭利小学 20 世纪 70 年代末由出色的蒙台梭利教师莉迪亚·加利亚诺·伯尔撒尼（Lidia Galliano Borsani）创办。

学法为指导，进行为期 3 年的中学一年级课程实验。"[1] 因此，研究所很快从市政府获得了新的支持资源。

I- 为缺陷儿童而努力

尽管社会上有种种不完美，但人们仍以完美的标准期待着孩子们的表现：如果他们犯了错误，如果他们没有达到父母和老师的期望，结果通常是难逃责罚。对于孩子我们常会表现得不宽容，时刻准备着批评他们的错误和动作慢，我们否定孩子，在与其他孩子的比较中贬低他们或使用严厉的语气。而这被认为是激励孩子们展现出良好品质的最佳方法。

通常在赛跑过程中，最感受到羞辱的是缺陷儿童，而他们的缺陷背后隐藏着许多无法预料的原因：遗传缺陷，出生时的意外，幼年染病以及其他成千上万种奇怪的罕见疾病。人们在经年累月中为这些不幸的孩子取了各种名字：寡基因精神病患者，疯子（蒙台梭利那个时代），白痴，精神薄弱患者，弱智，发育迟缓者，蒙古人种，三染色体人，残疾人。如今，对于这些孩子，人们更常说受这些病症影响的人是残障人士（最委婉的说法），并用首字母缩写词 BES（有特殊教育需要的儿童）进行分类，其中也包括校内学习十分困难的移民儿童。

230

无论如何，所有这些术语都有一个共同的特征即强调"缺乏"。因此父母会不可避免地感觉孩子与他人不同的状况令人不适。诊所给出的诊断也经常强调这种缺乏："他没有能力……""他永远不会到达……"即突出显示了在一定年龄孩子"必须"达到的能力方面的差异。而这不是成长唯一的可能路径。在教育方面，尤其是从幼儿期开始，基于整体观念和对人的尊重的蒙台梭利方法得出了截然不同的结论。

到了 19 世纪末，蒙台梭利作为一名年轻的精神病医生和她的同事们，已

[1]　A. Binago, *Una Media Montessori statale a Milano*, ne "il Quaderno Montessori", XXXIII, inverno (2016/2017), n. 132, pp.25-31.

经意识到罗马精神病院的孩子们的问题更多是出自教育而非医学方面，因此她并不从康复的角度讨论，也不会给出否定的诊断意见。那两年她努力陪伴在每个人（6 岁以上的孩子们）身边，从事感官教育及其能力的培养。最后，她设法让孩子们像"正常人"一样参加了学校考试：结果是令人震惊的——反而突显出那些年正常教育水平非常之低，以及她指出的对儿童潜力的"浪费"[1]。

赋予多元化以价值

蒙台梭利方法最具创新性的方面之一，是认识到统一性和相似性令人窒息，而适当重视多样性的价值会大大有益于人类共处的关系。

20 世纪 20 年代初期，盎格鲁–撒克逊国家已经意识到，在儿童之家和蒙台梭利小学，孩子之间的差异得到了重视，并因此将不同年龄、性别、能力、宗教信仰甚至不同财富阶层的儿童组织在一起：这是法西斯主义时代在意大利无法想象的民主标准。

尽管如此，除了小型的特殊学校（其中最有名的是玛丽亚·范切洛建立的蒙特维尔德学校）外，"缺陷"儿童在很长一段时间内仍被排除在蒙台梭利学校之外。20 世纪 50 年代初期，蒙台梭利学校开始向患有病理疾病，包括患有非常严重疾病的儿童和青少年开放，例如维托利纳·吉曼迪（Vittorina Gimenti）在曼托瓦附近开办的"太阳之家"和科格利亚基（Configliacchi）研究所在帕多瓦为一些盲童开设的班级。在这些地方，班级通常由具有相同缺陷类型的儿童或青少年组成。

第二次世界大战后，大型的蒙台梭利特殊学校在离巴黎不远的丰特奈苏布瓦（Fontenay-sous-Bois）开设。玛丽·路易斯·帕斯奎尔（Marie Louise

---

[1] 多年以后，儿童神经精神学家安德里亚诺·米拉尼·康帕莱蒂（Adriano Milani Comparetti）表达过类似的观点，这位伟大的脑瘫患儿研究者从 20 世纪 60 年代到 80 年代与法国 CEMEA 合作，在红十字会的支持下管理"安娜·陶里加尼"中心（Centro "Anna Torrigiani"）。该中心致力于给相关的患儿和家庭提供支持并进行研究。从这段经历开始，康帕莱蒂后来参与到佛罗伦萨省巴诺国立小学的教育中。

Pasquier）[1]一直负责管理到 20 世纪 80 年代，这里的情况截然不同。当时，许多蒙台梭利分子也深信在这种情况下进行"隔离"会更有帮助，使家庭减少与患儿相处的痛苦。学校内并不缺少典型的蒙台梭利元素：选择对象和同伴的自由度，个人活动时间，教学模式的多样。但是这种方式仍然存在着难以消除的偏见，必定会使儿童与成年人之间的关系恶化[2]，但缺陷儿童的隔离教育仍旧继续着。

　　终于在 20 世纪 60 年代初，一些儿童之家开始接收缺陷儿童[3]，然后是1968 年，和 10 年后的 180 号法令要求关闭精神病院和相关的专门研究机构[4]，这使人们认识到"隔离"（即使不再是监狱式的）不利于缺陷者的个人及其社会性的发展。

232

　　与"健全人"的直接接触符合社会公平正义的原则，能够使缺陷者逐渐独立于学校和家庭团团包围的帮助。在这个方向上取得的经验表明，每个孩子只要感到被接受，就可以按照自己的步调尽自己最大的努力。就像正常的孩子如果在满 12 个月的时候仍然不会走路，但也不会被强迫走路一样，残障儿童也不应因为尚未达到和别人一样的能力就进行自我否定。可悲的是，即使在今天，也很少有人相信每个孩子自我建设的潜力。[5]

---

［1］　玛丽·路易斯·帕斯奎尔是 1950 年在佩鲁贾开办的蒙台梭利国际课程的学员，在丰特奈的学校任教之前曾在兰特涅夫妇的蒙台梭利学校中担任教师。因为所做的出色工作，晚年她被推选为 AMI 法国分部的主席。

［2］　想想当今公立学校中移民儿童的处境就知道接受"不同"的孩子有多么困难。大多数情况下老师们并没有作好准备，也没有在面对强烈的语言文化差异时获得足够的支持资源。

［3］　例如我在瓦莱塞省建立的学校和米兰巴尔多利尼路的学校。

［4］　1978 年 5 月 13 日 180 号法令，即以这项法令的推动者、心理学家巴萨日亚的名字著称的"巴萨日亚法令"（legge Basaglia），可参见 M.L. Tornesello, *Il sogno di una scuola*, Petite Plaisance Editore, Pistoia 2006。该书重现了那段社会变动剧烈的情况下教育的历史变化，书中有丰富的数据、资料和图表，还提到了法国导演特吕弗（François Truffaut）于 1970 年导演的《野孩子》（*L'enfant sauvage*），以伊塔、塞甘救助维克多的故事为原型。蒙台梭利也曾在这件事上有深刻的思考。

［5］　CEIS 在这方面做了 40 余年的出色工作，这个机构由玛格丽特·佐贝利（Margherita Zoebeli）创办于里米尼。同样还有丽娜·马努奇（Lina Mannucci）创办于佛罗伦萨的"玛格丽特·法索罗"（Margherita Fasolo）幼儿学校，根据 CEMEA 的模式在教育者培训方面做了非常重要的工作。

帮助他们，但不要忽视独立性

另外两个被低估的方面，一方面是"特殊"孩子表现出的强烈的情感敏感性；一方面是陪伴者（在平和轻松的氛围中自然出现的）给予的帮助在确实不可或缺的情况下，才有意义。这些孩子很难摆脱自身的困境，成年人也要承受他们的"辛苦"和尝试，这些尝试（在某种程度上）会引领他们不懈努力并最终获得成功。跟随自己兴趣的同时，每个人都有向其他人发射信号的"天线"：这是建立相互学习的唯一方法，而不是医生笼统建议的"与他人待在一起"。显然，如果期望缺陷儿童仅获得认知上的进步，那么无论认知进步能否实现，其情感发展都会受到损害，与他人的关系也会受到严重影响。

233　　另一个显著的发现是多动症的减少。即使对于来自其他学校的那些多动得令人担忧的孩子，蒙台梭利学校的新环境也自然地鼓励着他们去改变。"兴奋过度"的孩子不会被责骂，他不必非要站起来回答问题，也无需执行不感兴趣的任务：像其他孩子一样，缺陷儿童也可以选择非常简单的活动，例如洗抹布或揉捏黏土，做多长时间都可以。老师们会小心地跟随孩子，而不会主导孩子的行动，会以优雅亲切的方式提醒注意一些限制，而不会强迫执行。最重要的是，给这样的孩子足够的时间将在一个没有被"干扰者"指点的空间内寻找自我：他只是一个承受着痛苦的孩子。同样在这种情况下，"间接教育"几乎起到了丘脑疗法的作用[1]，只要尽可能使儿童拥有一个非侵略性的环境。

我还记得一名患有唐氏综合症的孩子保罗的成长历程。他 6 岁就进入了蒙台梭利学校，从一开始，他就参加了所有教学活动，包括斯特恩画室[2]（l'atelier Stern）。这是一个绝妙的绘画场所，每个人都可以按自己的想法随意发挥留下想要的痕迹，没有任何老师给予建议，除了教孩子们如何握住画

---

[1] 欺凌行为在真正自由的学校中也是不存在的，成人不会在其中扮演法官的角色。

[2] 法国人阿尔诺·斯特恩（Arno Stern）从 1949 年开始就在不同国家尝试让儿童、青少年和成人进行真正自由地画画，并在自己的书中描述了这些行为。没有任何技法要求，参与者不同的身份，几乎没有任何限制，使他的项目很容易与蒙台梭利学校合作起来。

笔并将其浸入调色盘。保罗每周和同学们一起去一次画室，他喜欢用很多颜色，但每当老师告诉大家一会就要回家时，他就用黑色涂抹所有刚才画过的东西。绘画老师观察到他，给他充满鼓励的微笑，但从不说任何话，这孩子每次画室活动结束时都会继续同样的行为。几周后，他开始用棕色涂抹自己的画，然后改用紫色。又过了几个月，有一次他说："结束了！"并不再涂抹自己的彩色画作——他已经找到了超越自我的动力。打骂或禁止何益之有？当然，儿童在必要时应与言语治疗师或心理运动专家会面以进行特定的治疗干预，但这应当在其他专业诊所进行，学校则不应做一些使某个孩子在同龄人眼中显得异样的事情。

234

　　进行上述疗法应当在学校的小组课外进行，以避免给孩子在同龄人中造成任何负面印象；也许孩子表现出来的不同会很明显，但绝不能成为学校评估的内容，尤其是来自同学的。必须通过老师、父母、医生、治疗师之间的不懈努力建立一条连贯的道路以保护孩子，以尽可能最好的方式帮助他同时又保持住他对世界的敏感。

　　不幸的是，许多来自父母的叙述告诉我们这条路走起来有多困难：专家的干预常常基于强加的锻炼，大量的反复刺激，并加以持续不断的口头鼓励。在不同的地区和情况下都发生的同样的事实表明，这已经是一种普遍存在的治疗模式。

　　最近的一个例子是，一个6岁男孩由于遗传综合症而导致行动不便，被治疗师（后来在治疗师建议下由他的父母进行）强迫治疗了大约1年，要求他将左手背在身后，诱导他用右手抄写字母来"纠正"他的左撇子。结果使得他的手部功能更加不稳定，并对一切绘画和写作类的活动感到厌恶。

　　还有一位母亲，她能认识到为自己的女儿选择教育时机的重要性，也具有常识和正确的"对爱的理解"，但精神科医生对她说："您不能让发育迟缓的孩子自己选择或者等待，因为他们可能永远不会达到正常水平，因此有必要提前进行干预。等待她能独自行走或自发地绘画是没有用的：您必须让她提前做，因为'以后'可能意味着为时已晚。"不浪费时间在一定程度上是正确的，但是在很大程度上也取决于面对这件事时成年人的方式和鼓励的态度。

使孩子沦为只会按指令执行任务的暴躁的木偶，是一种痛苦甚至可能是失败的经历，尤其是在孩子本身发育缓慢或感觉—运动困难的情况下。孩子对周围的事物始终抱有的信任感可以促使他掌控事物，去练习感到困难的事情，并为自己的成就自豪。有些成年人在儿童时期有过这种经历，就是因为家庭中满怀鼓励的等待。

235　何种融入

另一个问题是辅助老师的问题，在公立学校中（从小学到高中都有）这位老师辅助"迟缓"的学生在"健康孩子"的学校活动中进行"康复"。基于黑板、笔记、手册、听写和提问的一般教学模式将不可避免地受到"不稳定的学生"的"干扰"。按照这种方式，并不是老师和同学们张开怀抱欢迎缺陷学生，而是缺陷者本人要努力适应班级的环境。

求助于所谓的辅助老师，有可能使缺陷学生更加与班上其余孩子隔离开来，连带辅助老师一起都被下意识地视为令人讨厌的外人。随之而来的只能是虚假的融入，意义已荡然无存。在缺陷学生旁边专为他安排老师辅助几个小时（虽然也许是持有特殊教育文凭的老师，但只是新手），以帮助他完成同样布置给其他同学的作业，意味着老师仅在认知方面有价值。这是一种幼稚但严重的迷信，会误导父母。由于这种干预进行得非常零碎，没有将孩子一天的生活视为一个整体从而进一步羞辱了他，忽视了他可以发展出的能力。辅助老师和缺陷孩子共同成为痛苦的存在。

然而，即使学校里这套辅助体系不健全，许多父母仍在努力确保自己的孩子获得这种形式的支持，并希望从一周的几个小时中获得奇迹般的效果——这无法实现，因为孩子在班级中被孤立着，最终会遭受更深的痛苦。相反，在从来没有孤立过"需要特殊教育的"儿童的学校中，除了最初的适应期可能会受到以往经历的干扰，辅助老师应当参加整个班级的活动，肩并肩地与所有同学在一起，确保缺陷学生的"不同"与所有其他孩子的"多样性"交织在一起。

"阳光行动"

为了确认蒙台梭利的理念，从 20 世纪 70 年代开始德国儿科医生西奥多·海尔布吕格（Theodore Hellbrügge）开始了他的临床实验，他一直以来都在思考一种称之为"社会官能症"的疾病病因。这种病临床表现为攻击性，躁动不安，注意力不集中，不活跃等。对于海尔布吕格而言，明显有必要消除学校的惩罚行为，并鼓励正常人和残疾人之间的生活融合。但是该怎么做呢？他对盲人，聋人和其他病因的残疾人"特殊"学校都不满意。在评估了不同国家的许多经验之后，他发现了蒙台梭利方法，但认为该理念已经有些过时而抱有疑虑。然而，前往由安娜·施密特（Anna Schmidt）指导的法兰克福蒙台梭利学校的访问给他带来了启发。最终这位医生认识到：解决方案不是为了进行更好地训练而将孩子们分开，而应创造一种新的非竞争性的社交环境，避免提前学习。需要将孩子们成长的钥匙交还给孩子，让他们认识到自己自我建设的能力。

海尔布吕格于 1933 年从巴塞罗那的第 17 届蒙台梭利国际课程毕业，在玛格丽特·奥林（Margarete Aurin）的帮助指导下于 1969 年在慕尼黑开设了第一个"综合"儿童之家。奥林建议他从一班 25 个孩子最多包括 5 个缺陷儿童开始，而且缺陷问题彼此不同，从感觉障碍到精神障碍，包括自闭症都有。然后其他班逐渐开始起来，总是含有一定比例的残疾儿童。在每个班中，有 2 个成年老师全职工作，任务相同。正如海尔布吕格指出的那样："没有一个孩子背后的艰难故事会导致他们完全无法安定下来。"在学校里，每个人都可以选择做自己想做的事，找到喜欢的实践方法，包括可以在桌子下面工作数月之久的权利（例如一个被称为"蚂蚁之王"的聪明的自闭症男孩）。

这个名为"阳光行动"的项目通过慕尼黑不同地区的许多小学逐渐又扩展至幼儿园，也扩展到了青少年年龄段，最后建造起一所大型的包括高中在内的蒙台梭利学校，使用的正是 1872 年建造的奥运村。

在这个教育中心开展旨在研究童年期问题的 AMI 课程，课程中讨论了儿

237 童在感知、抓握、运动、运动控制、姿势等方面存在的困难，需要采取适当的实践方案，就像消除建筑障碍或者为盲人加上声音信号那样。[1] 儿童中心（Kinderzentrum）一直致力于"根据蒙台梭利理念进行综合教育"及其实验方法，他们践行着这一承诺，名声远播国内外。

最后，值得一提的还有由 AMI 专门为残障儿童而开展的活动。这一领域的两位先驱者乔恩·R. 奥斯特科恩（Jon R. Osterkorn）和西尔维亚·C. 杜博伊沃（Silvia C. Dubovoy）都兼具培训师、学校校长和特殊教育与心理学专家的身份，他们在北美开展了广泛的活动。

奥斯特科恩自 20 世纪 60 年代初开始就已经与蒙台梭利建立联系，是位于威斯康星州密尔沃基的 AMI 蒙台梭利研究所的成员，该组织活跃于整个美国中西部地区。1976 年他在此地开设了首个 AMI 特殊教育课程。1983 年，奥斯特科恩在墨西哥城开设了另一家课程中心，几年后又在加利福尼亚州开设了第 3 家。西尔维娅·杜博沃（Silvia Dubovoy）也参加了 20 世纪 60 年代的活动，与奥斯特科恩进行了广泛的合作，并于 1987 年奥斯特科恩去世后继续努力坚持着。因为学习过蒙台梭利针对不同年龄段孩子教育的课程，西尔维亚于 1982 年至 2001 年前后成为"教育科学委员会"成员。该委员会是 AMI 的国际研究委员会，致力于研究我们在本章中讨论过的各项问题，取得的成果均引起了人们的极大关注。[2]

---

[1] 在 20 世纪 70 年代初，慕尼黑的儿童中心制作了一段名为"阳光行动"的视频并传播开来，在视频中表达了学校建立的缘由和精神。

[2] 若想了解进一步的信息可访问阿姆斯特丹 AMI 官网：www.montessori-ami.org.

19. 玛丽亚·蒙台梭利的一些文章

　　此处我们附录了几篇知名度不是很高的蒙台梭利文选。第一篇摘录于《教育人类学》第五章[1]，第二篇和第三篇是蒙台梭利举办的国内和国际课程中速记并分发给学生的讲座记录。第四篇是 1947 年阿黛尔·科斯塔·诺奇的手写笔记整理，包含观察和护理新生儿的指南。这些想法是 AIM 学校和罗马 CNM 的起源。从朱莉亚娜·索尔杰基金会提供的资料中，我们选择了第 15 届国际课程（1930 年 1 月至 6 月，罗马）的第 18 次讲座内容和第 16 届国际课程（1931 年 1 月至 6 月，罗马）的第 10 次讲座内容。这些文字保留了原本的新鲜感和语气，但又不可避免地重复了部分内容。

　　第五和第六篇是蒙台梭利写给最亲密的合作者之一朱莉亚娜·索尔杰的两封信。在第一封信中蒙台梭利对可能获得诺贝尔奖进行了一些思考。第二封信则是关于眼睛手术后出现的视力模糊带来的个人困难，以及由此而来的一些反思。

　　为了使阅读更流畅，选择的文字在尽量尊重原意的情况下进行了部分删减，章节标题是我们后来所取。

　　最后一篇则是蒙台梭利的儿子马里奥 1960 年所写的一篇关于课程组织的介绍。

1-手（1910 年）

　　……科学家们已经将手作为认真研究的对象，并且从他们的调查中确实

---

[1] Vallardi, 1910, pp.276–277.

发现，手能表现出有趣的个人特征，在一定程度上还能揭示人的品格。

239　　一个用手写下来的词汇，一次握手，都可以作为研究个人的材料。例如笔迹学就与手的功能和特征密切关联。吉娜·隆布罗索（Gina Lombroso）最近对人类握手特点与性格之间的关系进行了研究：骄傲的人们在握手时似乎想迅速移开；失败者几乎不伸出指尖；胆小羞怯的人似乎使人感觉到他们的手总是冷的，湿的；忠诚的人则使对方整个手都感到被握紧。

　　在手势中，我们对个人的肢体语言形成印象。通过作为创造者的人类头脑，和就像听话的仆人一样的手，一个人就会展现出自己的特征。"手是手势；手势是可见的语言；语言就是灵魂；灵魂就是人；人的灵魂在手（*La main c'est le geste; le geste c'est la parole visible; la parole c'est l'âme; l'âme est l'homme; l'âme de l'homme est dans la main*）"[1]。

　　再者，我们可以通过手来判断一个人是否适合工作，对于工作而言"手"则是人类的重要工具。地球上最古老的人类遗迹不是骨骼残骸，而是工作的痕迹，是手工敲碎的石块。社会进化的整个历史可以称为"手的历史"。

　　要说手是智力的仆人，就对真相理解得太狭隘了；恰恰是手部运动和手工产品的发展（促进）了智力的发展，手工产品也一点点地改变了环境。因此，我们的智力发展史，就像我们的文明史一样，都是基于手脑协同的创造性工作。

　　甚至在幼儿园，孩子们也唱着赞美诗献给工作和进步："我们的手真是无所不能。"

　　生活中所有严肃的行为都需要手的贡献：举手发誓；新婚夫妇牵手结合；为了表达友谊或达成协议，人们也会握手。

240　　在日常语言中，"手"经常成为许多短语中具有社会和道德意义的符号：

---

[1] "在他手中"是引用的原句。这句话摘自 1900 年出版于巴黎的 M.me de Thèbes, *L'énigme de la main*，献给大仲马。这位女士化名安妮·维克汀·萨维尼（Anne Victorine Savigny），是一位有预言能力和会算命的女士，去世于 1916 年。她在巴黎瓦格拉姆大道 29 号的寓所中经常高朋满座，受到包括马塞尔·普鲁斯特（Marcel Proust），亨利·巴达克（Henri Bardac）和大仲马等在内的政治和文学界人士的青睐。每年圣诞节她会在报纸上发表自己的占星预测。蒙台梭利的这段引用并不完整，可以在 G.L. Cerchiari, *Chiromanzia e Tatuaggio*, Ulrico Hoepli, Milano 1903. [M.G.] 找到原文。

"不要让上帝的手落在你身上""比拉多洗了手""将自己交到某人手中""双手空空""双手交握"（译注：指无所事事）或"双手叉腰""一只手洗另一只手""把手放在面团上""把手放在某物上""伸出援助之手""手里握着心说话""用手触摸"……

赋予手的崇高和象征意义可以追溯到圣经时代。所罗门说："主啊，你把人的寿命放在右手，把财富和荣耀放在他的左手。"[1]摩西说："我今天给你们的训诫必须刻在心中。你们可以记录在自己的手上以阅读。"[2]

2- 准备环境（1931 年）

准备一个适宜的环境是一切的基础。为儿童营造好的环境，就像成年人建造自己的家园一样，不是为了在其中努力工作或受教育，而是以最舒适的方式生活，在自身周围划定一块这样的空间。房屋实际上满足着两种需求：与其他亲近的人一起保护自己免受世界的侵害，并在这个封闭的地方存放有助于个人生活的物品以满足身体和精神需要。这些对于孩子来说也同样重要，必须有类似的东西帮助他最大程度地抵御外界的保护，同时也将他视为真正的精神主体。然而，成年人几乎都把孩子当作一种游离于社会之外的人，没有任何东西是专为孩子准备的。两者要求的内容是相反的：

1. 找到进行活动的动机（与孩子的情况相适应的活动）；

2. 拥有一个安静平和的环境，孩子可以按照自己的步调行事，免受成人的干扰。

241

---

[1]　正确的引文原文 Pr 3, 16 应为 Lunghi giorni sono nella sua destra e nella sinistra ricchezza e onore.（译注：意思不变）

[2]　最接近 Dt 6, 6-9 引文实际上是：Questi precetti che oggi ti dò, ti stiano fissi nel cuore; li ripeterai ai tuoi figli, ne parlerai quando sarai seduto in casa tua, quando camminerai per via, quando ti coricherai e quando ti alzerai. Te li legherai alla mano come un segno, te saranno come un pendaglio tra gli occhi e li scriverai sugli stipiti della tua casa e sulle tue porte. 蒙台梭利这两段圣经引文都不太准确，因此在 G.L. Cerchiari, *Chiromanzia e Tatuaggio*, cit., p.59 的书中将这些段落去掉了。

当我们说到环境时，首先指的是建筑物，然后是成年人要购买的那些使生活便利愉快的家具和物品。成年人为自己的需求积聚了大量物品，却几乎没有给孩子什么，这很奇怪。专为孩子们建造的房屋很少，除非将学校考虑在内。然而这些聚集了成千上万的儿童的学校建筑，外观上却和那些因为不同原因将成年人集中在一起的营房、医院和监狱差不多。这些巨大的学校建筑就像成年人的大型场所一样，以至于让人看到后就想知道这到底是军营还是医院，或者是学校。

另一方面，孩子们需要与他们的大小成比例的房屋，并且易于辨认，不会对自己所待的空间产生任何疑问：那是初始阶段的人类生活的地方，即人类的建设性阶段。学校中可能有两三百个孩子，但这不应妨碍建筑的各个部分仍然符合孩子的身体比例。例如所有东西都应该低矮一些，小窗户，矮窗台和低台阶。同样，所有把手、门铃（开关，水龙头）等也应放在低矮的地方，人们会一眼看出这不是成年人的住所，也将表明儿童作为人类的一部分确有自己的权利，以及社会也为儿童福祉付出智慧和建设的力量。同样，学校中的物品家具也必须成比例。家具和教具应仔细研究布置，以便孩子可以直接使用它们。在家中孩子有时会发现自己有采取独立行动的机会，在这里更应如此。因此一个生活环境不论简单还是复杂，都需要具有许多不同的要素来保护儿童的身体和精神状况，为他们提供自由选择的机会。当孩子进行活动选择时，是他们的"自我"在行动，周围环境呈现为一种发展手段，一个包含必要且充分的动机使孩子们愿意活动的地方。

进行活动是一切教育实践的基础：不是按照老师的命令去做什么，而是 242 赋予孩子自我表达的自由。正如我们说的"小家具"（轻型椅子和桌子），不仅应与孩子的身材高矮相适应，还应与孩子的肌肉力量相适应：物体的重量应当在他可以随意搬动这些物体的范围内。此外，家具应当设计简洁，以孩子的心智水平能直接明白它们的用法，这样每个物件都会构成激发个人深层能量的外部手段。如果当孩子想打开橱柜或拉出抽屉时，门很硬，抽屉很重，那么对他而言想要做一件事的重要的冲动就会在无用的努力中丧失：物品变成了障碍物，孩子行动的冲动则会很快消散了。

环境中的物品都应与儿童的水平相对应，以便孩子们可以在不需要成年人的帮助、建议、指导和纠正的情况下自己采取行动；物品必须在各方面都能将成年人从中解放出来。因此，我们提供给孩子易碎或容易变脏的物品，这与人们通常的做法相反——我们更愿意帮助孩子自己发现可能的错误，而不是用坚不可摧的物品和可以掩盖污渍的颜色来错过发现错误的机会，通过这种方式会使孩子对自己的行为保持机敏、独立和自信：这才是成长非常需要的。如果成年人总是代替孩子行事，持续地进行干预，在孩子不需要时给予帮助，那小孩子就会越来越像"寄生虫"，将自己附着在给予引导和支持的强者身上。这样的结果就是孩子的独立性受到损害，成长为他人生命的附庸。如果成年人总是参与其中，那么意志力、注意力、对活动细节的关注这些代表着智力发育方面的能力，和孩子行为的自我完善，就都无法发生了。

而当孩子独自行动时，他需要格外小心不弄坏物体，在这种注意力下他会调整自己的动作并努力完善。如果孩子发现了一个深色的污渍，他会尝试清理干净并避免再次弄脏。人们可能会说小孩子没有这种意识，其实情况恰恰相反：他们的内心有强大的冲动来完善自己，来努力做好，但前提是必须能够在合适他们的物件上寻得帮助。孩子们喜欢保持物品完整无缺，摆放井然有序，干净整洁。我们注意到了这些情况，为此我们创造了一个充满动力的环境以激发孩子们的能量。

没人相信孩子会对保护好物品有这么在乎，但其实他们对此非常敏感，如果东西摔坏了，孩子几乎会陷入绝望和深深的痛苦中，仿佛那是一场灾难。如果有什么东西倒塌了，例如在花园里建的小鸡舍，孩子也会感到绝望。破碎的玻璃杯给他们一种奇怪的印象，好像心被打碎了一样。对于所有被破坏的物品，他们会感受到类似于成年人面对死亡的动物感受到的那种痛苦。这种感情是细腻强烈的，如果允许孩子们表达出来的话，往往会以一种惊人且出乎意料的方式爆发（如果孩子哭了当然需要安慰他们）。

这些事情代表了环境所要求的对自我行为的完善，因此倾向于自我完善动作的孩子将物品用作是纠正错误的手段。但如果不是出于本能地完善自己的愿望，这种纠正将是无用的。通过纠正自己，孩子会产生敞开心扉的感觉。

243

成人必须小心对待，确保物品是脆弱易碎的，不要干预或小题大做。我们要让物品自己发挥作用。即使孩子摔坏了 10 个玻璃杯也没关系，否则如果孩子养成依赖成年人的帮助的心理反而更糟。而且，保护物品的本能会帮助孩子调节动作，真正造成物品的破损是很少见的。

在进行环境布置时，我们还必须考虑儿童精神发展的因素。关于"精神"这个词，我们不想带上什么神秘色彩，指的是完整人格和自我的发展；通过外部手段，对错误的控制，自我完善的冲动汇聚成"内部组织"的努力。如果我们布置好灯光、陈设、色彩、尺寸等各个方面，在儿童的自我与精心准备的环境之间创造一种和谐，那么整体就会营造出一种平静隐秘的幸福感。很难具体说"归因于什么"，但孩子们在这里表现出的平和是真实的，比在其他任何地方都更加放松。

例如，如果环境太大，要聚集个人的力量会变得更加困难：平静，天然的纪律性，在房间太大的情况下很难发生。但空间太有限也是一个严重的问题。所有这些要素相互交织，孩子们给出的反应可以指导我们发现问题。

我们还需要考虑物品摆放的秩序，每样东西都应有稳定的、可识别的位置。不是说物品只要小就够了，而是要与孩子的力量成比例，方便搬动，能够让孩子自己把之前拿走的东西放回原位。总能在固定位置找到一样东西的感觉是非常重要的，特别是对于小孩子来说。

244

大人们一直认为这一点对孩子来说没有什么意义，事实相反，我们已经观察到即使是一到两岁的孩子对秩序也有强烈的需求。这不是孩子学会逻辑或变得有条理的刺激，而是人格组织的深刻需求。

以一定顺序放置的物品还必须有确定的数量，一个我们可以指导孩子们理解的数量。当孩子理解这个数量的意义之后，他对精确性的需求就会凸显出来。如果有数量上多余的物品，我们注意到孩子从来不看也不使用它们。把这个多余物品拿走的人会带给孩子更大的幸福感，因为满足了他们对"精确"这一感受的特殊需求。

对于我们来说，环境就像是一面生活的镜子，我们需要了解自己所有的物品才能在家中放松下来，就像我们在熟悉的人中间感到轻松自在，在陌生人中间则不会。那些住在大房子里，但从未真正观察过自己拥有的大量家具的人，常常会感到非常孤独：当我们有了自己真正需要且了解的东西时，生活就会变得更加活泼和有意义，而多余的一切都会有削弱和分散我们力量的风险。

在孩子活动的环境中，不应该有东西是封闭的、黑暗的、神秘的：一切都必须是真切的、清晰的，没有什么需要担心的秘密会阻碍个体的探索。孩子尚没有克服障碍的力量：因此不应有他不能进入的门（或不能让他不知道后面是什么的门），也不能在抽屉里放置他不应该看见和碰到的东西。

我们应当让孩子能轻松地打开窗户和门；从地板到天花板要尽可能少地设置门和隔板。最好采用低分隔板，以增加视野和呼吸空间。开放空间能促进内在力量的外溢。在最新建设的学校中，我们避免了完全封闭的房间，而是采用布帘或低矮的家具（小架子或花架）进行分隔——如果头脑需要有限的空间才能集中注意，那么精神就不应感到受限。

不同班级间的孩子们相互交流，所有空间都是可开放的，是环境的另一个基本特征：一个工作的孩子，偶尔环顾四周，知道周围有什么，并且知道他可以自由地去那里；这种开放性使他放心地明白自己可以前往并返回，因此感到非常平静，这本身就是一个精神因素。

245

3- 不是服务于孩子，而是服务于他的成长（1931 年）

不论在学校还是家庭中，成年人照看孩子时（感觉自己有义务）总是在为孩子服务。确实，新生婴儿能怎么办？那些仅仅几个月大，还不能动弹或站立的孩子，或者像人们常说的如此弱小的孩子，能怎么办？我们必须为他服务，就好像服务一个瘫痪病人一样。但当孩子长大并变得强壮时，这种服务行为就不再是必须的了，但人们仍会继续这样做：孩子在成长的每一步都继续得到成人的纠正和指导。

我们给"服务"一词赋予另一种含义：服务于童年的组织性能量，最隐蔽的部分而不是显而易见的弱小（在支持的意义上），服务于儿童的创造力——起初这些力量是隐藏的，然后一点一点地在孩子体内组织起来，并在母亲和老师的眼中变得越来越明显。

　　（在过去）一个好仆人应当使主人过得轻松，准备好一切他所需要的东西，无需主人亲自操劳。

　　因此，成年人也应该像这样为孩子的生命能量提供帮助：为他准备一个量身定制的环境，为他的需求寻求正确的答案，并深刻地尊重孩子的身体，手势和优雅姿态。我们所有人都认为，抱起一个小孩抚摸他，揉捏他的小脸是很自然的事情。谁又会为拍着肩膀或者按着头让一个孩子坐下感到内疚？谁不会因为一个孩子漂亮可爱而对他从头到脚的摸来拍去呢？更不要说亲吻孩子了：即使医生们没有出于卫生考虑进行劝阻，我们也会强烈地反对这一点——没有什么比在别人期望之外的亲密更冒犯人尊严的了。

　　面对孩子我们很少考虑这一点，甚至认为接受大人的爱抚是他们的责任，被亲吻是他们的责任。如果有一个人进来说："好可爱的孩子，过来亲我一下"，小家伙会退缩，但母亲这时会干预道："来吧，不要不礼貌，不要害羞。"

　　但如果一个不认识的人走进来（美丽的或令人厌恶的应该都没什么区别）

246　亲吻了母亲，她会感到被冒犯并非常愤慨。孩子是否享有同样的权利，难道他不应该有自己的尊严和得到承认的权利吗？每当孩子接近成年人时表现出亲昵，成年人可以做出回应，但不应坚持，不应借机欺负孩子，也不应忘记保持必要的距离。成年人对孩子的尊重，对他的个性以及身体的尊重，一方面通过精神体现（即通过经验来体现），一方面通过肢体动作体现：给予适当的回应，不要主动。老师用双手对孩子做些什么？他们有多少次不恰当地使用手来对孩子们施加控制？为了让孩子们明白错误发生了多次并避免将来继续发生，成年人每次用命令的语气强调（"坐下""跟我来""到那边去"），同时对孩子有肢体动作，比如推（哪怕是轻轻地）或拍。

　　正确的"服务"概念中的另一方面是不要干预，不要在孩子行动时打断。当看到孩子犯错时，避免直接干预是困难的，尤其是因为老师们通常受过相反的指导，即总是要带领孩子，打断他的行为进行纠正。儿童通常行动缓慢，没有设定的目标，因此不耐烦的成年人很容易打断和敦促他们。

　　想象一下如果是一个老人无法行走，不得不依靠别人推轮椅才能出门。

如果照料的人善良并尊重老人，在老人提出要求"让我在这里停一会，我喜欢这里"或"我想回家"时，照料者会照办使老人高兴。但如果照料者完全不愿意听老人说了什么，直接把他带到自己想去的地方，那么老人会感到失望和非常不高兴。

看吧，这就是孩子面临的状况，被拉着四处走动而没有任何人听听他的意愿。是孩子们没有表现出自己的意愿吗？我们很清楚不是这样，即便一岁的孩子也表现出了自己的意愿。和婴儿一起出去玩，我们看到他如何享受一个地方而不是另一个。成年人应该把孩子带到还无法用言语表达出的自己喜欢的地方（也许他伸着小指头，好像在说："我想去那里"）。这才是服务孩子的能力的一种方式。

而那些带孩子出门却又不让他走路，因为担心太阳会伤害眼睛还把手推车的顶棚拉起来的人，使得孩子失去了能够欣赏的视野，只能渐渐入睡。成年人开心地想："多么美好的事情，我无法再希望得到更好的了：孩子吃得饱饱的，享受着新鲜的空气，现在睡着了。这一切对他的健康成长太好了！"但是，如果我们总是让孩子入睡并希望他尽可能多睡，那么孩子的创造力还怎么能从自发的做事和持续不断的热情观察中得到发展呢？

247

许多人认为孩子无法做选择，但实际上虽然我们看着孩子很小，他已经知道如何引导自己朝着感兴趣的方向发展。还有人则认为，有必要研究孩子精确选择某些东西的原因并加以解释，以便能够决定应该给他什么。我自己早期就做过这样的事情，我也曾说过："让我们研究一下孩子，让我们测量一下他，来发现他的行为和感受"，然后我发现这并没有给"教育"带来任何实际的好处。

相反，一个非常明确且真正有用的理念是：确保孩子可以自发选择想做的事，他会尽其所能地坚持下去，并在自己认为适当的情况下转换注意力，而老师作为"仆人"应服务于他，包括他的兴趣和精力——老师应当保持一切物品井井有条，在听到孩子呼唤时及时赶到，在孩子寻找时作出回应，同时一直保持旁观者的立场，不会打扰孩子。这是伟大进步的秘密，是童年精神的解放，对于那些因过去的疑虑而变得头脑复杂或根本无法放弃指挥孩子的人来说，这过于简单了。而这正是自由的概念：（通过在我们学校中实现这种方式），孩子从内而外揭示了自己发展的方式；他们让我们看到一种从未出现过的可能性，我们还不充分了解的可能性。

如果老师不断地干预指导孩子，他的个性就会适应这种方式，真正的自我就不会自由地展现出来，因为总是受到成年人的影响。在人们不理解"不干预"对发展中的人格的重要性之前，孩子的自我仍然是隐藏的，无法展现自己。

在人生最初的构建阶段中，必须让孩子有机会能够独自进行与自己有关的大多数活动：如果有人帮助了他，他会通过强烈抗议来表明这一点。例如孩子想独自穿衣时大人应该注意：开始大人要帮忙时孩子会哭闹，但是后来当他自己尝试穿了一次后，尽管不完美，他却能接受成年人的帮助而不再提出抗议——因为如果孩子已经尝试过自己穿衣，他就已经满足了深切的需求，这反而使他能够接受帮助。

在 1 岁或接近 1 岁的婴儿中也能观察到相同的现象：他们想要自己吃饭，但因为不能准确地把食物送进嘴里会掉很多，经过反复尝试之后他们似乎就感到满意了，并接受了最初不肯接受的成年人的喂饭动作。因为他们已经尝试了独立的感觉，作为扩展人格的第一步，也应当得到成年人的支持：只需要很有耐心地推迟干预，孩子正在逐渐完善自己的运动控制。

另一个有趣的现象是，只要没有人打断，孩子对自己自发选择的活动表现出的高度的精神集中。精神集中现象从一开始就指导了该方法的构建（如果可以将其称为一种方法的话）。孩子们的精神集中在物体上，在材料上，而不是某个人身上……物品能引起孩子的兴趣是因为它有助于某种活动、运动或物体的移位。孩子总是从头开始重复相同的一套动作。

例如，圆柱插块[1]向孩子们提供了广泛的内心建设的可能性。我们不在乎具体是什么物体，注意到这些物体可以帮助他们用自己的方式解决一些问

---

[1] 此处指的是 4 个木块，做成有些像古老的天平砝码盒的样子，分为两层；大小体积不同的圆柱体（分为 10 层），3 岁左右的孩子对这些教具表现出强烈的兴趣，反复进行插合的操作。在《小学阶段的自我教育》一书的第三章，题为"实验观察的贡献"，蒙台梭利描述了她第一次观察到这类行为的情况：一个 3 岁的小女孩正是在使用这种插块时，表现出极致的专注力，重复，精神高度集中。

题就足够了：这是一个令人满意的方面，但这也完全是次要的。最重要的是我们在过程中不进行干预（以免阻碍其运作）：我们的判断和所采取的行动必须彼此分开，而正是在这个过程中精神集中体现出来。这已经超越了对物品强烈的关注：孩子即使在嘈杂的环境，人们走来走去和突然响起的音乐声中也不会注意到周围发生的事情。尽管如此，孩子仍然坚持重复了无数次插块的动作，全神贯注，直到内在的需求完全满足。

在这个过程中孩子的感官完全被物品占据，仿佛世界暂停了，除了眼前的东西再没有别的事情；而且令人惊讶的是他们也不需要环境的绝对安静才能达到这种效果，像要做冥想的成年人必需的那样。仅让孩子自由地选择他感兴趣的物品，他就会忘却时间和周围发生的事情。没有哪个老师能靠自己的要求让孩子达到类似的状态，这取决于活动的类型和环境的支持条件。成年人只要不打断孩子，不要总试图和他讲话或者指导他就好了：这几乎是一种粗暴的行为。

如果说独立性的建立就像是孩子与指导他的强者渐进式的分离，那么专

249

孩子们聚集在桌旁：共同分享的情形之一（保罗·利达拍摄于 1974 年）

注就是围绕单个物品的吸引力建立起来的内部固化，感官和运动会统一在这种复杂的大脑活动中。试图解释这一现象如何发生的意义不大：最值得注意的是孩子在专注力结束时表现出的满足状态，并且随着注意力集中发生的频率越来越高，朝着"正常化"的方向发展。

250　**4- 那个新生的孩子……（1947 年）**

那新生的孩子接受到如此多的情感，他本身也是一种精神能量神秘积累的结果。绝不能仅仅将新生儿看作是一个脆弱的躯体，相反，人们必须感觉到潜意识威力的威严，正是这种威力将他塑造成人类。新生儿经受了出生的痛苦，越过了死亡的危险，他使自己脱离了母体来面对一个未知的世界；他就像一个瘫痪的人被交到我们手中，既没有智慧来理解我们，也没有语言来表达自己。然而 1 年之后他就能下地走路，我们将看到他的微笑和爱意；2 年内他就能讲话并认识所有围绕着他的事物。

是谁引导新生儿成为一个充满智慧的人类？他以什么方式达到这一水平？有什么规律在支配着他？我们必须为他做些什么来帮他解决必然会面临的困难，防止人类内心那些使人扭曲的邪恶？首先必须帮助人类婴儿发挥潜能：从无意识的创造力开始，逐步实现人类的良知。因此，新生儿并不是只要维持生命并保持身体健康就够了。

对人类孩子完整的期望包括身体和精神的准备：因为他是一个人——他在出生时和出生前就已经是了。如果婴儿娇弱的身体中开始发展出精神追求（这是人的另一部分，即便处于无意识状态还没有自我显现，因为这需要更高级的情感基础），也同样构成了人类的本质，即人类在大地上朝圣的目的。这是一个人类的灵魂，而不仅仅是一具等待我们照顾的躯体。

5- 关于诺贝尔奖（1948 年或 1949 年初）

亲爱的朱莉亚娜，我感觉好些了，还上了一些课，但没有走出家门。我在家里想啊想啊，也很想能看到你。如果圣雷莫的会议上能得出一些结论，我将感到高兴，因为这是唯一可能得到结论的地方，至少对我而言。

我在等待，没有任何消息，已经9月了。

你叫我说说关于诺贝尔奖的想法。尽管我不相信意大利会决定采取这一步骤。

授予我诺贝尔奖意味着人们会认识到，没有比对孩子进行科学教育和接受全人类是一个共同体的概念更好的获得和平的路径了。努力保护人的创造天性，扩大人的能力：首要的是平衡的能力，自我定位的能力。为了保护这些能力，我们有必要在良知中追寻这些路径，就像在地面上修筑道路的需求一样。道路的出现并不是人们想要去拥有，而是伴随着建造道路的工作出现的。必须建立人类良知的道路，以实现我们共同的目标（你一定会说：我走了，等等）[1]。基督教义中的"我走了"表示的是将要选择的路，而不是已经选择的路。

这个理念不容易传播开来：也就是说，有必要从新生儿起就将其看作一个人来对待。但是，诺贝尔奖的颁发会极大地促进这种理解，并将儿童视为一种现实，这是准备成为一个完整的成年人所必须使用的力量。

这样人们的注意力都会被这个问题吸引。他们会想知道哪些事情已经做了，以及在所有人的共同努力下还能为孩子们做什么。这将是对孩子的权利的承认，而不是对某个人功绩的承认。这种意识的普遍觉醒是面向着和平的。因此从这种新观点出发的儿童研究就会进一步得到鼓励。我们依靠孩子，我们的所有个性发展都来自于"孩子"。而且对那些有宗教领悟的人来说，这是一种基督教的认识，因为孩子作为天国的指引以及天国的第一任公民仅保留在福音书中，并没有渗透进基督徒的精神。

你看，尽管甘地令人景仰的一生做出了令人钦佩的和平事业，但他依然遭受了很多痛苦。他试图向成年人呼吁，如果他是向孩子们呼吁的话，就将

---

[1] 此处明显是引用著名的约翰福音14章6节："耶稣说：我就是道路、真理、生命；若不藉着我，没有人能到父那里去。"

改变那些正在相互残杀的印度人民。而且我们看不到什么能补救的！甘地说他很惭愧，简直想以死解脱：但是如何才能改变留着胡须的穆斯林和被指控的战士呢？这是一个问题。

你的蒙台梭利

252　6- 精确性，教育的基础（1950 年）

亲爱的朱莉亚娜，我想我该练习写点什么，但又不能够写书，只好写给你这个朋友，幻想自己在和别人对话。我无助地待在书房里，这里没有我们那里的阳光，总是阴云密布。我的陪伴者就是一台收音机，别人在圣诞节送给我的，我一直放在桌子上。我对自己所犯的致命错误难辞其咎。我不停地买眼镜换眼镜，但事实却是我只有一只眼睛能用，另一只眼睛带来很大的困扰，因此需要处理它。对此没有任何补救方法，我看东西要从一只眼睛转移到另一只眼睛：一只眼睛非常明亮，视力所及可以超越自然，但只能看到一个点；因此我必须像使用望远镜寻找恒星那样到处定向。另一只原本的好眼睛仍然像往常那样适应，看到环境中的所有事物。

那个有名的医生没有告诉我，手术后其实基本还和以前差不多。这类高风险的手术今天已经没有人再做了，也许等几个月或者 1 年，去除白内障就是任何眼科医生都可以轻松完成的小手术？那样的话我就仍然有时间写作以完成我的书。毫无疑问，现在我的大脑已经因精神和身体疲劳而筋疲力尽，无法再像以前那样思考和工作使我深受打击。

我迫切渴望着到一个环境宜人的地方好好休息一下，有类似意大利的气候，有人能亲切地陪伴着我，我能在那里恢复能量。但现在的房间里充满寂寞，我所熟悉的人全都不在……我感觉被世界抛弃了，在忍受着惩罚！我渴望得到安慰和陪伴。收音机上只能听到有关战争的消息。[1] 我喜欢和小马里奥谈论心理学，但他离得很远。蕾尼尔德不住在家里，专心学习准备下一次

---

[1]　此处很可能指的是朝鲜战争（1950—1952 年）。

考试，她每周都会来看我。玛丽莱娜在这里，但总是在她的孩子周围，以免他们打扰我，她还要照看房子、接电话以及处理办公室和 AMI 的事务，还要接待一些来询问信息的人。

早班送来的邮件就是我的希望，我都像壕沟里的战士那样等待着。我订阅了一些意大利的报纸，这使我能稍稍宽心。最后这次在意大利度过的时光使我总有着浓烈的乡愁。

在我安静无奈地等待报纸的同时就练习写作，并且现在我能够做得不错了，就像正在给你写信，能让我怀抱一丝希望。情况会越来越好的，是的，我相信。

同时，我也在进行反思，这段时间的经历给我很多启示，向我揭示了教育方法的某些要点。

是的，将看不见的眼睛与看得见的眼睛进行比较。头脑也是这样。看不见的眼睛，就像手术之前的我一样，虽然也能看到形状，颜色，但看不到清晰的轮廓。儿童看不懂文字，是因为印刷字母对他们来说是令人困惑的，是一团阴影。那双迷茫的眼睛实际上就是不能"看见的"，没有看到确切地界定所有事物的细节。儿童缺少的是视觉的精确性，不是事物的光亮和大概印象。

现在，我们方法的重点是精确性。当我们建议精确触摸几何插块的轮廓时，当我们用手指跟随磨砂字母的轮廓时，或者当我们提出如何沿着规划的路线行走时，当我们通过对所有动作的精确控制来代替言语表达时，我们的做法就像健康的眼睛所做的那样：对应着精确的轮廓和事物的细节。这很重要。然后，突然间，仿佛心智也能看见了：于是精神集中的过程开始了。因此，儿童就会兴致勃勃地继续，以越来越高的热情投入练习。孩子们感到喜悦，那是一种灵魂心智能够看到的喜悦。

但之前他们是看不见的。儿童的头脑就像是一只被白内障覆盖着的眼睛。能看到一个模糊的轮廓就是盲人的原则了。这件事很严重。我们要赋予灵魂以精确的"视觉"（意识）：能看到意味着能抓住精确的细节。讨论将准确性作为儿童的教育原则之类的是没有用的；明显的事实就是要么看见，要么看不见。当眼睛能看到时，他们可以自由看到一切。

盲目的心灵不需要成人的指导，而需要自由的引导。在自由的引导下，一切都会随着兴趣逐渐展开。这样就能给予生命内在的满足，吸收世界经验的满足。我们就这样向精神生命提供了第一次帮助，也是必不可少的帮助。现在这一点对我来说再清楚不过了。人们忘了给孩子精确性，不明白这个环节作为儿童教育的中心的重要性，从这一点上会诞生出快乐、勤奋、完善和自由。

这很难解释，但是将眼睛能清楚看到详细轮廓，与只能感受到亮度和模糊影响时相比较，就会产生比较清晰的想法。

这不是要使人们的日常行为准确无误，局限于细节而不顾整体，而是要使人们的头脑有能力区分，不要待在盲目的状态。

如果忽略了精确性的细节（一开始就为我们的工作取得了如此辉煌的成就），即使有伟大的构想为理论加冕，教育所取得的成果也会下降。我们必须重视这一最基本的环节作为视力的基础，而不是观看者活动的联结。

那些精确的动作不但不是奴隶制（正如我们的一些批评家所说）的象征，反而是确立自由可能性的条件。

这是一种治疗方法：实际上，我们看到了问题儿童的正常化，然后孩子们继续安全地使用这种学习方式。

现在，我们必须考虑精确性，这是引向（主动）精神集中的一种方式。

反复练习（自发的）是注意力高度集中的形式之一：孩子需要一个易于操作的物品来进行练习，特定的物品会影响孩子的某些"建设性本能"。该物品必须简单明了，练习本身也要简短，这恰好是因为它必须可以被重复执行，无需达到其他外部目的，或担心不能完成特定操作。过程复杂或者孩子抱有担忧的心态，将成为这种重复练习的障碍。知道如何确切地完成一项复杂的工作并不是同一回事，因为这个过程将具有外部目的，而这恰恰会阻止精神的集中。能够"看见"的儿童灵魂（已经）能唤起许多奇迹！

如果我们一起为教师们提供这种培训课程，就是在坚持推广这个理念了。

怀着希望吧，亲爱的朱莉亚娜！我们需要有勇气，并感到自己是在为一项伟大、清晰和确定的事业奋斗。

亲切的问候

你的蒙台梭利

如何组织蒙台梭利培训课程　255

（1960 年左右，马里奥·蒙台梭利笔记）

课程最好在学校正常放假期间举办，这样学生们可以连续地以必要的强度进行学习，这有利于深入了解蒙台梭利教育的专业知识。

还应该指出的是，在假期暂停工作期间，教师们更容易接受对自己所在的学校组织进行平静而客观的评价，也因此更能朝着新方向发展。

毫无疑问，蒙台梭利课程的开办需要很多教室：用于理论课的教室，进行常规技巧练习的体育馆；以及用于专题研究和讨论（或者是小组讨论）的教室，例如语法、几何、生物学等。仅在长假期间，学校才能提供这么多空余的地方。由于上述原因，课程一般建议在夏季暑假期间进行，通常是 3 个月（大约从 6 月 20 日至 9 月 20 日）。

如果有的课程需要进行 6 个月，仍应参考上述建议（但分为两个部分）：在头 3 个月末，可以对教具材料的使用进行技巧测试以及每天理论课的总结（目的是引导学员们重新思考并重新阐述呈现给他们的东西，以加深内容理解和他们表达自己的能力）。

在第二阶段，必须在课程负责人和 / 或其助手的指导下完成个人作品：带有手绘图画的技巧手册，哪怕是非常简单的，作为进一步的分析工作；对玛丽亚·蒙台梭利的至少 2 本作品进行概述；对 2 本或多本科学著作进行概述，例如有关动植物行为或历史地理等方面的科学著作，选择的书需经老师同意。

作业主题的选择，可以涉及对环境的研究以及数学和几何学的各个方面，也可以以小组方式进行［例如：铁制的用于研究正方形的厚板；生物学术语；地理对比图（形成对比），例如山脉河流、岛屿和半岛等］。

256　　所有这些作品都必须谨慎制作，并证明学员自身具备了将某个文化课题转化为可供 3—6 岁或 6—12 岁儿童进行学习的"材料"的能力，以激发他们的研究兴趣。

一组作品呈现的准确性和良好的外观也是对制作的个人或团体能力进行评估的对象。

在第二阶段，课程负责人与学员的直接联系相对较少，可能以通信方式展开。

返回常住地的学员将在适当时间被召回课程地点，以提交最终作品和进行期末笔试。

课程举办地附近最好有一所良好的蒙台梭利学校（儿童之家或者小学），学员们可以在其中进行观察，以便加深了解我们所说的不同教育环境造成的差异。

但我们都知道蒙台梭利学校非常少，因此学员们不应错过课程负责人带领参观蒙台梭利学校的机会，负责人在陪伴参观的过程中会介绍蒙氏学校的独特性。

当课程招收的包括幼儿园班学员和小学班学员时，最好在理论课上将他们聚集在一起，在练习课上则分配给不同班级的学员不同的材料。这样做的好处是，幼儿园班的老师们可以借此机会至少从理论上了解那些与 6—12 岁儿童有关的知识。同样，小学班的教师也必须尽可能地了解 0—3 岁和 3—6 岁儿童的成长规律以及心理和行为方式。

在练习课和专门的理论课上，学员们将学习演示教具的准确性，仔细分析演示的各个环节，以深入了解每种材料和需要做的相关环境准备。

（有必要）为 3—6 岁的儿童准备"实践生活"的物品、感官材料、书面语言的练习，丰富多样的命名法，基本语法盒子，心算的第一和第二计划，植物学和地理学拼图插块，线和绳子的活动，静默练习，音乐律动，等等。

对于小学来说涉及到的问题还有，教师需要对高级的算术和几何学材

料有透彻的了解，能用符号进行更复杂的语言分析，语法盒子，解释性阅　**257**
读，对语言个别功能的研究以及用正确的方法研究其他文化主题（历史，
地理，生物学，关注生活环境，学习部分物理科学，对孩子们理解生活现
象很有用）。

为了唤起和完善每个孩子对生命的尊重，任何一个细节都不应被忽视。

1960 年，罗马

马里奥·蒙台梭利

蒙台梭利与儿子马里奥，1950 年

20. 参考书目

简短前言

　　此处列出的参考书目并不是严格技术意义上的书目，更像是作者在写作过程中的私人"百宝箱"，包含关于某一具体方面的研究文章或重要文献，读者们可以据此进一步自我探索蒙台梭利的人生和思想。另外，现在已经有编纂更为详尽科学的书目，其中 2001 年由蒙台梭利国家工程出版，由克拉拉·特纳（Clara Tornar）编辑的国际参考书目，可供各位学者参考使用。

　　因此，以下书目列出的目的在于使读者通过快速浏览标题，便可以大体了解蒙台梭利科学研究的兴趣变迁、她为儿童事业奔走时接触过的不同的人、到过的不同地方。除去《蒙台梭利教育方法》（1909 年）和《小学阶段的自我教育》（1916 年）是她在书桌前用优雅的笔迹亲自写下的，其余书籍多为讲座内容的合集，因此书中会有很多简明的谈话式的语言和劝勉的语气，关于同一主题的文章并不会完全相同。因为在讲座现场跟翻译的沟通交流，或者不同的文化环境，或者面对的读者群不同，蒙台梭利在书籍出版前都会加上一些评论、前言，或者因为新的思考研究带来原本没有的新章节。

259　蒙台梭利作品

Sulle cosiddette allucinazioni antagonistiche, tesi di laurea, a.a. 1896, completata da Sante De Sanctis e pubblicata nella rivista《Policlinico》, IV, vol. IV, fasc. 2, febbraio 1897, Società Dante Alighieri, Roma 1897.

Sul significato dei cristalli del Leyden nell'asma bronchiale,《Bollettino della

Società Lancisiana degli Ospedali di Roma》, XVI, fasc. 1, Tipografia Artero, Roma 1897.

Ricerche batteriologiche sul liquido cefalo-rachidiano nei dementi paralitici, pubblicato insieme a Giuseppe Montesano, in《Rivista quindicinale di Psicologia, Psichiatria e Neuropatologia》, fasc. 15, 1 dicembre 1897, pp. 1–13.

La Paranoia. Lezione raccolta dal Dott. Mario [sic] *Montessori, assistente volontario nell'anno scolastico 1897–98*, [a cura di Enzo Sciamanna], Tipografia Luigi Niccolai, Firenze 1898.

Norme per una classificazione dei deficienti in rapporto ai metodi speciali si educazione, in《Atti del Comitato Ordinatore del II Convegno Pedagogico Italiano 1899–1901》, Tipografia Angelo Trani, Napoli 1902, pp. 144–167.

La via e l'orizzonte del femminismo,《Cyrano de Bergerac》, II, (6/1902), pp. 203–206.

L'antropologia pedagogica. Conferenza tenuta agli studenti di filosofia nell'Università di Roma, A. Vallardi, Milano 1903.

La teoria lombrosiana e l'educazione morale,《Rivista d'Italia》, VI, 2, 1903, pp. 326–331.

Influenza delle condizioni di famiglia sul livello intellettuale degli scolari. Ricerche d'igiene e antropologia pedagogiche in rapporto all'educazione, in《Rivista di filosofia e scienze affini》, VI, vol. II, 3–4, settembre-ottobre 1904, pp. 234–284.

Caratteri fisici delle giovani donne del Lazio, desunti dall'osservazione di 200 soggetti. Influenza dell'età sui caratteri fisici delle donne, in《Atti della Società Romana di Antropologia》, vol. XII, fasc. 1, 1905, pp. 3–86.

L'importanza dell'etnologia regionale nell'antropologia pedagogica, in《Ricerche di Psichiatria e Nevrologia, Antropologia e Filosofia dedicate al prof. Enrico Morselli nel XXV anno del suo insegnamento universitario》, A. Vallardi, Milano 1907, pp. 603–619.

La Casa dei Bambini dell'Istituto Romano dei Beni Stabili, conferenza tenuta il 7. IV.1907, Tipografia Bodoni, Roma, s.d. (ma 1907).

Il Metodo della pedagogia scientifica applicato all'educazione infantile nelle Case dei Bambini, Tipografia Editrice S. Lapi, Città di Castello 1909 con 15 tavole.

Corso di Pedagogia scientifica, Società Tipografica Editrice Cooperativa, Città di Castello 1909.

260 *Antropologia Pedagogica*, A. Vallardi, Milano s.d., ma 1910 (lezioni raccolte da B. Franceschetti e riviste dall'Autrice).

La morale sessuale nell'educazione, in《Atti del I Congresso nazionale delle donne italiane》, Roma 23–29 aprile 1908, Stabilimento tipografico della Società Editrice Laziale, Roma 1912. (Manoscritto nell'Archivio "M. Montessori" presso AMI).

L'Antropologia Pedagogica, A. Vallardi, Milano 1913.

Dr. Montessori's Own Handbook, William Heinemann, London 1914.

L'Autoeducazione nelle scuole elementari, Loescher & C., P. Maglione e C. Strini, Roma 1916.

Manuale di pedagogia scientifica, Alberto Morano Editore, Napoli 1921.

I bambini viventi nella Chiesa, Alberto Morano Editore, Napoli 1922.

Das Kind in der Familie, pubblicato a cura della *Montessorischule*, Stamperia Schoelers, Wien 1923 [trad. it. *Il bambino in famiglia*, Tipografia Tuderte, Todi, 1936].

Corso Nazionale Montessori. Lezioni della dottoressa Maria Montessori, Milano febbraio-agosto 1926, Litografia Mariani, Milano 1926.

Note sul Metodo Montessori, a cura del Comitato di Milano dell'ONM, Casa Editrice d'Arte Sestetti e Tumminelli, Milano-Roma, s.d. (ma 1926).

Il neonato, in《L'Idea Montessori》, I, 1927, n. 8, pp. 3–4.

La vita in Cristo [con calendario liturgico e tavole a colori], Stabilimento Tipolitografico V. Ferri, Roma 1931.

La paix et l'éducation, "Bureau International d'Éducation" (BIE), Genève 1932.

Psico-Aritmética, Editorial Araluce, Barcellona 1934.

Psico-Geométria, Editorial Araluce, Barcellona 1934.

Psico-Grammatica, [finora inedito], a cura di C. Tornar e G. Honegger Fresco, FrancoAngeli, Milano 2017.

L'Enfant, Desclée De Brouwer, Paris 1935.

《Deviazione e Normalizzazione》(quattro conferenze tenute al IV Congresso Internazionale Montessori, Roma 3–10 aprile), Roma 1934.

L'enfant, père de l'homme, I conferenza tenuta a Parigi 27 novembre 1936, in 《Conferencia》, Journal de l'Université des Annales, XXXI, 3, n. 11, 1er janvier 1937, pp. 75–82.

L'enfant révélé par lui-méme, II conferenza tenuta a Parigi il 4 dicembre 1936, in 《Conferencia》, Journal de l'Université des Annales, XXXI, 4, n. 13, 1er février 1937, pp. 190–199.

L'enfant au travail, III conferenza tenuta a Parigi l'11 dicembre 1936, in 《Conferencia》, Journal de l'Université des Annales, XXXI, 5, n. 14, 15 Février 1937, pp. 252–260.

Il Segreto dell'infanzia, Istituto Editoriale Ticinese, Bellinzona, 1938, prefazione di Carlo Sganzini. [ed. orig. *L'Enfant*, Paris 1935]. 261

The "Erdkinder". The Functions of the University,《Half yearly Bulletin of AMI》, II, 1, Amsterdam, s.d., ma probabilmente 1939.

The "Erdkinder". The Reform of Education During and After Adolescence, (con un'introduzione di Mario M. Montessori), Murray, Edwars & Co.

Education for a New World, Kalakshetra Press, Adjar 1946 [trad. it. *Educazione per un mondo nuovo*, Garzanti, Milano 1970].

De l'enfant à l'adolescent, Desclée de Brower, Bruges 1948. [trad. it. *Dall'infanzia all'adolescenza*, Garzanti, Milano 1970].

To Educate the Human Potential, Società Teosofica, Adjar 1948 [trad. it. *Come educare il potenziale umano*, Garzanti, Milano 1970].

What You Should Know About Your Child, a cura di A. Ghana Prakasam, Bennett &

Co, Colombo 1948 [sintesi di conferenze, approvate da Maria Montessori, non tradotto].

Formazione dell'uomo. Pregiudizi e Nebule. Analfabetismo mondiale, Garzanti, Milano 1949.

La Santa Messa spiegata ai bambini, Garzanti, Milano 1949.

The Absorbent Mind, Kalakshetra Press, Adjar 1949 [trad. it. *La mente del bambino. Mente assorbente*, Garzanti, Milano 1949].

La Scoperta del bambino [riedizione de *Il Metodo*, rivista dall'Autrice], Garzanti, Milano 1950.

Educazione alla libertà. Antologia di scritti di Maria Montessori a cura di Maria Luisa Leccese Pinna, Laterza, Roma-Bari 1950.

Maria Montessori Sails to America 1913, Montessori-Pierson Publ. Co., Amsterdam, The Netherlands 2013 (trad. it. *Maria Montessori in viaggio per l'America, 1913*, Fefè Editore, Roma 2014).

Maria Montessori writes to Her Father / Letters from California, 1915, (translated and introduced by C.M.) Montessori-Pierson Publ. Co. Amsterdam, The Netherlands 2015.

关于蒙台梭利的其他作品

Adami A., *La didattica del Latino secondo il metodo Montessori*, in《Vita dell'infanzia》, n. 1, 1964, pp.8–12.

Ahlquist Tebano E.-M., *Skolans levda rum och lärandets villkor: Meningsskapande i montessoriskolans fysiska miljö*, Institutionen för pedagogik och didaktik, Stockholms universitet, Stockholm, 2012 (titolo inglese *The lived space and conditions for learning: Creating meaning in the Montessori school's physical environment*) Dissertazione ad Doctoratum inedita.

Ardigò R., *Discorso su Pietro Pomponazzi*, in *Opere filosofiche di Roberto Ardigò*,

262

L. Colli editore, Mantova 1882, vol. I, pp. 13–52.

Maria Montessori oggi. Atti del Convegno nazionale del 4–5 maggio 1985, Mantova, Teatro Bibiena, Opera Nazionale Montessori, Roma 1987.

La formazione dell'uomo nella ricostruzione mondiale. Atti dell'VIII Congresso Internazionale Montessori, San Remo 22–29 agosto 1949, Opera Nazionale Montessori, Roma 1950.

Babini V. P., *La questione dei frenastenici. Alle origini della psicologia scientifica in Italia (1870–1910)*, FrancoAngeli, Milano 1996.

—, **Lama L.**, *Una《Donna nuova》. Il femminismo scientifico di M. Montessori*, FrancoAngeli, Milano 2000.

—, **Minuz F., Tagliavini A.**, *La donna nelle scienze dell'uomo. Immagini del femminile nella cultura scientifica italiana di fine secolo*, FrancoAngeli, Milano[2] 1989.

Barbera M., *L'Educazione Nuova e il Metodo Montessori*, Àncora, Milano, 1946.

Bauer R., *La Società Umanitaria. Fondazione P.M. Loria. Milano 1893–1963*, Amilcare Pizzi per Società Umanitaria, Milano 1964.

Bellone E., *La scienza negata. Il caso italiano*, Edizioni Codice, Torino 2005.

Bertoni Jovine D., *Storia dell'educazione popolare in Italia*, Laterza, Bari 1965.

Bianchi di Castelbianco F. *et al.*, *Sante De Sanctis. Conoscenza ed esperienza in una prospettiva psicologica*, Edizioni Scientifiche Ma.Gi, Roma 1998.

Boneschi M., *Di testa loro. Dieci italiane che hanno fatto il Novecento*, Mondadori, Milano 2002.

Bravo A., *La Nuova Italia: madri fra oppressione ed emancipazione*, in **D'Amelia M.** (a cura di), *Storia della Maternità*, Laterza, Roma 1997, pp. 138–183.

Buttafuoco A., *Le Mariuccine. Storia di un'istituzione laica. L'Asilo Mariuccia*, FrancoAngeli, Milano 1985.

— *Cronache femminili. Temi e momenti della stampa emancipazionista in Italia dall'Unità al fascismo*, Dipartimento di studi storico-sociali e filosofici, Arezzo-

Siena 1988.

Butturini E., *La pace giusta. Testimoni e maestri tra '800 e '900*, Casa Editrice Mazziana, Verona 2007.

Canfield Fisher D., *A Montessori Mother*, Constable & Co., London 1913.

—*A Montessori Manual*, The Richardson Company, Chicago 1913.

—*L'éducation Montessori*, Librairie Fischbacher, Paris 1915.

263　**Cavalletti S. e Gobbi G.**, *Educazione religiosa, liturgia e metodo Montessori*, Edizioni Paoline, Roma 1961.

Cavalletti S., *Il potenziale religioso del bambino. Descrizione di un'esperienza con bambini da 3 a 6 anni*, Città Nuova Editrice, Roma 1979.

—, *Il potenziale religioso tra i 6 e i 12 anni*, Città Nuova Editrice, Roma 1996.

Chattin-McNichols J., *The Montessori Controversy*, Delmar, Albany, NY, 1992.

Centro Nascita Montessori di Roma (a cura di), *La qualità del Nido: rilevazioni e proposte su uno sfondo montessoriano*, Edizioni Junior, Bergamo 1994.

Honneger Fresco G. (a cura di), *L'Associazione "Centro Nascita Montessori" di Roma: un'idea, una storia dal 1947 a oggi*, estratto da《il Quaderno Montessori》, n. 39, autunno 1993, Castellanza (VA) 1995 (edizione trilingue).

Codello F., *Educazione e anarchismo. L'idea educativa nel movimento anarchico italiano (1900–1926)*, Corso Editore, Ferrara 1995.

Comba L. (a cura di), *Donne educatrici: Maria Montessori e Ada Gobetti. Scritti di Letizia Comba, Maria Grazia Corda, Caterina Spillari*, Rosenberg & Sellier, Torino 1996.

Curie M., *Pierre Curie*, Editions Denoël, Paris 1955.

D'Amelia M. (a cura di), *Storia della maternità*, Laterza, Roma-Bari 1997.

Darwin Ch., *L'origine delle specie*, Bollati Boringhieri, Torino 2011.

De Giorgi F. (a cura di), *Montessori. Dio e il bambino e altri scritti inediti,* Editrice La Scuola, Brescia 2013.

Delhez C., *La ginnastica de' sensi per l'educazione di bambini*, Stabilimento

Tipografico Bertolotti, Intra 1881.

De Maria C., *L'insegnamento di Margherita Zoebeli*, in《La piè》, n. 6, 2006, pp. 272–273.

—, *Lavoro di comunità e ricostruzione civile in Italia. Margherita Zoebeli e il Centro educativo italo-svizzero di Rimini*, Viella, Roma 2015.

Eibl-Eibesfeldt I., *I fondamenti dell'etologia. Il comportamento degli animali e dell'uomo*, Adelphi[2], Milano 1976.

Faber E. (a cura di), *Maria Montessori e la liberazione del fan- ciullo*, Edizioni Cremonese, Roma 1974.

Ferrer i Guardia F., *Origini e ideali della scuola moderna*, Niccolò Giannotta Editore, Catania 1974.

Finazzi Sartor R., *Maria Montessori*, La Scuola, Brescia 1961.

Gagliardi M., *Primi contatti con il latino: esperimenti montessoriani*, Editrice 《Vita dell'Infanzia》, Roma 1964.

Garbini A., *Educazione fisica del bambino: ginnastica igienica, ginnastica medica e ginnastica dei sensi*, Editore Drucker & Senigaglia, Padova-Verona 1889.

—, *La ginnastica dei sensi nei giardini d'infanzia e nelle scuole elementari*, Stabilimento tipo-lit. di G. Franchini, Verona 1890.

Gianini Belotti E., *Dalla parte delle bambine. L'influenza dei condizionamenti sociali nella formazione del ruolo femminile nei primi anni di vita*, Feltrinelli, Milano 1973.

—, *Pimpì Oselì*, Feltrinelli, Milano 1995.

—, *Prima della quiete. Storia di Italia Donati*, Rizzoli, Milano 2003.

Gianini Belotti E., Honegger Fresco G. (a cura di), *Educazione dalla nascita: l'esperienza del Centro Nascita Montessori*, Emme Edizioni, Milano 1983.

Giovetti P., *Maria Montessori*, ed. Mediterranee, Roma 2009.

Gorresio Andrè G., Honegger Fresco G., *Questi nostri bambini*, Armando Editore, Roma 1966.

264

Grazzini M., *Bibliografia Montessori*, La Scuola Editrice, Brescia 1965.

—, *Il grande Fröbel delle opere minori*, Istituto di Mompiano, Centro di studi pedagogici "Pasquali-Agazzi", Comune di Brescia 1999.

—, *Sulle fonti del metodo Pasquali-Agazzi ed altre questioni. Interpretazioni, testi e nuovi materiali. Contributi per una storia dell'educazione e della scuola infantile in Italia*, Istituto di Mompiano, Brescia 2006.

Grilli G., *La scuola all'aperto*, Tipografia Ditta Ludovico Cecchini, Roma 1911.

Grunwald C., Larsen E., *Und doch gefällt mir das Leben. Die briefe der Clara Grunwald 1941 bis 1943*, Persona Verlag, Mannheim 1985.

Honegger Fresco G., *Il neonato con amore*, (con i risultati della scuola AIM), I ed., Ferro edizioni, Milano.

— (a cura di), *Montessori: perché no? Una pedagogia per la cresci- ta: che cosa ne è oggi della proposta pedagogica di Maria Montessori in Italia e nel mondo*, I ed. 2000, II ed. Il leone verde, Torino 2017.

— (a cura di), *Radici nel futuro. La vita di Adele Costa Gnocchi (1883–1967)*, La meridiana, Molfetta 2001.

—*Montessori, una storia attuale*, L'Ancora del Mediterraneo, Na- poli, I ed. 2007, II ed. 2008, III ed. Il leone verde 2017.

—*Un Nido per amico*, La meridiana, I ed. 2001.

—*Montessori 0–3*, II ed. La meridiana, Molfetta 2017.

—*Abbiamo un bambino* (0–3 anni), red, Como 1994.

—, Valpiana Tiziana, *Abbiamo un bambino*, Edizioni Del Baldo, Castelnuovo del Garda (VR) 2013.

De Pra Cavalleri L., Honegger Fresco G., *Il materiale Montessori in cataloghi editi a New York, Londra, Bucarest, Berlino, Gonzaga, tra gli anni Dieci e gli anni Trenta*, Ediz.《il Quaderno Montessori》, Castellanza (VA) 1993.

265　**Itard J.-M. Gaspard**, *De l'éducation d'un homme sauvage, ou des premiers developpements physiques et moraux du jeune sauvage de l'Aveyron*, Goujon,

Imprimerie-Libraire, Vendémiaire, X, Paris 1801 [trad. it. *Il fanciullo selvaggio dell'Aveyron*, Armando Editore, Roma 1974; cfr. anche in seguito Sergio Moravia 1972].

Kahn D. (a cura di), *Camillo Grazzini. Celebrating Fifty Years of Montessori Service*,《NAMTA Journal》, special edition, vol. XXIX, 1, inverno 2004.

Key E. K., *Il secolo dei fanciulli*, Bocca, Torino 1906.

Kramer R., *Maria Montessori. A Biography*, G.P. Putnam's Sons, New York 1976.

Krishnamurti J., *L'educazione e il significato della vita*, La Nuova Italia, Firenze 1958.

Jaques-Dalcroze É., *Il ritmo, la musica, l'educazione*, ERI, Torino 1986.

Mère Isabel Eugénie (Mary Burton), **Mortimer Standing E.**, *Dix conférences sur l'éducation religieuse d'après Maria Montessori*, Imprimerie Chantenay, Paris 1953.

Stoll Lillard A., *Montessori. The Science behind the Genius*, Oxford University Press, Oxford-New York 2007.

Loeffler Margaret Howard, *Montessori in Contemporary American Culture*, William Heinemann, Portsmouth NH 1992.

Lombardo Radice G., *Il metodo Agazzi*, La Nuova Italia, Firenze 1952.

Longhoff Wolfgang, *Die Moorsoldaten*, 1933 [trad. *I soldati della palude*, a cura di G.B. Gardoncini, Loescher, Torino 1958, diffuso da Feltrinelli dopo il 2000].

Lorenzoni F., I *bambini pensano grande*, Sellerio, Palermo 2016.

Lubienska de Lenval H., *La Méthode Montessori. Esprit et Tecnique*, 1947.

Ludovico A., *La scimmia vestita*, Armando Editore, Roma 1979.

Maccheroni A. M., *A True Romance. Doctor Montessori as I Knew Her*, Edinburgh 1947 [trad. it. *Come conobbi Maria Montessori*, Editrice《Vita dell'Infanzia》, Roma 1956].

—*Orecchio, occhio, voce, mano; Il primo libro del bambino*, Vita dell'Infanzia, Roma 1950; *Lunghezza delle note; Costruisco la scala*, Edizioni Vita dell'Infanzia, Roma 1956.

La musica e il bambino, editone " il Quaderno Montessori" A. XIV, 1997 n. 54, Doc. XXV

Malson L., *Les enfants sauvages. Mythe et réalité*, Union Générale d'Editions, Paris 1964.

Marcucci A., *La scuola di Giovanni Cena*, Paravia, Torino 1948.

Montessori. A Centenary Anthology 1870–1970, Association Montessori Internationale (AMI), Amsterdam 1970.

Mazzetti R., *Giuseppe Lombardo Radice tra l'idealismo pedagogico e Maria Montessori*, Giuseppe Malipiero, Bologna 1958.

Miller A., *La persecuzione del bambino. Le radici della violenza*, Bollati Boringhieri, Torino 1987.

—, *L'infanzia rimossa*, Garzanti, Milano 1990.

Montessori R., *Éducateurs sans Frontières*, Desclée De Brouwer, Paris 2000.

Moravia S., *Il ragazzo selvaggio dell'Aveyron. Pedagogia e psichiatria nei testi di J. Itard, Ph. Pinel e dell'anonimo della Décade*, Laterza, Roma-Bari 1972.

Miller Th., Schneider R., *Montessori. Lehrmaterialien 1913–1935. Möbel und Architektur*, Prestel Verlag, München-London-New York 2002.

Novara D. *Educatori senza frontiere: un'intervista a Renilde Montessori*, per 《Marcondiro》, settembre 1999 e ristampata in *Montessori: perché no?*, cit., pp. 340–344.

Odent M., *L'agricoltore e il ginecologo. L'industrializzazione della nascita*, Il leone verde, Torino 2006.

Odifreddi P., *Il matematico impertinente*, Longanesi, Milano 2005.

Parkhurst H., *L'educazione secondo il Piano Dalton*, La Nuova Italia, Firenze 1955.

Pedone F. (a cura di), *Carteggio Filippo Turati e Anna Kuliscioff*, raccolto con Alessandro Schiavi, Einaudi, Torino 1977, 6 voll.

Perugini P., *Tagore*, Edizioni Cultura della Pace, San Domenico di Fiesole 1994.

Pestalozzi J. H., *Come Gertrude istruisce i suoi figli*, La Nuova Italia, Firenze 1952.

Pignatari M., *Maria Montessori, cittadina del mondo*, Comitato Italiano OMEP, Eurostampa, Roma 1967.

— (a cura di), *Maria Montessori oggi. Centenario della nascita di Maria Montessori, 1870–1970*, Giunti Bemporad Marzocco, Firenze 1970.

Pironi T., *Da Ellen Key a Maria Montessori: la progettazione di nuovi spazi educativi per l'infanzia*, in《Ricerche di Pedagogia e Didattica》, 5 (1/2010), pp. 1–15.

—, *La Casa dei bambini di Maria Montessori: la progettazione di nuovi spazi educativi per l'infanzia*, in《Rivista di storia dell'educazione》, 1 (2014), pp. 73–84.

—, *Da Maria Montessori a Margherita Zoebeli: l'impegno educativo nei confronti dell'infanzia traumatizzata dalla guerra*, in《Annali online della Didattica e della Formazione Docente》, 8 (12/2016), pp. 115–128.

Radice Hutton Sh., *The New Children. Talks with Dr. Montessori*, Hodder and Stoughon, London 1920.

Ravelli G., 《*Maria Montessori: lo sviluppo di una vita*》. Tesi di laurea inedita difesa presso la Facoltà di Pedagogia dell'Università degli Studi di Verona nell'a.a. 1990–91.

Regni R., *Il bambino, padre dell'uomo. Infanzia e società in Maria Montessori*, Armando Editore, Roma 1997.

—, *Educare con il lavoro. La* vita activa *oltre il* produttivismo *e il* consumismo, Armando Editore, Roma 2006.

Schwegman M., *Maria Montessori*, il Mulino, Bologna 1999.

Scocchera A., *Maria Montessori. Quasi un ritratto inedito*, La Nuova Italia, Firenze 1990.

267

Le Scuole Municipali Montessori di Napoli, (a cura di) Società degli Amici del Metodo Montessori, Napoli 1921.

Séguin É., *Traitement moral, hygiène et éducation des idiots et des autres enfants arriérés*, J.P. Baillière, Paris 1846 [trad. it. *L'idiota. Cura morale, igiene ed educazione degli idioti*, a cura di Giovanni Bollea, Armando Editore, Roma 1970].

—*Idiocy and Its Treatment by the Physiological Method*, seconda ediz. ampliata, Wood, New York 1866.

Sergi G., *Psiche: genesi-evoluzione. Osservazione e commenti dall'infanzia alla maturità*, Bocca, Torino 1930.

Standing E. M., *Maria Montessori. Her Life and Work*, Hollis & Carter, London 1957.

—, *The Montessori Revolution in Education*, Schocken Books Inc., New York 1969. [Non tradotti].

Sticcotti L., *Maria Montessori*, in Albesano S., M. Valpiana, B. Segre (a cura di), *La non violenza in Italia. Le periferie della memoria: Profili di testimoni di pace*, Anppia-Movimento nonviolento, Torino-Verona 1999.

Stoppani A., *Il Bel Paese. Conversazioni sulle bellezze naturali, la geologia e la geografia fisica d'Italia*, Editrice G. Agnelli, Milano 1875.

—, *Sulla Cosmogonia Mosaica*, Tipografia Editrice Ludovico Felice Cogliati, Milano 1892.

—, *Acqua e aria ossia la purezza del mare e dell'atmosfera fin dai primordi del mondo animato*, Tipografia Editrice Ludovico Felice Cogliati, Milano 1898.

Tagore R., *La luna crescente*, Carabba, Lanciano 1920.

—, *Poesie: Gitanjali* e *Il giardiniere*, Newton Compton, Roma 1971.

Tamagnini D., *Si può fare. La scuola come ce la insegnano i bambini*, La Meridiana, Molfetta (BA) 2017.

268 **Tornar C.**, *Attualità scientifica della pedagogia di Maria Montessori*, Edizioni

Anicia, Roma 1990.

— (a cura di), *Montessori: Bibliografia Internazionale/International Bibliography, 1896-2000*, Opera Nazionale Montessori, Roma 2001.

— (direzione scientifica di), *Attualità di Maria Montessori. Annuario 2003,* FrancoAngeli, Milano 2004.

— (direzione scientifica di), *Linee di ricerca sulla pedagogia di Maria Montessori. Annuario 2004*, FrancoAngeli, Milano 2005.

Trucci, Trucci Cavallucci, Infanzia a Roma tra Otto e Novecento, Palombi editore, Roma 2001 (con articolo di Caterina De Feo su "L'arte educatrice").

Vernadsky Vl., *La biosfera*, Red edizioni, Como 1986.

Waltuch R. M., *A Montessori Album. Reminiscences of a Montessori Life,* David Kahn, NAMTA, Cleveland, OH, 1986.

Wild R., *Educare ad essere. Una scuola dalla parte dei bambini*, Armando Editore, Roma 2000.

Young-Bruehl E., *Anna Freud. Una biografia*, Bompiani, Milano 1993.

Viaggio intorno a una Scuola Primaria Statale Montessori, Edizioni Opera Nazionale Montessori, Roma 2016 (testo coordinato da Laura Mayer.

Zanotti Bianco U., Isnardi G., Mami G., *L'Associazione nazionale per gli interessi del Mezzogiorno d'Italia nei suoi primi cinquant'anni di vita*, Collezione Meridionale Editrice, Roma 1960.

相关手册、文章、摘要、打字稿

Ahlquist Tebano E.-M., *Educazione Cosmica*, ne《il Quaderno Montessori》, XXII (primavera 2005), n. 85, Doc. XLI.

Babini V. P., *Maria Montessori: biografia o autobiografia?*,《Intersezioni》, XV (1/1995), pp. 171-175.

Baldini M., *Maria Montessori: l'errore e il suo controllo*, in《Scuola Italiana

Moderna》, febbraio 1987.

Battistelli V., *Le Case dei Bambini della Montessori*, P. Maglione & C. Strini, Roma 1918.

—, *L'altro aspetto délia critica di Ugo Spirito al metodo Montessori*, in《Rivista pedagogica》, 1921, nn. 5–6, pp. 3–7.

Bertolini P., *Palingenesi pedagogica. Il metodo Montessori*, in《Nuova Antologia》, febbraio 1915, pp. 566–596.

Butturini E., *Maria Montessori, una pedagogista "cristiana", operatrice di pace*, in《Note Mazziane》, XXXIV (3/1999).

《*The Call of Education. Psycho-Pedagogical Journal of the Montessori Movement*》 diretta da Dr Maria Montessori, con il Prof. Géza Révész e il Dr J.C.L. Godefroy.

Capitini A., *Sul concetto di liberazione nel pensiero educativo della Montessori*, Pacini Mariotti, Pisa 1955.

Fleege Virginia Bianche *et alii, Montessori Index, Midwest Montessori Teacher Training Center*, Chicago 1965 (ciclostilato).

Fresco F., *La concezione pedagogica di Roberto Ardigò e il suo intimo valore formativo di coscienze libere.* Tesi inedita difesa presso la Regia Università di Roma nel giugno 1923 per il conseguimento del titolo al Corso di perfezionamento per i licenziati dalle Scuole Normali.

Garofalo A., *Omaggio a Maria Montessori*, in《Vita dell'Infanzia》, I, 4, aprile 1952.

Grazzini C., *Nel centenario della nascita di Maria Montessori*, Garzanti, Milano 1970 (opuscolo).

《Half yearly Bulletin of AMI》, I, 1, e II, 1.

Grifò M., *Un contributo pedagogico al rinnovamento dell'educazione liturgica: Maria Montessori e l'esperienza di Barcellona*, in《Rivista Liturgica》, 100 (3/2013), pp. 608–709;

—, *Un "rispetto professato con culto di carità": Maria Montessori e il bambino soggetto attivo della sua formazione religiosa*, in《Orientamenti Pedagogici》, 63, (4/ 2016), pp. 685–715.

—, *Anna Maria Maccheroni al Congresso Liturgico di Montserrat, 1915: una profezia che attende compimento*, ne《il Quaderno Montessori》, XXXIII, (inverno 2016/17), n. 132, pp. 57–63.

—, *Un'identità incompiuta: Maria Montessori nel carteggio di Mère Marie de la Rédemption*, in《Orientamenti Pedagogici》, vol. 66, (3/2017), pp. 475–498.

—, *Maria Montessori e la Catalogna: Pedagogia sperimentale e interazioni sociali a Barcellona nel decennio 1913–1923*, in《Rivista Italiana di Studi Catalani》, 8 (2018), *in press*. Articolo consultato in bozze per gentile concessione dell'Autore.

Honegger Fresco G., *Ricordare Maria Montessori a 125 anni dalla nascita*, 《Verifiche: periodico di politiche scolastica》, XXV, 5 maggio 1995.

Lefrançois J., *Ce que je sais de la Methode Montessori*, s.d. ma 1998, (stampato in proprio, tradotto in italiano e incluso in *Montessori, perché no?*, cit. p. 203–231).

Lillard A., Else Quest N., *The Early Years: Evaluation Montessori Education*, in 《Sciences》, 313 (29/9/2006), pp. 1893–1894.

Marcucci A., *Le scuole per i contadini dell'Agro Romano e delle Paludi pontine. Relazione 1913–1928*, Roma, VII, 1928.

Mazard M., *Hélène Lubienska de Lenval (1895–1972): une grande dame trop méconnue*. Tesi di laurea in "Sciences de l'Éducation", giugno 1977, 270 (dattiloscritto).

Meda F., *Il Metodo Montessori*,《Vita e Pensiero》, VIII, vol. XIII, fasc. 112, novembre 1922, pp. 666–677.

Montessori Montesano M. (Sr.), *Dr Montessori and Her Work*, Holborn, W. Knott & Son, s.d.

— *et alii, Child and Mathematic*,《L'Aja International Review of Education》, Vol.

VII, 2, 1961.

Montessori Mario Jr., *Maria Montessori, mia nonna*, ne《il Quaderno Montessori》, V, 19, 1988.

Negri A., *"Piano cosmico" e lavoro umano o la Montessori oggi*, in《Rinascita della Scuola》, V (5/1982), pp. 210–305.

Thrush U., *Maria Montessori Farmschool Erdkinder*, Nienhuis Montessori, San Francisco, (CA), 1982.

Vittorino da Feltre. Pubblicazione commemorativa del V centenario della morte preparata a cura del Comitato mantovano per le onoranze, Quaderni del "Paedagogium", La Scuola, Brescia 1947.

Zevi B., *Un liceo Montessori ad Amsterdam, ne*《L'Architettura. Cronaca e storia》, IV (1959), n. 5.

271

一期在欧洲范围内流传甚广的杂志封面，由 H. J. Paris, Amsterdam, 1924. 出版（我们附上这期杂志封面是因为有一些评论家把 Paris 当作"巴黎"，实际是这是编辑的姓氏）。

前文提及的书目

Grazia Honegger Fresco (a cura di), *Montessori: perché no? Una pedagogia per la crescita*, p. 360, € 35,00

Mario Valle, *La pedagogia Montessori e le nuove tecnologie - Un'integrazione possibile?*, p. 138, € 35,00

Mario M. Montessori Jr, *L'educazione come aiuto alla vita - Comprendere Maria Montessori*, p. 121, € 16,00

个人笔记

个人笔记

个人笔记